이 책을 향한 찬사

"날씬함에 집착하는 세상에서 뚱뚱한 사람은 언제나 도덕적으로 실패한 사람 취급을 당한다. 『비정상체중』은 완벽한 연구, 설득력 있는 글, 살아 있는 솔직함으로 부당하게 덧씌워진 수치심을 해체한다. 케이트 맨은 우리가 살아가는 세상을 날카롭게 분석하며 비만은 범죄가 아니고 범죄의 시작도 아니라는 점을 일깨운다. 시대를 넘어 기억될 이 풍성한 텍스트를 모두가 읽어야 한다. 특히 뚱뚱한 사람을 업신여기지 않고 조금 더 존중하는 세상을 원하는 사람에게 추천한다."

— 에베트 디온느 Evette Dionne (문화 작가, 『무중력 Weightless』 저자)

"21세기 최대 문제에 대한 가장 명확한 진술을 제공하는 케이트 맨을 믿어라. 그녀는 과학, 논리, 인간 경험을 통해 비만혐오의 도덕적 실패를 보여주며 뚱뚱함이 비도덕적이라는 광범위하고 해로운 서사를 정면으로 반박한다."

— 에밀리 나고스키 Emily Nagoski (성교육자, 『네 모습 그대로 와 Come as You Are』 저자)

"'마른 것만큼 맛있는 건 없다'는 시대에 자란 한 사람으로서 『비정상체중』의 시대를 열어준 케이트 맨에게 말로 다할 수 없는 감사를 표한다. 이 책은 다이어트 문화를 맛깔나게 해부하고 개인, 집단, 사회 전체가 비만혐오에서 벗어나게 도와주는 단호하지만 부드러운 안내서이다. 맨이 크고 뚱뚱한 걸작을 썼다고 하면 너무한 말일까?"

— 제시카 데피노Jessica DeFino (칼럼니스트, 『출판불가The Unpublishable』 저자)

"『비정상체중』은 명백한 연구와 케이트 맨 자신의 개인사를 훌륭하게 함께 엮은 능숙한 자문화 기술지이다. 이 책에 펼쳐진 박학다식함과 뛰어난 연구에 깊은 흥분과 감동을 느낀다."

— 다숀 L. 해리슨Da'Shaun L. Harrison (작가, 『괴물의 뱃속Belly of the Beast』 저자)

"케이트 맨은 완벽한 연구 윤리를 갖춘 아름다운 작가다. 맨이 보여주는 지식의 깊이와 이를 종합하는 방식은 첫 페이지부터 마지막 페이지까지 명확하다. 그녀는 개인의 서사와 문화적 고찰을 능숙하게 오가며 개인적인 것이 진정으로 정치적인 것이며 뚱뚱한 몸으로 살 때는 특히 그렇다는 것을 증명한다. 『비정상체중』이 더욱 놀라운 것은 비만에 일반적인 경험이란 없으며 비만혐오 역시 다른 모든 것과 마찬가지로 우리가 살아가는 정체성의 교차점에 영향받는다는 것을 날카롭게 드러낸다는 점이다."

— 록산 게이 Roxane Gay (작가, 『헝거 Hunger』 저자)

"예리하다. 생각을 일깨우는 용감한 책이다. 맨은 철저한 연구와 개인적 경험으로 모든 형태의 비만혐오를 공격하고 해체한다."

—《커커스 리뷰 Kirkus Reviews》

"나는 태어나서 지금까지 한 번도 날씬한 적이 없다. 뚱뚱해도 행복한 여자들이 많아지는 것이 페미니즘이 꿈꾸는 유토피아라고 생각했다. 하지만 체중이 늘어나는 건 언제나 스트레스였다. 페미니스트인데도 이런 문제에서 벗어나지 못한 내가 부끄러웠고, 대중 앞에 설 일이 많아지면서 더욱 스트레스를 받았다. 화면에는 전문가라고 불리는 뚱뚱한 남자들이 잔뜩 있었던 반면, 여자들의 몸은 다 소위 평균 체중 이하로 보였다.

어딜 가나 그 자리에서 제일 뚱뚱한 사람이 누구인지를 살폈고, 여자 중에서는 대부분 그건 나였다. 이 책을 읽고 이런 얘기를 할 수 있게 되었다. 케이트 맨도 꼭 나와 같았다고 말해주었기 때문이다. 작가는 전작인 『다운 걸』을 쓰고 세계적인 베스트셀러 작가가 되어 투어를 다녀야 하는 상황에서 자신이 얼마나 뚱뚱한지 사람들에게 드러내고 싶지 않았기 때문에 숨어버렸다고 한다. 나는 그런 저자의 마음을 정말 뼛속 깊이 이해했다. 나 역시 그랬기 때문이다. 뚱뚱한 사람을 조롱하고 무시하고 마음껏 비웃는 사람들에게 화가 나면서도, 나 자신조차도 뚱뚱한 나를 어떻게 대해야 할지 모르겠다는 생각을 한 적이 있다면 이 책은 당신을 위한 것이다.

케이트 맨의 글은 놀라울 만큼 솔직하고, 신뢰할 만한 충분한 근거를 적절하게 제시하고 있다. 페미니즘은 여성이 겪고 있는 문제를 없애주지는 못할지라도, 문제를 다룰 수 있는 도구, 즉 해석할 수 있는 언어를 준다. 이 책이 바로 그렇다."

— 권김현영 (여성학자, 『여자들의 사회』 저자)

"사람들 앞에 모습을 드러내야 할 때 나는 기쁨보다 두려움을 먼저 느끼고 그것은 다른 무엇보다 내가 과체중이라는 데에서 온다. 월경 불순이 오는 것이 당연할 정도로 마른 여성들의 몸이 눈을 돌리는 곳마다 전시되고, 이들의 자그마한 결점마저도 낱낱이 파헤쳐 등급이 매겨지며, 이를 소위 '건강함'을 추구하는 방식이라고 주장하는 세상에서 있는 그대로의 몸을 드러내기란 얼마나 어려운가.

저자가 말했듯 건강한 몸의 모습은 무척 다양할 수 있다. 빌렌도르프의 비너스까지 가지 않더라도 과거 동아시아만 하더라도 건강함의 상징은 근육질의 몸이 아니라 넉넉한 품을 가진 몸과 발그레한 낯빛이었다. 케이트 맨은 구체적인 증거와 논리를 바탕으로, 우리가 뚱뚱함을 건강하지 못하다는 생각에 혐오하는 것이 아니라, 대체로 오랜 시간에 걸쳐 혐오하게 되었기 때문에 건강하지 않다고 결정했다는 것을 끈질기게 설득해 보여준다.

비만혐오가 심한 곳에서는 나를 위해 존재하는 몸으로서가 아니라 타인을 기쁘게 하는 존재로서의 몸에 집중하게 된다. 일찌감치 자신의 본능과 몸이 주는 신호를 무시하고 억압하다 보면 본능이 보내는 신호를 예민하게 감지해야 하는 다른 순간에서도 스스로를 지키지 못하게 된다. 이와 관련해 나를 가장 아프게 하는 것은, 저자가 지적했듯 가장 큰 피해자인 여성이 비만혐오를 영구화하는 데에 결정적인 역할을 한다는 것이다. 여성들은 비만혐오를 내재화하면서 자신과 타인을 단속하고 이를 무기화해 자신의 상대적 지위를 끌어올리려 애쓴다.

보디 포지티브 운동보다 더 섬세하고 정교한 언어가 등장한 것이 기쁘다. 이 책을 읽으며 많은 이들의 얼굴이 떠올랐다. 먹을 때마다 은근한 수치심을 느끼는 수많은 친구들과 함께 읽고 밤새 대화를 나누고 싶어지는 책이다."

— 하미나 (작가, 『미쳐있고 괴상하며 오만하고 똑똑한 여자들』 저자)

비

정상제통

: 그고 동동한 음을 들러싼 사람들의 흣소리

비정상체중

: 크고 뚱뚱한 몸을 둘러싼 사람들의 헛소리

케이트 맨 지음 이휘현 옮김

UN shrinking

: How To Face Fatphobia

Kate Manne

ㅎ 현암사

일러두기

책 말미에 실린 미주는 저자주이며
페이지 하단에 실린 각주는 옮긴이주이다.

나를 있는 그대로 존재하게 해주신 부모님에게 바칩니다.

몸무게와 싸우기

나는 정말 기뻐해야 했을 것이다. 몇십 명의 독자를 예상하고 학술 서적으로 쓴 내 첫 책이 영국 주요 출판사에서 페이퍼백으로 팔렸다. 여성혐오에 관한 책, 『다운 걸Down Girl』은 교살, 성희롱, 성폭행, 강간 문화를 상세하게 조사했다. 나에게 다른 어떤 것보다 중요한 이러한 문제들을 마음껏 이야기하고 싶었다. 하지만 편집자가 모든 비용을 출판사에서 부담하는 런던 홍보 투어를 제안하면서 서점에서 책을 읽고 텔레비전에도 출연하게 될 거라고 했을 때 어떤 일이 벌어질지 생각하며 주춤했다. 페미니스트로 사람들 앞에 서기에는 내가 너무 뚱뚱한 것 같았다. 이 사회가 소녀와 여성에게 작아지라고, 온순해지라고, 조용히 하라고 가르친다는 내용의 '다운 걸'에 대해 이야기하기에는 내가 너무 커 보였기 때문이다. 모순을 예리하게 인식하면서도 그 순간에는 생각을 바꾸기 어려웠다.

오스트레일리아 출신 저자 헬렌 가너는 홍보 투어를 시작하기 전 몸무게와의 싸움에 돌입할 필요성을 느꼈다고 말한 적 있다. 나는 그런 싸움을 하기는커녕 인생 최대 몸무게를 찍은 나를 저주했다. 2019년 초반이던 당시 내 몸무게는 의사가 얼굴을 찡그리며 가리킨 체질량 지수 차트에서 '고도 비만'에 도달했다.[1]

내 책은 2017년 말, 타라나 버크Tarana Burke*의 '#미투MeToo' 운동이 유명인들에 의해 화제가 된 바로 그 주 출간되었다. 그러다 보니 놀랍게도 나는 거의 매일 언론에 여성혐오를 이야기하게 됐다. 하지만 촬영팀이 내 집이나 사무실에는 오지 못하게 했다. 내가 앵글을 조절할 수 있는 스카이프Skype를 통해서만 모습을 드러내서 대중의 눈으로부터 몸을 숨겼다. 또 성인이 된 이후로 날씬했던 적이 한 번도 없지만 그나마 더 날씬했을 때 찍은 얼굴 사진 가운데 몇 개를 신중하게 선별해 인터뷰할 때마다 사용했다. 사진 기사를 보내지 않고 내가 준 사진만 사용하겠다고 약속하는 경우에만 인터뷰를 허용했다(이것 때문에 싸우기도 했다). 토론장에 나갈 때는 청중들에게 내 사진을 찍지 말아 달라고 부탁했다. 간혹 어떻게든 사진을 찍어서 소셜미디어에 올리는 사람에게는 제발 내려달라고 간청했다. 나는 많은 여성혐오자가 나를 공격 대상으로 삼고 있으며 내 사진이 새로

---

* 만연한 성적 학대와 성폭행에 대한 인식을 높이기 위해 '미투' 문구를 사용하기 시작한 미국의 민권 운동가

온라인에 올라오면 조롱과 비난이 뒤따를 거라고 설명했다. 어느 정도 사실이었다. 실제로 쌍년이나 그보다 심한 욕을 수없이 들었고 《뉴욕타임스》에 내 첫 글이 실린 후 처음 올라온 트윗 중에는 "바보 같은 년이 바보 같은 걸 쓰네."라는 말이 있었으며 반유대주의 비방도 있었다(트럼프가 당선되던 밤에 "너희 민족은 이제 오븐에 타 죽을 것이다."라는 DM을 받았다). 인터넷 속 내 작은 공간에서 강간 위협은 드물지 않게 일어난다.

하지만 정말 무서운 반응은 나보고 뚱뚱하다고 하는 것이었다. 실제로 맞는 말이었다. 나는 뚱뚱했다. 그 말을 들으면, 심지어 내가 직접 말할 때조차 세상에서 사라지고 싶었다. 나를 입 다물게 하려면 그 말만 하면 된다는 걸 나는 알고 있었다.

남들은 내가 평생 페미니스트로 살았고 여성혐오에 관한 책을 두 권이나 썼으니 내 몸을 제약하려는 속임수에 속아 넘어가거나 사이즈와 몸매를 바꿔서 가부장제에 들어가려고는 하지 않을 거라고 기대할 것이다. 슬프게도 그렇지 않다. 나는 20대 초반부터 유행하는 다이어트는 다 해보고 살 빼는 약도 다 먹어봤다. 솔직히 말하면 얼마 전에도 굶었다.

또한 열여섯 이후 있었던 모든 특별한 시점에 내가 몇 킬로그램이었는지 말할 수 있다. 내 결혼식 날, 박사 논문을 방어하던 날, 교수가 된 날, 딸을 낳은 날의 정확한 몸무게를 기억한다(당시 내 생각에는 내가 그저 항상 너무 뚱뚱하고, 너무 뚱뚱하고, 너무 뚱뚱하고 또 너무너무 뚱뚱했다). 심지어 거의 20년 전 철학과 대학원에 들어가려고 오스트레일리아 멜버른을 떠나 보스턴에 도착한 날의 몸무게도 알고 있다. 온갖 소지품을 가득 넣어 터질 듯한 여행 가방 두 개 중 하나에는 체중계도 있었다. 체중계는 칫솔 다음으로 제일 처음 꺼낸 물건이다.

비만혐오 사회에서 나이가 들고 사이즈도 늘어가면서 나는 특정한 핵심 기회, 위험, 기쁨을 피하는 법을 배웠다. 열여섯 이후로 수영은 딱 한 번 밖에 해보지 않았고(이때는 레깅스와 오버사이즈 티셔츠를 입었다) 스무 살 이후로는 춤을 추지 않았다. 같은 기간 남편과 의사 외에는 살이 움푹움푹 들어가고 튼 무릎 뒤쪽을 아무에게도 보여주지 않았다(내 옷장은 약 80퍼센트가 레깅스로 채워져 있다).

나는 비만혐오 때문에 삶의 많은 부분을 놓쳤다. 그리고 세상에 나갔을 때 얻을 수 있는 잠재적 혜택이 뚱뚱한 몸으로 인한 비난, 비웃음, 불신을 감당하는 위험보다 크지 않다는 신중한 사회적 계산을 해야 했다. 그래서 나는 대중의 감시를 피해 움츠러들었다.

결국 나는 건강상의 이유를 들며 겨우겨우 런던 북 투어에서 빠졌다. 나 자신에게도 정말 아프다고 한 번 더 나를 속였다. 정신 건강은 끔찍할 정도였고 혈압, 혈액 검사 및 다른 지표가 이상할 정도로 좋아도 이 몸매에 건강할 리가 없었다. 나는 대형 마트에서 치아 시드와 녹차와 복잡한 프로바이오틱스를 담으면서 『의사들의 120세 건강 비결은 따로 있다 How Not to Die』라는 긍정적인 제목의 베스트셀러를 오디오 북으로 들었다. 값도 비싸고 배도 채울 수 없고 식료품도 아닌 제품에 수백 달러를 결제한 후 결론 부분에 이르렀다. 저자인 마이클 그레거Michael Greger가 이 책을 집필할 때, 건강과 달리기에 진심이고 '자연 식품' 제국을 건설한 그의 친한 친구, 아트Art가 고작 마흔여섯에 자신의 건강 휴양지에서 샤워하다가 사망했다. 사인은 불운한 사고였지만 예방할 수도 있었다. 환기 설비가 열악한 급탕 장치로 인해 이산화탄소 중독으로 죽은 것이다.

나는 아트와 그레거 박사를 위해, 또 나를 위해 울었다. 그리고 오디오 북을 다시 들었다. 나는 몇 달 동안 심심하기 짝이 없는 심심한 렌틸콩과 생채소와 구기자를 끝도 없이 먹었다. 하지만 1킬로그램도 줄지 않았고 아무 변화도 느낄 수 없었다. 그래서 계속 숨었다. 그해 봄 두 번째 책을 쓰기 시작할 때는 처음부터 홍보가 무서웠다. 나에 대해 너무 기대하지 말라는 경고로 트위터 자기 소개란에 '야심만만한 은둔자'라는 문구를 추가했다.

2020년 3월 코로나19의 습격으로 봉쇄 조치가 내려졌을 때는 조금 안심했다. 분명히 말하지만 어린 자녀와 면역력이 약한 배우자와 사는 사람으로서 나도 팬데믹 자체에는 다른 사람들만큼 화가 났다. 하지만 팬데믹의 효과로 대중의 감시가 유예된 것을 즐겼다. 이제 노력하지 않아도 내 몸무게를 비밀로

할 수 있었다. 마침내 안전하게 집에 숨어 몸 걱정은 뒤로 미루고 마음껏 아이디어를 탐색할 수 있었다. (물론 봉쇄 조치가 전 세계의 현실이 되자 트위터에서 은둔자라는 유사 농담은 지우는 예의를 갖췄다.) 많은 사람들, 특히 뚱뚱한 사람들이 나에게 비슷한 심정을 털어놓았다. 이들은 대학생들을 대면해서 가르치거나 지적하기 좋아하는 동료들과 점심을 먹거나 덩치 큰 직원들을 부끄럽게 하거나 괴롭힐 목적으로 설계한 듯 보이는 사무실의 '건강 챌린지'에서 몸을 보여주지 않아도 된다고 안도했다.

이것저것 생각하던 나는 궁금해지기 시작했다. 내가 숨지 않아도 된다면? 이런 느낌을 받지 않아도 된다면? 비만 수용 활동가, 모든 사이즈의 건강Health at Every Size 운동, 그리고 내가 수십 년 동안 멀찌감치 바라보기만 한 직관적 식사법이(다른 사람에게는 좋겠지만 나에게는 별로라고 생각했다) 실제로 내 삶을 바꿀 수 있다면? 내 비만을 받아들이고 비만혐오에 대해 충분히 생각해 본다면?

그런 생각을 하면서, 내면화된 내 비만혐오가 사회에 걷잡을 수 없이 퍼진 비만혐오를 모호하게 반영한 것일 뿐이라고 확신하게 됐다. 그리고 내가 싫어한 것은 내 몸이 아니라 몸이 나를 취약하게 만드는 방식인 것도 이해하게 됐다. 바보 취급받고 조롱당하고 과소평가되는 게 싫었던 것이다. 하지만 나는 괴롭힘과 학대에 대한 답은 희생자를 다른 사람으로 바꾸는 게 아니라 원인을 해결하고 결국은 시스템을 바꾸는 것임을 누구보다 잘 알고 있다.

나는 '뚱뚱하다'는 말을 모욕이 아닌 일부의 신체를 가리키는 중립적인 단어로 듣고 사용하기 시작했고 이후에도 그렇게 하고 있다. 또한 끝없는 등급으로 나타나는 몸무게에 집착하는 것은 내가 비만혐오의 기저가 된다고 주장할, 유독한 사회적 위계를 세우는 완벽한 방식인 것도 깨닫기 시작했다. 나아가 비만혐오를 저평가된 심각한 구조적 억압의 형태로 보기 시작했고 끊임없이 나를 숨기려고 함으로써 내가 이 시스템에 공모한 것도 이해하기 시작했다. 나는 오랫동안 불가능한 것으로 보이던 것, 즉 다이어트를 그만두고 집착을 버리고 내 몸과 평화롭게 지내기 위한 힘을 기르고 도구를 모으기 시작했다. 한마디로 움츠러들지 않겠다고 맹세했다.

거기까지 가는 데 오랜 시간이 걸렸다. 한번은 자포자기하는 마음으로 지역의 체중 감량 성형외과에 음성 메시지를 남겼다(과하게 열성적인 것 같은 이들의 전화에 응답한 적은 한 번도 없다). 이후에도 최후의 필사적인 다이어트를 해보다가 진짜 위험해진 적도 있다. 지금도 끔찍한 날들이 있다. 내 몸과 나의 관계는 여전히 진행 중인 작업이다. 하지만 날씬함에 특권을 부여하고 다이어트가 그 권리를 얻는 수단이라고 주장하는 다이어트 문화는 이제 더 이상 나에게 발톱을 드러내지 않는다. 그리고 이 책은 어느 정도 평범하지만 힘들게 얻은 승리의 산물이다.

우리 몸이 문제가 아님을 깨달았기 때문이다. 오히려 비만 혐오라는 수렁에 처박힌 세상이 문제다. 그리고 우리는 거기에 맞서 싸울 수 있다.

힘든 싸움이 될 수 있다는 건 알고 있다. 나도 겪어 봐서 안다. 만일 지금 그런 순간을 겪고 있다면, 비만에 부당한 벌을 내리는 사회가 아니라 자기 몸에 맞서 싸우고 있다면 이 책은 당신을 위한 것이다. 하지만 무엇보다 이 책은 심리와 개인이 아니라 정치적, 구조적 개입을 이야기할 것이다. 이 책은 비만 정의, 비만 긍지, 또는 내가 좋아하는 용어인 비만 해방의 부름이라는 전통 아래에서 쓰였다.[2] 나는 자신에 대한 이미지를 개선하고 몸을 더 사랑하는 것이 비만혐오에 대한 해결책이 아니라고 믿는다. 뚱뚱한 몸에 더 잘 맞도록, 우리에게는 진정으로 잘못이 없다는 사회적 인식 전환을 가져올 수 있도록 세상을 다시 만드는 것만이 방법이다.[3] 우리는 우리 자신을 위해, 그리고 무엇보다도 여전히 덩치 큰 사람들을 위해 우리를 탄압하고 통제하고 속박해 온 비만혐오에 첨예하게 저항해야 한다. 아무 이유 없이 뚱뚱한 몸을 헐뜯고 깎아내리는 반反비만의 폭력을 마주해야 한다.

비만혐오와 싸우는 것이 중요한 이유는 단지 그 피해가 막대할 뿐 아니라 일부 지표에 따르면 증가하고 있기 때문이다. 2019년 하버드 연구원들이 보고한 조사 결과에 의하면 인종, 피부색, 성적 지향, 나이, 장애, 체중 등과 관련된 여섯 개 형태의 암묵적 편견 중 그들이 연구를 시작한 2007년 이후 유일하게 비만에 대한 편견만이 악화됐다고 보고했다. 그리고 연구를 종료한 2016년 조사 대상의 다수가 여전히 비만에 대해 노골적인 편견을 보였다.[4]

이는 소외된 집단의 구성원과 접촉하면 다수 인구의 편견이 줄어든다는 일반적인 생각이 사실이 아닐 수 있음을 나타낸다. 사실 현재 미국인 대다수는 어느 정도 뚱뚱하다. 체질량지수 차트에 따르면 거의 4분의 3이 과체중 또는 비만으로 분류된다(나중에 더 이야기하겠지만 이 차트 역시 문제가 많다).[5] 하지만 우리가 사방에 존재해도 비만혐오는 줄어들지 않았다.[6]

비만혐오를 구속복으로 개념화하면 유용하다. 이 구속복은 사람들 대부분을 더 뚱뚱해지면 안 된다고 협박하고 특정 사이즈를 넘는 사람에게는 불편함과 고통까지도 초래한다. 또한 우리의 자유와 이동을 제한하고 특히 소녀와 여성에게 이미 얌전히 작아지라고 이야기해 온 세상에서 자리를 차지할 능력을 통제한다. 게다가 앞으로 살펴보겠지만 반복적으로 몸무게를 줄였다가 늘리는 것이 그저 뚱뚱한 것보다 더 큰 문제라는 확실한 증거가 있는데도 종종 우리에게 좋다는 이유를 들어 억압적인 의상에 복종하도록 한다.

비만혐오라는 구속복은 우리 대부분에게, 어쩌면 우리 모두에게 좋지 않다. 하지만 이 옷은 가장 몸집이 큰 사람들의 살을 뚫고 들어간다. 따라서 이들은 적절한 반비만혐오 정책의 중심이자 최우선 순위가 되어야 한다. 비만 활동가 집단이나 좀 더 범위는 좁지만 상당 부분 중첩되는 비만 연구 영역에서 널리 사용하는 언어에서 이들은 '슈퍼 뚱보superfat' 또는 '무한 뚱보infinifat'라고 불린다. 무한 뚱보라는 용어는 팻캐스트 팻립The Fat Lip을 만든 애시 니슉Ash Nischuk이 고안했다.[7] 나머지는 '작은 뚱보' '중간 뚱보' '큰 뚱보' 등이 될 것이다.[8] 물론 자연스러운 언어 개념이 대부분 그렇듯 이런 용어는 모두 다소 모호하고 이도 저도 아닌 경우까지 포함한다. 하지만 우리는 정도의 차이는 있지만 주요 의류 업체의 이른바 표준 치수를 넘는 우리 몸에 맞는 큰 옷을 찾기 힘들고 사회가 우리에게 지정한 공간에 신체 폭과 둘레를 맞추기 힘든 사람들이다. 이런 경험이 없다면, 특정 상황에서 뚱뚱하다고 느꼈다거나 신체 이미지 때문에 괴로워한 경험이 있다고 해도 내가 말하는 뚱뚱한 사람은 아닐 것이다. 내 책에서 뚱뚱함은 느낌이 아니고, 다시 말하지만 모욕이나 문제도 아니다.[9] 그저 일부 신체의 존재 방식일 뿐이며 애석한 일도, '푹신한' '늠름한' '굴곡진' 같은 완곡 표현이 필요한 것도 아니다. 오히려 내 책에서 환영받지 못하는 용어는 '과체중'이나 '비만' 같은 병리학적 표현이다. 나는 이 단어들을 여러 과학 연구의 결과를 언급할 때처럼 피할 수 없을 때만 인용 부호를 넣어 사용한다.[10] 현재 일부 의학 연구자들이 선호하는 '과체중/비만인 사람'이라는 용어도 있는데, 수식하는 범주가 어떤 낙인을 찍든 사람을 우선으로 하는 언어가 우월하다는 실수를 저지르는 이 투박하고 잘난 체하는 조어는 생각도 하기 싫다.

그래서 결론은, 나는 뚱뚱하다. 여러 정의에 따라 여러분도 뚱뚱할 수도 있고 아닐 수도 있다. 어떤 경우든 총체적으로 우리를 괴롭히는 것은 뚱뚱함이 아니라 비만혐오라는 사실을 우리는 함께 마주할 수 있고 또 그래야 한다.

비만혐오는 뚱뚱한 몸이 날씬한 몸에 비해서 건강뿐 아니라 도덕적, 성적, 지적 지위에서도 더 열등하다고 부당하게 등급을 매기는 사회 체계의 특징이라고 정의할 수 있다. 따라서 비만혐오는 일부 우리 문화가 뚱뚱한 사람들에 대해 보이는 잘못된 관념 또는 일련의 잘못된 믿음과 부풀려진 이론이다. 즉 우리가 절대 건강하지 않고 심지어 뚱뚱해서 죽을 운명이며, 도덕성, 의지, 규율이 부족하므로 뚱뚱함에 대해 비난받아야 하고, 매력이 없고 심지어 역겹기까지 하고 무지하거나 멍청하기까지 하다는 것이다.[11]

이러한 위계에 따르면 뚱뚱한 몸은 체중뿐 아니라 가치의 연속선상에 있다. 그리고 다른 조건이 같을 때 뚱뚱할 사람일수록 비만혐오의 영향을 더 받는다.

하지만 사회 안의 다른 불평등과 불공정으로 인해 모든 조건이 같지는 않다. 모든 억압적 체계와 마찬가지로 비만혐오는 인종 차별, 성차별, 여성혐오, 계급 차별, 장애인 차별, 노인 차별, 동성애혐오, 트랜스젠더혐오 등 다른 모든 체계와 교차한다.[12] 그리고 비만 수용 활동가fat activist 케이트 하딩이 지적하듯이, 다이어트 같은 건강 행동을 실천하고 자신의 뚱뚱함을 결함이라고 적절하게 인식하는 착한 뚱보는 제멋대로에 죄책감도 없는 뚱보들보다 특혜를 얻는다.[13] 비만혐오 논리에 따르면 고분고분하지 않을수록 발언 기회는 줄어든다.

하지만 우리는 발언해야 한다. 그리고 나는 우선 이 책을 통해 해체하고 싶은, 비만혐오의 본질에 대한 통념 세 가지를 밝히는 것으로 발언을 시작하고 싶다.

첫째, 비만혐오가 순전히 자신이나 타인을 향한 개인의 편향된 태도에서 나왔다는 생각은 대단히 잘못됐다. 비만혐오는 본질적으로 구조적인 현상으로, 뚱뚱한 몸으로 사는 사람들이 우리의 번영을 가로막는 뚜렷한 물질적, 사회적, 제도적 장애물이 놓인 다른 세상을 탐색한다고 여긴다. 모든 사람이 내일 아침 마법처럼 비만혐오적 태도를 벗어난다고 해도 뚱뚱한 사람을 수용하고 능동적으로 지지하기 위해서는 세상이 바뀌어야 할 것이고 때로는 급진적인 방식도 필요할 것이다. 그러나 뚱뚱한 사람들이 대인 관계에서 마주치는 경멸과 적개심을 무시하는 것도 요점을 벗어나는 실수가 될 것이다. 이런 형태의 편견은 상처와 고립을 일으키기도 하지만, 보건, 고용, 교육 등 필수적인 제도적 혜택과 자원을 가로막는 문지기 역할을 할 수도 있다. 따라서 우리는 특히 억압에 가장 취약한 사람들을 위해서라도 사람들이 비만혐오에 빠지는 것을 용납해서는 안 된다.

둘째, 비만혐오는 그 명칭에도 불구하고 이를 드러내는 사람에게 증오나 두려움이 나타나지 않을 수 있으며 심지어 적대감도 없을 수 있다(당하는 사람 입장에서는 다를 때가 많다). 물론 앞으로 살펴보겠지만 비만혐오의 기원에는 뚱뚱한 몸에 대한 혐오가 있다. 그리고 비만 범위에는 철학자 앨리슨 라이헬트가 말하는 다공성이 있어서 많은 사람들이 평생 체중 변화에 따라 여기에 들기도 하고 여기에서 나오기도 하는 만큼 뚱뚱함을 두려워하는 것은 이상한 일이 아니다.[14] 하지만 특정한 비만혐오의 경우에는 명확한 느낌, 즉 철학자들이 말하는 현상학이 없을 수 있다. 대신 이들은 건강한 의학 조언을 건네거나 일자리에 가장 적합한 사람을 고르거나 학생들의 능력을 객관적으로 평가하는 것처럼 느낄 수 있다.[15] 실제로 이런 경쟁의 장에서 비만혐오는 여러 가지 흔한 실수와 생략되고 편향된 판단을 끌어낸다. 그리고 이 중 일부는 특히 전체적으로 심각한 영향을 미친다.

마지막으로, 비만혐오는 다른 억압보다 중요성이 덜하다는 암묵적 가정이 있고 심지어 진보주의자들 사이에서도 마찬가지이다. (책을 쓰면서도 비만혐오라는 단어를 내 휴대폰과 컴퓨터 사전에 추가해야 했다.) 앞으로 살펴보겠지만 비만혐오가 극단적인 형태의 편견들과 만나는 지점에 대한 예리한 인식 없이는 비만혐오를 깊이 이해하기 어렵다. 비만혐오는 취약한 사람

가운데에서도 가장 취약한 사람들을 억압하는 데 쓰이는 강력한 무기이다. 게다가 교육, 노동, 건강, 생식의 자유에 있어 가장 근본적인 방식으로 사람들에게 해를 끼친다. 정의를 원한다면 비만혐오를 절대 가볍게 다뤄서는 안 된다.

골치 아픈 이야기를 해보겠다. 나는 이 글을 쓰는 지금 아주 뚱뚱하지는 않다. 지금도 조금 뚱뚱하다고 할 수 있긴 하지만 체중계를 버리고 이 책의 초기 화제성을 느끼기 직전에 27킬로그램 이상을 감량했다. (마지막으로 체중을 재고 체질량 지수 차트를 봤을 때 나는 여전히 9~25킬로그램을 더 빼야 했다. 25킬로그램을 빼면 사춘기 이후로는 경험한 적 없는 체중이 된다.) 하지만 나는 이 정도의 체중 감량을 성공 스토리로 보지 않는다. 사실은 나만의 정치가 지닌 함의를 깨닫고 진정으로 그것을 실천하는 데 실패한 것이다.

그보다 내 몸에는 전투의 상처가 남아 있다. 내가 실제로, 또 비유적으로 싸워온 몸이다. 나는 늘 춥고 항상 피곤하다. 극심한 다이어트를 거친 많은 사람들과 마찬가지로 내 신진대사는 처참하게 느려졌다. 또한 완전히 다이어트를 포기하기 전까지 만성적으로 배가 고팠다.

나는 자신의 신체 사이즈나 관련된 다른 억압으로 비만혐오의 영향을 나보다 더 강렬하게 경험한 작가들의 대단히 소중한 이야기들을 이 책 전체에서 활용했다. 내 목표는 록산 게

이, 린다 게르하르트, 오브리 고든, 다숀 L. 해리슨, 마르키셀 머세이디스, 트레시 맥밀런 코텀, 애시 니슈, 린디 웨스트 외 여럿의 목소리를 소환하고 페미니스트 철학자로서의 견해가 더해진 내 목소리를 점점 커지는 이 합창에 보태는 것이다. 다른 많은 사람들과 마찬가지로 나는 살아가는 동안 신체가 극적으로 변할 수 있다는 것을 보여주는 살아 있는 증거다. 체중은 양극단을 오갈 수 있다. 식이 장애나 질병 때문에 일시적으로 줄어들었다가도 운이 좋아서 몸이 회복되면(또는 특권층이라면) 어김없이 돌아온다.

여러분이 이 부분을 읽을 때쯤이면 나는 분명 더 뚱뚱해졌을 것이고 그걸 문제라고 생각하지도 않는다. 분명 더 나다운 모습일 것이다. 내 몸은 뚱뚱함을 지향한다. 그리고 나는 이 사실에 맞서 싸우지도, 세상에서 숨지도 않을 준비가 되어 있다.

목차

이 책을 향한 찬사 ———————— I

15 ———————— 머리말 | 몸무게와 싸우기

1장 비만혐오라는 구속복 ———————— 35

59 ———————— 2장 몸을 줄이는 대가

88 ———————— 3장 역행하는 비너스

4장 뚱뚱함의 도덕 해체하기 ———————— 112

137 ———————— 5장 조금 아쉬운 몸매

6장 놀랍지 않다 ———————— 162

7장 가스등 옆의 식사 ———————— 196

8장 배고픔의 권위 ———————— 221

결론 미안하지 않음 ———————— 252

271 ———————— 감사의 말

274 ———————— 주

342 ———————— 더 알아보기

색인 ———————— 344

내용에 대한 주의

이 책은 비만혐오를 인종 차별, 여성혐오, 장애인 차별,
트랜스젠더혐오 등과 함께 솔직하게 묘사하고
다이어트, 식이 장애, 신체적 표준 등 일부 독자들에게 방아쇠가
될 수 있는 내용을 다루고 있으니 주의 바랍니다.

1장

비만혐오라는 구속복

서른여덟 살의 젠 커런은 한 신장내과 의사에게 살을 빼라는 처방을 받았다. "다이어트와 운동을 시작할 수 있겠어요? 체중을 좀 줄여 보세요." 젠은 강한 의심이 들었지만 그러겠다고했다. "그러죠, 할 수 있어요." 집에는 5개월 된 아기가 있었다. 의사는 계속해서 "아기를 데리고 산책하고 소금 섭취를 줄이세요. 가공식품은 절대 먹지 말고 채소를 드세요."라고 말했다.[1]

설명은 필요 없었다. 젠은 체중 감량이라면 (고통스러울 정도로) 잘 알고 있었다. 그녀는 건강이 아니라 외모를 위해 52킬로그램을 감량한 적이 있다. 하지만 몇 년 전부터 체중에 대한 집착을 버리고 자신의 몸을 있는 그대로 받아들이기로 했다. 임신 기간 동안 혈압이 높고 소변의 단백질 수치가 높다고 산부인과 의사가 걱정했지만 이런 긍정적인 마음 덕에 강인하고 굴하지 않는 기분을 느꼈다. 그래도 임신 중기 내내 침대에 누워 있어야 했고 37주에 유도 분만으로 딸 로즈를 낳았다.

하지만 산부인과 의사의 바람과는 달리 젠의 단백뇨 증상은 임신이 끝나도 절로 괜찮아지지 않았다. 의사는 되도록 빨리 신장 전문의를 만나보라고 했다.

"살을 빼면 단백뇨가 안 나올까요?" 다시 찾아 온 진료실에서 젠이 물었다. "그럼요. 살을 빼면 증상은 확실히 사라질 거예요. 4개월 후에 다시 오세요."

하지만 문제는 몸무게가 아니었다. 사실 그녀는 골수암을 앓고 있었다. 만일 젠이 첫 번째로 만난 신장 전문의의 처방에 의심을 품고 한 달 후 다른 의사를 찾아가지 않았다면 암 때문에 몸은 더 망가지고 단백뇨 수치도 계속 높아졌을 것이다. "이 정도 단백질 수치는 다이어트나 운동으로 절대 해결할 수 없어요." 두 번째로 만난 신장내과 의사의 말이다.

젠은 다행히 다발성 골수종을 제때 발견해 6개월간의 항암 화학 요법과 스테로이드 처방으로 암을 치료할 수 있었다. 이 글을 쓰는 현재도 경과가 좋다.

이런 행운을 누리지 못하는 사람들도 많다. 배우 로라 프레이저의 쉰아홉 된 언니 잰은 동생을 찾아갔을 때 얼굴 좋아 보인다는 말을 들었다. 체중이 27킬로그램이나 줄어서였다. 일부러 살을 뺀 게 아니라 몇 달 동안 통증이 너무 심해서 입맛이 없었다. 그녀는 폐경 후 질 출혈을 겪고 있었고 거의 24시간 내내 골반이 아팠다. 잰은 동생에게 산부인과 의사에게 도움을 청하던 경험을 이야기하며 눈물을 글썽거렸다. 그저 일반적인 검사를 진행한 후 어깨를 으쓱할 뿐인 의사를 보며 잰은 '뚱뚱하고 툴툴거리는 늙은 여자' 취급을 당한 기분이었다. 그녀는 유제품과 글루텐을 끊는 식단 조절과 처방전 없이 살 수 있는 진통제를 복용하는 등의 방법으로 통증을 해결해 보려고 했다.

몇 달 후 만난 진료 보조 간호사는 잰이 마약성 진통제 처방을 원한다고 생각하면서도 최소한의 조치로 혈액 검사를 지시했고,[2] 잰은 다음 날 아침 일찍 바로 응급실로 가라는 전화를 받았다. 그리고 혈중 칼슘 수치가 극도로 높은 위독한 상태로 중환자실에 입원했다. 자기공명영상 검사를 해보니 복부에 커다란 덩어리가 보였는데 담당 외과의도 이렇게 큰 자궁 내막 종양은 처음 봤을 정도다. 암이 골반을 가득 채우고 방광에도 침입했다. 심지어 폐에도 점점이 퍼져 있었다.

결국, 잰은 6개월밖에 더 살지 못했다. 항암 치료를 받으면서 점점 더 수척해졌고 사람들은 그런 모습을 보며 계속해서 체중이 줄어서 잘됐다고 할 뿐이었다.

비만혐오라는 구속복은 모두는 아니더라도 우리 대부분에게 압박감과 불편함을 준다. 엄격한 특정 범위에 신체가 들어맞지 않고 꽉 끼거나 흘러넘치는 나 같은 일부에게는 더 힘든 삶을 선사한다. 그리고 비만혐오는 구속복과 마찬가지로 강력한 사회 지표가 되어 어떤 몸은 무시하고 괴롭혀야 한다는 신호를 준다. 뚱뚱한 몸은 보살핌이나 교육, 고용 등 기본적인 형태의 자유와 기회를 누릴 자격이 없다는 표시가 된다.

구속복은 일찍부터 팽팽히 조여진다. 뚱뚱한 아이들이 학교에서 여러모로 조롱당한다는 사실은 잘 알려져 있다.[3] 아동의 체중은 학교 폭력의 가장 흔한 근거가 되는 것으로 나타났다. 어렸을 적 운동장 풀밭에 다른 아이들과 둥글게 앉아 점심을 먹는데 한 남자애가 우리를 하나씩 가리키며 '말랐네' '넌 중간' '넌 뚱뚱해'라고 무심히 선고하던 것을 기억한다. 여자아이 중 내가 유일하게 뚱뚱한 아이에 속해 있었고, 이 사실을 향한 사람들의 비난이 귓가에 울리는 것 같았다. 내 등급이 최하위인 것은 너무도 당연해 보였다. 그 아이의 손가락질은 내가 나를 보는 방식뿐 아니라 친구들이 나를 보는 방식에도 영향을 주었다. "망고 먹으면 살쪄!" 한 명이 내 도시락에 든 음식을 보고 역겨운 듯 외치기도 했다. "망고 먹으면 입냄새도 지독해져!" 다른 한 명이 말을 보탰다.

몸집 큰 아이들이 이런 취급을 당하면 어린 시절에 겪는 다른 체중 관련 낙인과 마찬가지로 우울과 불안을 느끼고 자존감이 낮아지고 신체에 대해 만족하지 못할 위험이 크다. 극단적인 경우 자살을 선택할 위험성도 높아진다.[4]

뚱뚱한 아이들은 또한 교사들의 차별과 편견에 시달린다. 그렇다. 교사들이 그런 행동을 한다. 이들은 몸집이 큰 학생들이 추론 학습 능력이 떨어지고 체육 수업을 힘들어하고 사회성이 부족할 거라고 짐작해 체중과 관련한 부정적인 고정 관념을 자주 표현한다.[5] 내 경우만 해도 열네 살 때 한 선생님이 어깨를 친근하게 툭 치며 나를 여장부라고 칭한 일이 있다. 선생님의 눈에 비친 튼튼하고 둔하고 무식한 내가 보이면서 뱃속이 뒤틀리는 것 같았다.

실제로 교사들은 정상 체중으로 분류된 아이들은 평균 이상의 능력이 있고 비만으로 분류된 아이들은 학습에 어려움이 있다고 여기는 경향이 있다.[6] 과체중이거나 비만으로 분류된 학생이 학교 성적이 좋지 못하다는 (뒤섞이고 일관성 없는) 증거가 어느 정도 있는 것은 사실이다. 하지만 이는 아마도 한 연구에서 보여주듯이 체중 때문에 괴롭힘을 당한 학생들이 학교를 자주 빠지거나 아예 안 가려고 하기 때문일 수 있다.[7] 체중으로 인한 괴롭힘을 적절히 통제하면 성적 격차가 사라진다는 연구 결과도 있다.[8] 그러므로 교육자들이 덩치 큰 학생들을 또래에 비해 성적이 낮다고 탓하는 것은 사실상 피해자에게 책임을 전가하는 것이고 이는 뚱뚱한 사람들이 똑똑하지 않다는 해롭고 잘못된 고정 관념의 결과다.[9]

게다가 성적이 비슷해도 체중이 늘어나는 학생은 다르게 인식된다. 한 대규모 종단 연구*에 따르면 5학년에서 8학년 사이의 학생이 체질량 지수가 증가하면 교사들은 시험의 표준점수 같은 객관적 수치가 변하지 않더라도 이 학생의 학습 능력이 떨어지는 것으로 생각한다.[10] 구체적으로 여학생들은 읽기를 더 못하고 남학생들은 수학을 더 못하는 것으로 인식됐다. 흥미롭게도 이 두 과목은 각 그룹이 성별 고정 관념에 따라 가장 잘한다고 여겨지는 분야다.

일부 연구에 따르면 비만혐오에 따른 이런 교육적 편견은 특히 여자아이들을 상대로 더 강하게 나타난다. 과체중이나 비만으로 분류되는 성인 여성은 교사에게 체중 관련 낙인을 찍힌 경험이 많은데 3분의 1은 적어도 한 번, 20퍼센트는 두 번 이상 그런 일을 경험했다고 보고했다.[11]

이 책을 위해 자료를 조사하면서 찾은 가장 짜증스러운 연구는 1990년대 뚱뚱한 딸을 둔 부모들이 마른 딸을 둔 부모보다 아이의 대학 진학을 위한 재정적 지원을 제공할 마음이 더 적었다는 논문이다.[12] 나의 부모님은 내 몸무게가 어떻든 한 번도 내가 총명하지 않거나 부지런하지 않거나 좋은 교육을 받을 가치가 없다고 생각하지 않았다는 것에 감사하다. 부모님은 실제로 내 지능과 식욕을 둘 다 축하해 주었다. 하지만 많

• 오랜 시간에 걸쳐 대상을 관찰하는 연구 방식

은 소녀와 여성이 그런 행운을 누리지 못한다. 우리 중 많은 사람들이 우리 같은 몸집을 가진 사람들은 가치 있거나 기여할 만한 것이 아무것도 없을 거라는 생각 때문에 자신의 목소리를 개발하고 분명히 낼 기회를 전혀 얻지 못한다. 내게는 이런 현상이 무거우면서도 거의 느껴지지 않는 침묵으로 다가온다.

비만혐오는 강력한 고용 차별의 근원이기도 하다. 다양한 연구에서 체질량 지수가 더 높은 지원자는 같은 이력과 자격 요건을 갖춘 날씬한 지원자와 비교할 때 고용 확률이 낮다고 지적한다.[13] 뚱뚱한 사람들은 일반적으로 능력이 더 낮은 사람으로 비친다.[14] 한 연구에 따르면 뚱뚱한 사람에게 찍힌 낙인은 워낙 강력해서 뚱뚱한 사람 옆에 있는 걸 들키기만 해도 고용주를 주저하게 만든다. 한 가상의 상황에서 이른바 정상 몸무게인 남성이 비만 여성 옆에 앉아 사진을 찍었을 때 날씬한 사람 옆에 앉아 사진을 찍었을 때보다 고용 가능성이 상당히 낮았다. 다시 말해 "고용 관련 편견은 비만인 사람 근처에 있는 사람에게까지 번졌다."[15]

일부 연구는 특히 뚱뚱한 여성이 이런 편견에 시달린다고 주장한다.[16] 2016년 스튜어트 플린트와 동료들은 여러 일자리에 지원한, 성별과 체중이 다양한 가상의 후보들을(사진으로 알 수 있었다) 평가하게 하는 연구를 진행했다.[17] 모두 지원하는 일자리(행정 보좌관, 소매 기업 영업사원, 육체노동자, 대학 강사)에 맞는 자격을 충분히 갖춘 후보들이었다. 남성과 여성 참여자 모두 모든 일자리에 대해 이른바 정상 체중 남성을 최적의 후보로 꼽았고 비만 여성은 가장 자격이 없는 사람으로 평가했다.[18] 후속 분석에 따르면 인사 적합성은 지원자의 체감 체중과 성별에 따라 다르게 판단되었다. 이는 비만혐오에 따른 고용 차별은 흔하며 뚱뚱한 여성은 뚱뚱한 남성 경쟁자보다 더 차별당할 가능성이 높다는 것을 시사한다.

매사추세츠 공과대학교 대학원 졸업을 앞두고 있던 해에, 나는 대학에 자리를 얻으려 면접을 볼 때 제출된 논문의 요약이 명쾌한지, 내 연구에 대해 날카롭게 이야기할 수 있는지, 교수 계획에 관한 질문에 적절하게 대답할 수 있는지 등 일반적인 것들을 걱정했다. 그러면서 동시에 면접 과정에서 내 뚱뚱한 몸이 어떻게 보일지 역시 상당히 걱정했다. 전문가처럼 보이면서 내 엉덩이에 맞는 정장을 찾느라 애를 먹었고 대부분의 면접에 눈 내리는 배경을 제공해 준 뉴잉글랜드의 겨울에 꼭 필요한 롱부츠는 결국 찾지 못했다.[19] 거의 맞을 것 같았던 부츠 한 켤레는 종아리까지 끌어올리기가 너무 힘들어서 어느 날 아침 신발을 신으려다 손등이 깊이 패이기도 했다. 그래서 면접 마지막 날 일회용 반창고를 붙이며 손을 떨어야 했다. 또 신발이 잘 들어가라고 신은 쫀쫀한 무릎 높이의 양말이 혈액 순환을 막아 양쪽 종아리 둘레에 시뻘건 줄이 생겼다. 바보 같은 모습에 상처도 받았다.

남부 캘리포니아의 작은 단과대학에 면접을 보기 위해 비행기를 타고 캠퍼스를 방문했을 때도 상황은 나을 게 없었다. 뜨겁고 눈부신 1월의 태양 아래 교수진과 걷고 말하는 동안 땀 흘리는 내 모습이 몹시 신경 쓰였다. 점심을 주문할 때나 곧이어 저녁을 주문할 때도 건강한 생활 습관과 적당한 입맛을 지닌 착한 뚱보로 보이려면 뭘 시켜야 할지 걱정했다. (결국 거의 아무것도 먹지 못했고 잠재적 고용주가 알게 될까 무서워서 룸서비스도 시키지 못했다. 지원자의 호텔 비용을 대학이 모두 부담했으니 불가능한 일도 아니었다.) 내가 조금이나마 활동적인 사람으로 보이려고 무심코 승마를 즐긴다고 한마디 하자 한 교수가 그 지역 승마복을 비웃는 말을 했다. 요약하자면 그 옷은 '고작 뚱뚱한 미국 관광객이 뚱뚱하고 게으른 말 위에 뚱뚱한 그의 엉덩이를 걸치기 위한 것'이었다. 비슷하게 호리호리한 백인 남성 교수가 힐끗 바라보자 그의 얼굴은 비트처럼 붉어졌다. '내 뚱뚱한 엉덩이는 오스트레일리아에서 왔는데요.' 나는 속으로만 이렇게 생각하면서 대화에 다시 끼기 위해 애썼다. 하지만 이미 상처받았다. 그리고 그 일자리도 구하지 못했다.

물론 떨어진 데는 다른 이유도 많았을 것이고 그중에는 타당한 이유도 있었을 것이다. 결국은 운 좋게도 내 소박한 기대를 넘어서는 좋은 일자리를 몇 군데에서 제안받았다. 그래도 내 뚱뚱한 몸 때문에 철학자로서 정신적 명민함이 드러나지 않을까 봐, 고용인으로 적절하지 않아 보일까 봐 걱정하지 않았다면 더 좋았을 것이다. 그리고 종아리 사이즈가 더 큰 롱부츠도 나왔으면 좋겠다. (물론 굵은 종아리용 부츠가 있다는 건 안다. 정말 조사를 많이 했으니까. 하지만 이 부츠들은 품질이 형편없고 거칠어 보이고 내가 원하는 길이보다 짧았다.)

이보다 더 중요한 사실은, 나보다 운이 없고 특혜를 누리지 못하는 뚱뚱한 사람들이 많다는 것은 물론이며 비만혐오에 따른 편견 때문에 아예 고용 기회를 얻지 못한다는 것이다. 그리고 이런 차별이 분명 불법일 거라고 생각할까 봐 말하는데, 뚱뚱한 사람들이 신체 크기 때문에 차별받지 않도록 보호하는 주는 이 글을 쓰는 시점에 미시간주와 워싱턴주 두 곳밖에 없다.[20] 미국뿐 아니라 캐나다와 유럽 몇 개 국가에서 실시한 국가 차원의 대규모 조사에 따르면 비만으로 분류된 사람들이 일을 구하지 못하는 경우가 많다.[21] 체질량 지수 증가 역시 일생 동안의 근로 연수 저하와 관련이 있고, 이는 사회 경제적 요인 및 건강 관련 요인을 조정해도 마찬가지이다. 또 뚱뚱한 사람들은 일단 직장을 잃으면 다시 일하기가 더 어렵다. 이런 영향은 이번에도 특히 뚱뚱한 여성에게 강하게 나타난다.[22]

뚱뚱한 사람들은 이렇게 노동 참여도가 낮은 것 외에도 사회적 지위가 더 낮은 일을 하는 경향이 있다. 비만인 사람은 기술 및 관리직을 더 적게 맡고 그중에서도 여성은 행정직과 서비스직에 심하게 많다.[23] 심지어 같은 일을 하더라도 뚱뚱한 사람들은 날씬한 동료에 비해 상당히 적은 돈을 번다. 뚱뚱한 여성은 이번에도 불균형한 피해를 입는다. 최근 2018년에 발표된 한 첨단 분석에 따르면 비만의 문제는 여성에게는 8~10퍼센트의 임금 불이익과 관련이 있는데 남성은 관련성이 2퍼센트에 불과하다.[24] 다른 연구에서는 남성은 몸집이 어떻든 이런 불이익을 받지 않거나 심지어 심각하게 뚱뚱한 남성을 제외한 대부분의 남성 고용인이 다소 높은 임금을 받는 것으로 나타났다.[25]

충격적이게도 뚱뚱한 여성의 임금 격차는 시간이 흐르며 더 커진 것으로 보인다. 연구원 크리스티안 브라운과 웨슬리 루턴은 두 가지 종단 데이터 세트를 분석해 1960년대에 태어난 뚱뚱한 사람이 20년 후 태어난 사람보다 임금 격차를 더 적게 겪었다고 주장했다. 특히 비만 여성 가운데 소득이 가장 높고 젊은 사람들이 최대 27퍼센트까지의 심한 임금 불이익을 받았다.[26] 이는 같은 연령대에서 가장 소득이 높은 뚱뚱한 남성이 받는 불이익의 세 배 이상이며 가장 적게 버는 뚱뚱한 여성이 받는 불이익의 다섯 배 이상이었다.[27] 다른 연구원은 이런 비만혐오에 금액을 표기하여 매우 뚱뚱한 미국 여성은 평균 체중의 여성보다 연 1만 9,000달러 더 적게 벌고, 여성의 체중이 11킬로그램 늘면 연봉이 1만 3,000달러 이상 줄어든다고 주장했다.[28] "이런 분석 결과는 적어도 여성에게는 비만율이 점점 증가해도 직장에서 비만이 정상으로 받아들여지는 결과로 나타나지는 않았다는 뜻일 수 있다."라고 브라운과 루턴은 지적했다.[29] 이 말은 오히려 절제된 표현이다. 뚱뚱한 사람들은 그 어느 때보다 더 경멸의 대상이 된 것 같다.

우리 뚱뚱한 사람들은 단순히 세상을 헤쳐 나가고 우리 일을 하려고 할 때 공개적인 공간에서 비만혐오라는 구속복을 경험한다. 때로 우리는 말 그대로 몸이 맞지 않는다. 나는 하버드 대학에서 조교로 있으면서 책상에 고정된 의자 중 조금 넉넉한 자리에 앉으려면 수업에 45분 일찍 도착해야 할 때 이를 아주 분명하게 경험했다. 좁은 의자가 나를 부르는 날에는 두려움에 떨었다. 논문 지도 교수와 면담이 길어지는 바람에 그날이 오고야 말았을 때 나는 계단식 교실에 하나 남은 자리에 최대한 몸을 접고 아슬아슬하게 욱여넣으면서 불안함으로 숨이 막히는 것 같았다. 의자에 몸이 들어갔다는 안도감에 눈물이 나는 걸 겨우 참았다. 나는 지금도 몸이 끼는 악몽을 꾼다.

최근 다른 대학교에서 비만혐오라는 주제로 초청 강연을 했다. 학생들 일부는 호의적이었지만 다른 학생들은 비만혐오가 그렇게 큰 문제인지 모르겠다며 대놓고 의심하고 비웃었다. 강의가 끝날 때쯤 한 학생이 자신만의 운동 방법과 지방이 적은 단백질의 이점을 장황하게 설명하자 나는 모든 좌석이 좁은 고정식 의자라는 점을 지적하지 않을 수 없었다. 이 논쟁, 이 대화에 참여할 가능성도 없는 사람이 누구였을까? 뚱뚱한 사람들은 교실부터 이사회실, 식당, 극장, 경기장까지 사람들이 모이는 좋은 자리의 테이블에 끼지 못한다. 최근 유니버설 스튜디오 할리우드는 마리오 카트 가상 현실 놀이기구의 좌석을 허리둘레가 40인치 이하인 사람만 앉을 수 있게 해서 많은 비난을 받았다. 40인치는 미국 남성의 평균 허리둘레보다 약간 작다.[30]

많은 뚱뚱한 사람에게 여행 역시 접근하기 어렵다. 버스, 기차, 비행기의 좌석은 우리를 위해 만들어지지 않았다. 비행기 여행은 특히 정신적 충격을 줄 정도인데, 뚱뚱한 승객은 다른 승객의 편안함을 방해할 정도로 자리를 차지한다고 여겨지면 팔을 포박당한 자세로 통로를 걸어야 할 때가 많다. 그래서 추가 요금을 내고 일등석 표를 사기도 한다. 안전벨트 연장 장치를 요청하면 승무원과 다른 승객이 모두 기분 나쁜 표정을 짓는다. 일부 승객은 뚱뚱한 사람 옆에 앉으면 사나운 반응을 보인다. 플러스 사이즈 모델 나탈리 헤이그는 사진 촬영을 위해 LA에서 텍사스로 가는 비행기에서 옆자리에 앉은 남성이 크게 한숨을 내쉬고 친구에게 문자 메시지를 보내는 걸 알게 됐다. 그는 헤이그의 체중 때문에 비행기가 뜨지 못할 거라고 농담을 던졌다. 그리고 친구가 "그 여자가 멕시코 음식을 먹지는 않았겠지?"라고 답하자 "멕시코 사람을 먹은 것 같은데."라며 빈정거렸다. 또 몸이 너무 끼어서 창문에 목 자국이 날 것 같다고 불평했다.

나중에 인터넷에 퍼진 영상에서 헤이그가 남자에게 이런

행동을 지적하자 남자는 처음에는 사과했다. 하지만 카메라가 꺼진 후, 두 사람이 비상구 좌석에 앉아 있었기 때문에 헤이그가 비상시에 승객을 안내하는 의무를 다할 수 있을지 걱정했다고 반격했다. (헤이그는 조금 더 편하게 다리를 두려고 추가 요금을 지불했다.) 헤이그는 "뚱뚱한 사람은 이런 현실을 비행기뿐 아니라 일상에서 겪는다. 버스에서, 식료품점 대기 줄에서, 콘서트장에서, 인터넷에서 이런 일들이 일어난다. 우리가 완벽하게 자기 자리에 존재하며 다른 사람을 전혀 방해하지 않을 때도 사람들은 시비를 걸고 상처 주는 말을 한다."고 썼다. 이어 "우리가 할 수 있는 일은 우리 존재가 잘못이 아님을 알고 나아가는 것뿐이다."라고 덧붙였다.[31] 그 과정에서 교통수단에 존재하는 비만혐오가 여전히 우리를 괴롭히겠지만 말이다.

아마도 비만혐오가 가장 극명한 곳은 의료계일 것이다. 뚱뚱한 사람들은 병원에 들어서는 순간부터 공정하고 효과적인 진료를 방해하는 수많은 장애물을 만난다. 체중을 알아야 하는 치료인지 아닌지 상관없이 진료 자체가 보통 체중 측정으로 시작한다. 모든 환자가 주기적으로 체중을 재긴 하지만 평생 체중 관련 낙인이 찍힌 채 살아가는 뚱뚱한 사람들은 체중계에 올라가는 게 특히 걱정스럽다. 우리는 진료를 받는 동안에도 숫자에 근거한 질책을 받고 때로는 노골적인 조롱을 당한다. 이 과정의 일부 측면은 자동화되어 있다. 한번은 병원에 가서 체중을 쟀다가 환자 기록 스크린에 체중이 늘었음을 알리는 빨간 불이 깜빡인 적이 있다. 나중에 병원의 환자 기록을 온라인으로 찾아봤다. '외모' 칸에는 오직 세 단어만 적혀 있었다. "이 환자는 비만임." 성인이 된 이후 이토록 스스로가 부끄럽고 내가 오직 이 몸 외에 아무것도 아닌 기분이 들어본 적은 거의 없었다.

하지만 몸집이 클수록 문제도 커진다. 병원 체중계는 적절한 약 복용량을 알기 위해, 또는 의사가 권한 체중 감량 계획이 잘 이루어지는지 보기 위해 체중을 알아야 하는 큰 환자들의 체중을 재지 못할 때가 많다. 이런 환자들은 고철 처리장이나 동물원의 저울을 찾아보라는 얘기를 듣는다고 한다. 이보다 더 굴욕적일 수는 없을 것이다.[32] 또 아주 뚱뚱한 환자에게 적합한 의자, 혈압 측정 띠, 가운, 진찰대, 바늘이 없는 시설이 많다. 또 어떤 환자들은 충분히 들어갈 수 있는데도 자기공명영상 장치에 맞지 않을 거라는 말을 듣는다.[33] 어떤 사람들은 실제로 표준 장치에 들어가기에는 몸집이 너무 커서 이들의 몸에 맞는 장치를 찾아 먼 거리를 이동해야 하거나 필수적인 진단을 아예 받지 못하기도 한다.[34]

제1 방어선이라고 할 수 있는 응급 피임약, 플랜 비Plan B*는

---

* 미국에서 2006년부터 처방전 없이 약국에서 살 수 있도록 허가된 응급 피임약

70킬로그램이 넘는 사람에게는 효과가 떨어지는 것으로 알려져 있다. 해법을 제시한다고 광고하는 엘라Ella*조차 88킬로그램 이하만 사용할 것을 권한다.[35] 그보다 무거운 사람이라면 아마 임신을 피하기가 어려울 것이다. 게다가 미국 어디에 사는지에 따라 이후에도 어려움을 겪을 수 있다. 돕스Dobbs** 판결로 엄격한 낙태 금지법을 시행하는 주가 미국 전역으로 퍼지고 있기 때문이다.[36] 임신을 유지하기로 했다면 적절한 산부인과 진료를 받는 데도 운이 좋아야 한다. 어떤 병원은 우리의 '고위험' 상태를 이유로 특정 체중 이상의 임신부 진료를 거부한다.[37] 그리고 뚱뚱하면서 임신이 가능한 우리는 종종 요구를 거부당하거나 투명 인간 취급을 받는다. 아니면 의료진들은 가끔 무심하게 어깨를 으쓱거린다. "아무래도 임신 중독증에 걸리실 것 같은데요." 내가 임신했을 때 한 산부인과 의사가 한 말이다. 혈압도 정상이고 다른 위험 요인도 없었는데 말이다. 내가 신경이 쓰인 것은 의사의 예감이 아니라 심각한 합병증이 올 수도 있는 증상인데도 나 같은 사람은 임신하면 당연히 겪는 일이라는 듯 어떤 논의나 우려나 추가 관찰이 필요하다는 말도 없이 진료 끝에 툭 던지는 표현 방식이었다. (다행

- 2010년 승인된 응급 피임약으로 플랜 비보다 사용 가능 시간이 길다.
- 미국 연방대법원이 2022년 낙태를 기본권으로 인정한 1973년의 로 대 웨이드Roe v. Wade 판결을 뒤집고 낙태가 합법이 아니라고 선언한 판결

히 나는 임신 중독증에 걸리지 않았다.)

의료진의 태도는 의료계에 훨씬 넓게 퍼진 불공정을 보여준다. 한 종합적인 문헌 조사에 따르면 뚱뚱한 사람들은 수많은 악의적 고정 관념에 시달린다. 우리는 게으르고 규율이 안 잡히고 의지가 약하며 치료나 자기 관리 수칙을 지키지 않는 사람으로 비친다.[38] 1차 진료 의사와 환자를 대상으로 한 조사에 따르면 이 의사들은 뚱뚱한 환자와 감정적 친밀함을 더 적게 쌓고 이들을 향한 공감 수준도 더 낮은데, 진료할 때 걱정하고 우려하고 안심시키는 말을 훨씬 적게 하는 것으로 알 수 있다.[39] 또 다른 연구에서는 상당 비율의 간호사들이 우리 몸에 혐오감을 느끼고 만지고 싶지 않다고 생각하는 것으로 드러났다.[40]

의료진은 뚱뚱한 환자를 존중하는 마음이 훨씬 덜하고 이들에게 쓰는 시간도 훨씬 적은 것으로 보고됐다.[41] 한 연구에서 1차 진료 의료진에게 다른 조건은 같지만 체중이 비만, 과체중, 정상으로 다른 편두통 환자들의 진료 기록을 감정해 달라고 요청했다. (편두통을 선택한 것은 이 병이 의사들 사이에서 체중과 관련 없는 것으로 여겨지기 때문이었다.) 의료진은 아주 무거운 환자들(즉 비만 환자)에게 거의 3분의 1 적은 시간을 쓸 계획이라고 밝혔다.[42] 또한 조금 무거운 환자에 대해서는 13개 지표 중 12개 지표에서 부정적인 견해를 보였다. 여기에는 '이 환자를 보는 건 시간 낭비일 것 같다' '대단한 인내심이 필요할 것이다' '환자 때문에 짜증이 날 정도' 심지어 '개인적으로 이 환자를 돕고 싶은 기분이 안 든다'까지 있었다.[43] 일부 의사는 비만 환자의 파일 가장자리에 명확하게 낙인에 해당하는 메모를 남겼다. 예를 들어 "이 여성은 매우 불행하게 산다."라거나 "약물 중독자일 것이 분명하다." 또는 "근본적인 우울증을 앓고 있다."고 적었다. 이 의사는 조금 무거운 환자에게 추가 정보 없이 열 번 이상 항우울제를 권했다. 항우울제로 살이 찌는 경우가 많은 걸 생각하면 상당히 모순적이다.[44]

이 장 앞에서 다룬 젠과 잰의 이야기에서 알 수 있듯이 비만혐오에 기반한 편견은 오진이나 아예 진단을 하지 않는 결과로 이어질 수 있다.[45] 이런 일은 몇 가지 일화에만 그치지 않는다. 비만으로 분류되는 여성은 특정 암을 잡아내지 못할 가능성이 훨씬 높다.[46] 300건 넘는 부검 보고서 연구에서 과체중으로 분류된 사망자는 폐암, 심내막염(심장 감염)을 비롯한 심각한 병을 진단받지 못한 경우가 1.65배 높았다.[47] 이는 건강 전문 작가이자 자기 몸 긍정주의를 옹호하는 제스 심스가 말하듯 "다른 환자들은 컴퓨터단층촬영이나 자기공명영상처럼 생명을 구할 수도 있는 검사와 진료를 받지만," 같은 증상이 있는 뚱뚱한 환자는 "집에 가서 살이나 빼라는 말을 듣는다."는 의미이다.[48] 치료가 시급한 게 아니면 우리가 아예 처음부터 치료를 받으려고 하지 않을 수도 있다. 2016년 조사에서 체형별 여성의 약 45퍼센트가 살을 뺄 때까지 진료를 미룬 일이 있다고 답했다.[49] 다른 연구에서는 뚱뚱한 여성들이 체중을 재는 것뿐 아니라 뚱뚱하다는 조롱을 받을 것이 두려워 다른 사람들보다 병원에 가는 일이 훨씬 적은 것으로 나타났다.[50] 또 뚱뚱한 여성일수록 의료 서비스 자체를 피한다는 연구도 있다.[51] 이 모든 이유를 종합하면 비만혐오는 말 그대로 사람을 죽일 수 있다.

모욕의 최종점이 남아 있다. 우리 뚱뚱한 사람들은 죽은 후 의학계에 신체를 기증하는 것에서도 제외될 수 있다. 시신 기증의 하한선은 특별한 과학적 이유도 없이 80킬로그램 정도로 낮은 것이 보통이다.[52] 의료계 사람들은 아무래도 우리 같은 다루기 힘든 몸을 죽은 상태로도 보고 싶지 않은 것 같다.

지금까지 이야기한 의료계의 편견은 암울하긴 하지만 일부 독자에게는 익숙할 수도 있다. 하지만 우리 중 가장 소외된 사람들에게 비만혐오가 얼마나 해로운지는 잘 알려지지 않았고 더 강조되어야 하기도 하다. 이는 일부 억압과 낙인 때문이기도 하고, 뚱뚱한 몸이 일상적으로 거부당하는 특수한 치료가 일부 소외 계층에게 필요하기 때문이기도 하다. 예를 들어 많은 트랜스젠더 환자가 체질량 지수에 근거해 성별 확정 치료를 거부당하는 것으로 알려졌다. 스물다섯 트랜스젠더 남성 네이선은 영국 브라이턴에서 상체 수술을 받을 자격을 갖추기 위해 체질량 지수를 38에서 35로 내리려고 혹독한 속성 다이어트를 감행했다. 탄수화물을 완전히 끊고 하루 세 시간씩 운동해서 체질량 지수를 35.8까지 낮추는 데 성공했다. 하지만 근육이 생기면서 체중이 더 이상 내려가지 않았다. 그는 열흘 동안 2킬로그램을 더 빼야 수술을 받을 수 있다는 말을 들었다.[53] 이런 독단적인 기준에 맞춰 급하게 살을 빼는 것이 수술 전후 건강에 좋을 거라고는 상상하기 어렵다. 게다가 그는 체중 감량으로 식이 장애까지 걸렸다고 생각한다.

네이선은 이후 근처 다른 병원에 갔다면 수술을 받을 수 있었을 거라는 걸 알게 됐다. 그곳은 체질량 지수 상한선이 40이었다. "플리머스에 갔다면 아예 살을 빼라는 말을 안 들었겠죠."

수술할 때 체질량 지수에 제한을 두는 것이 더 좋은 수술 결과와 빠른 회복에 도움이 된다고 하지만 이 같은 계산의 증거는 제한적이고 모순된다. 실제로 일부 연구에서 체질량 지수가 높은 것과 수술할 때 및 이후의 부정적인 결과 사이에 연관이 있는 것으로 나타났다(수술 중 출혈, 심방세동, 심부 정맥 혈전증, 폐색전증 등). 하지만 다른 연구에서는 이런 결과와 반대로 "수술 전후 결과와 체질량 지수 증가 사이에 연관을 발견하지 못했다."[54] 많은 뚱뚱한 환자들이 특정한 주요 수술인 비만 수술은 승인받을 가능성이 높다는 사실 또한 남아 있다. 뚱뚱한 사람이 성별 확정 수술을 받을 때 생길 수 있는 위험 가능성이 무엇이든지 다른 수술과 균형을 이루어야 할 것이다. 트랜스젠더가 그런 치료를 거부당하면 삶의 질이 크게 떨어지고 자살 경향을 비롯한 정신 건강 위험도도 높아진다.[55] 게다가 이 같은 결정에서 때로 가장 중요한 요소는 의사 자신의 미적 감각이나 시스 젠더* 중심의 미적 기준이다. 한 의사는 하체 수술을 원하는 환자에게 살을 빼지 않으면 (특정 신체가) '크거나… 좋게' 보이지 않을 것이라고 말했다. 신체 단속의 적어도 한 가지 측면에서는 크기가 자산으로 여겨진다.

운동하기 어려울 수 있는 뚱뚱한 장애인 트랜스젠더 환자는 의료 서비스를 받기가 더 힘들 수 있다. 넌바이너리**이면서 여성에서 남성으로 성을 전환하려는 서른여덟 살의 영국인 리 흄은 오랫동안 무릎 부상과 요통으로 고생하다가 좌골 신경통과 관절염을 앓게 됐다. 이렇게 운동을 할 수 없는 상황인데도 의사는 살을 빼야 하체 수술을 할 수 있다고 했다. "때로는 제가 원하는 것을 절대 얻을 수 없다는 생각에 깊은 절망감을 느끼죠."라고 흄은 한탄했다.

트랜스젠더가 체중 때문에 성별 확정 수술을 거부당하는 일은 미국에서도 흔하다. 이 문제에 대한 최초의 종합 연구가 2020년 발표되었는데, 이 연구에서 연구원들은 뉴욕의 대형병원인 마운트시나이Mount Sinai에서 다양한 성별 확정 수술을 받고자 하는 1,500명의 트랜스젠더를 추적했다.[56] 이들 중 4분

---

* 　　생물학적 성별과 심리적 성별이 일치하는 것 또는 그런 사람
** 　　젠더적으로 남성이나 여성 어느 쪽에도 속하지 않는 사람

의 1 이상이 비만으로 분류되었고 14퍼센트는 체질량 지수가 33이 넘어 이 기관에서는 수술받을 수 없을 것으로 보였다.[57] 특히 어떤 환자도 그다음 진료 때까지 수술 기준을 맞출 만큼 체중을 감량하지 못했다. 심지어 체중이 더 늘어서 수술을 받을 수 없을 것 같은 환자들도 있었다.[58] 연구팀이 지적하듯 의욕이 상당히 높은 사람들이었는데도 그랬다. 대체로 이런 엄격한 체중 정책은 성전환자가 정당한 권리인 인도적이고 성을 긍정하는 서비스를 받지 못하게 방해하는 또 다른 형태의 장애물이다.[59]

뚱뚱한 사람들은 시스젠더와 트랜스젠더뿐 아니라 이외에 퀴어 정체성을 지닌 다른 이들도 가족을 늘리기 위해 흔히 필요한 생식 기술도 이용하지 못하는 경우가 많다. 체외 수정 전문 병원에서는 체질량 지수에 제한을 두는 경우가 많은데 이런 제한은 대부분 비슷비슷하게 임의적이고 적절한 증거도 없다.[60] 뚱뚱한 사람들은 좋은 부모가 될 수 없을 거라는 추측으로 입양 신청도 거부당할 때가 많다.[61] 최근에는 뚱뚱한 여성이 보호소에서 개를 입양하는 것도 거부당한 일이 있었다. 여성이 개에게 적절한 운동을 시킬 수 있고 그렇게 할 의지도 있다고 약속했지만 보호소 측은 의심을 거두지 않았다.[62]

우리가 아이를 낳고 아이들이 우리처럼 뚱뚱해지면(체중을 정하는 강력한 유전자를 고려할 때 그렇게 될 확률이 높다) 우리는 광범위한 비난을 받을 것이다. 다른 아이들이 우리 아이를 괴롭혀도 우리가 건강하지 못한 음식을 먹고 아이들에게 도 그런 음식을 먹였기 때문에 우리가 잘못된 선택을 내린 결과라고 생각할 것이다. 최근 연구에 따르면 뚱뚱한 아이를 둔 마른 부모 역시 아이들의 몸에 대해 비난과 모욕을 겪는 다고 한다.[63]

따라서 우리는 비만혐오가 광범위하고 해로운 억압 형태이 며 개인의 심술이나 욕을 훨씬 뛰어넘는 문제임을 알 수 있다. 비만혐오는 실질적, 구조적, 제도적 현상이다. 더욱이 G. M. 엘 러라는 필명으로 글을 쓰는 철학자, 메들린 워드가 보여준 것 처럼 비만혐오는 이것이 우리 삶의 한 면에 끼치는 영향이 쉽 게 다른 곳으로 스며들기 때문에 조직적이다. 그녀는 다음과 같이 적었다.

체중 편견은 어릴 때 시작되어 계속 이어진다. 어린 시절의 피 해는 이후의 피해를 낳고 문제를 악화시킨다. 청소년기에 낮아 진 자존감은 더 많은 체중 증가나 우울증으로 나타나 성공에 악영향을 미칠 수 있다. 뚱뚱한 십 대는 그렇지 않았을 경우보 다 더 수준 낮은 대학에 들어갈 수 있고, 이는 더 적은 수입으 로 이어진다. 더욱이 뚱뚱한 사람들이 겪는 피해는 그들의 삶 전반에 퍼진다. 광범위하고 노골적인 차별은 물론⋯ 갖가지 어 려움이 발목을 잡는다. 비행기나 놀이기구 좌석에 몸을 맞추기 힘들고 화장실이 불편하거나 맞는 옷을 찾아 전문 의류점을 찾

아야 한다. 이 모든 피해는 연결되어 있고 뚱뚱한 사람의 삶 전
체에 존재한다.[64]

비만혐오는 삶을 망치고 심지어 끝장낼 힘이 있다. "체중
때문에 직업을 얻지 못하고 교육에서 불이익을 얻고 의료 전
문가에게 소외되고 또래에게 괴롭힘을 당하면 삶의 질이 심각
하게 떨어진다."고 한 연구팀은 말한다.[65] 또는 흑인이며 트랜
스젠더 넌바이어리인 비만 수용 활동가 다숀 L. 해리슨이 적은
것처럼, 비만은 다른 형태의 추함ugliness과 마찬가지로 "누가
일을 하거나 하지 않고, 누가 사랑을 받거나 받지 않고, 누가
죽거나 죽지 않고, 누가 먹거나 먹지 않고, 누가 집에 갇히거나
갇히지 않는지 결정하는 요인이다."[66]

이 장에 기록한 비만혐오라는 구속복이 설명하는 것은 무
엇일까? 어쩌면 자명한 진실, 즉 뚱뚱한 사람은 마른 사람보다
건강하지 않다는 진실에 따른 안타깝지만 당연한 부작용이라
고 생각할 수도 있다. 하지만 앞으로 살펴보겠지만 현실은 그
렇게 간단하지 않다. 뚱뚱함과 건강 사이의 관계는 생각보다
복잡하다. 게다가 뚱뚱한 사람이 건강하지 않다는 확신은 대
개 걱정을 가장한 '트롤 짓', 즉 우리의 행복을 진정으로 걱정
하기보다는 우리를 지배하고 모욕하려는 방식이다.

2장

몸을 줄이는 대가

대학 마지막 해는 여러모로 힘들었다. 오래 동거하던 남자 친구와 헤어지고 처음으로 혼자 살면서 집세를 내기 위해 수업을 듣는 틈틈이 두 가지 일을 했다. (분명히 말하건대 내가 일찍부터 경제적으로 독립하기로 마음먹긴 했지만, 나에게는 나를 지지해주는, 중산층 가족이라는 안전망의 특권이 있었다.)

4학년 내내 미국의 철학 대학원에 가겠다는 꿈을 좇아 맹렬하게 공부했다. 졸업 논문을 쓰고 지원서 내고 GRE*를 준비하느라 그 어느 때보다 바빴다. 그러다 보니 파스타, 빵, 시리얼 등 뭐든 배부르고 싸고 빠르게 먹을 수 있는 걸 먹었다.

단시간에 체중이 확 늘었고 팔 윗부분이 튼살로 얼룩덜룩해졌다. 이게 너무 부끄러워서 자줏빛 불그죽죽한 자국이 삐죽삐죽한 우윳빛 격자무늬로 희미해질 때까지 민소매는커녕 반팔 셔츠도 입지 않았다. 그래서 몇 해 동안 여름에도 7부 소매 옷을 입고 땀을 흘렸다.

그해 말이 되자 컨디션이 엉망이 됐다. 피곤하고 여기저기 아프고 발이 따끔거리기 시작했다. 한 시간 동안 구글을 찾아본 후 당뇨병성 신경통이 틀림없다고 확신했다. 동네 약국에 걸어가서 당뇨를 알아보는 채혈 검사기를 샀다. 집게손가락을 찔러 기름진 피 한 방울을 뽑아낸 다음 겁을 잔뜩 집어먹고 혈당을 확인했다. 결과는 완전히 정상이었고 지금도 내 혈당은 정상이다. (발이 따끔거린 이유? 맞지 않는 신발을 신고 오래 걸어서였다.) 하지만 이 작은 소동을 겪으며 느낀 죄책감, 두려움, 공포심은 엄청났다. 15년 후 딸을 임신했을 때 임신성 당뇨병 진단을 위해 식후 세 시간 검사의 결과를 기다리면서도 똑같은 기분을 느꼈다. 병원 웹사이트의 새로고침 버튼을 하도 눌러서 해커가 침입했거나 무슨 문제가 생긴 줄 알았을 것이다. 두 경우 모두 검사가 그저 의학적 진단이 아니라 내 성격에 대한 비판을 기다리는 것 같았다. 모든 게 괜찮다는 걸 알게 되자 나에게 예정된 끔찍한 운명이 잠시 유예된 것 같은

• 　미국의 대학원 입학 자격 시험

안도감에 울었다.

이런 두려움이 전적으로 비이성적인 것은 아니다. 우리 가족 중에는 제2형 당뇨 환자가 많다. 언젠가 당뇨병 진단을 받게 되더라도 놀라지 않을 것이다. 반면에 지금 생각하면 내가 느낀 불안의 깊이와 윤곽은 미국인이 거의 열 명 중 한 명꼴로 걸리는 질병에 대한 낙인이 얼마나 강력한지 반영한다. 단지 아프거나 장애가 생길까 봐 두려운 게 아니다(때로는 이런 생각도 장애인 차별이 될 수 있지만). 내가 뚱뚱해서 이 일을 자초했다는 말을 들을까 봐 두려운 것이다. 당뇨가 세심한 치료와 관리를 요하는 심각한 질병이기는 하지만 이 두려움은 큰 몸으로 살아가는 우리를 향한 무기가 될 때가 많다.

이 장에서는 비만혐오가 일으키는 특정하거나 일반적인 건강 관련 공포심을 살펴보려고 한다. 우리는 뚱뚱한 사람이 인정받으려면 건강해야 '한다'고 고집하지 않고 뚱뚱한 몸도 건강할 수 있다고 강조하면서 비만과 건강 사이의 복잡한 관계를 인식하는 대화 방법을 찾아야 한다. 우리의 웰빙과 적절하고 배려심 깊은 의료 서비스에 대한 접근성은 모두 불안정하고 위태롭다.

2005년 미국 질병통제센터의 선임 과학자 캐서린 M. 플레걸이 진행한 획기적인 연구에서 비만과 관련한 사망 위험이 흔히 생각하는 것보다 훨씬 낮다는 결과가 나왔다. 플레걸의 연구에서 가벼운 비만(체질량 지수 30~35)은 이른바 정상 체중 범위(체질량 지수 18.5~25)일 때보다 통계적으로 의미가 있을 정도로 높은 사망 위험과 연관이 없었다.[1] 게다가 과체중(체질량 지수 25~30)은 사실상 상당히 낮은 사망 위험과 관련이 있었다. 가벼운 비만 이상(체질량 지수 35 이상)일 때에는 사망률 증가와 관련이 있었으나 흥미로운 점은 저체중(체질량 지수 18.5 이하)일 때도 마찬가지였다는 점이다.[2] (나는 피할 수 없을 때만 참고용으로 체질량 지수를 언급한다. 참고로 고도 비만은 체질량 지수 40 이상을 말하며 나도 이랬던 적이 있다. 때로 '병적 비만'이라고도 하는데, 특히 낙인을 씌우는 명칭이다.)

이 연구는 세심하게 진행되었으며 이전 연구와 일관성이 있었다. 또 후속 연구에서도 같은 내용이 확인되었다.[3] 플레걸은 명망 있는 과학자로 미국 질병통제센터에서 최고의 연구상을 받았고 이후 센터의 권장 사항을 안내해 왔다. 그런데도 그녀의 연구는 비만 방지 의제를 추진하는 다른 연구원들에게 거센 비판을 당했다.

물론 플레걸 외에도 이 문제를 살펴본 과학자들이 있었고 정반대 결과도 나왔다. 한 해 앞서 알리 H. 모크다드가 이끈 또 다른 질병통제센터 연구 역시 그렇다. 그의 연구팀은 상당수의 과도한 죽음(평균 기대 수명에 따른 예상 사망자 수보다 사망자가 많다는 뜻이다)이 비만 때문이라고 주장했다(연간 38만 5,000명 정도인데, 플레걸은 이 수치가 과체중과 비만 부류를 합해 2만 6,000명

정도이며 그중 체질량 지수가 35 이상인 사람이 많았다고 추정했다).[4]

하지만 사회학자 애비게일 C. 사구이의 설명에 따르면 모크다드의 연구는 플레걸의 연구와 달리 여러모로 결함이 있었다. 그가 가져온 데이터는 미국 인구를 대표하지 않았고 성별, 흡연, 나이를 조정하지 않았다. 또 과체중과 비만 범주의 사망이 잘못된 식습관과 활동 저하 때문임을 증명하기보다는 추측했다. 그리고 정상 체중 범위의 전체 데이터를 가져오지 않고 위쪽 끝에 있는 사람들만 조사했다(이 사람들은 플레걸의 연구를 기반으로 추정할 때 마른 정상 체중 인구보다 사망 위험이 더 낮을 수 있다).[5] 또한 체중 데이터를 자기 보고식 자료에서 가져왔는데 이는 믿을 수 없는 것으로 잘 알려져 있다.[6] 게다가 모크다드의 초반 추정치는 기본적인 계산 오류가 있어 발표 후 2만 명을 줄여야 했다. 질병통제센터는 모크다드의 연구가 아닌 플레걸의 연구 결과를 공식적으로 승인했다.[7]

비만이 건강을 위협한다는 광범위한 인식을 생각할 때 언론이 상충하는 두 연구 결과를 매우 다르게 보도한 것이 놀랍지는 않다. 사구이의 미디어 분석에서 나타나듯 언론은 플레걸의 연구 결과에 의구심을 표했다. 구체적으로 말해 사구이는 모크다드의 연구를 보도한 뉴스의 75퍼센트가 이전 연구 결과와 일치한다고 주장했으나 플레걸의 연구 보도에서는 이같은 견해가 10퍼센트도 안 되는 것을 발견했다. 그녀의 연구 결과가 많은 역학적 증거와 일관성이 있는데도 말이다. 반대로 모크다드의 연구에 놀랍다는 프레임을 씌운 뉴스는 3퍼센트가 안 되지만 플레걸의 연구에 대해서는 그런 뉴스가 3분의 1이 넘었다. 마지막으로 플레걸의 연구에 대한 뉴스 보도에서는 30퍼센트 이상이 그녀의 연구 결과에 의문을 제기하는 외부 연구자의 말을 인용했지만 모크다드의 연구에 대해서는 그런 보도가 없었다.[8] 『비만 신화The Obesity Myth』의 저자 폴 캄포스 Paul Campos가 말한 것처럼 코로나19 팬데믹 기간에 바이러스로 인해 뚱뚱한 사람들의 건강이 크게 위협받고 있다는, 과장하는 말들이 뉴스 보도에 많은 영향을 미쳤다. 이 당시의 헤드라인을 보면 고도 비만이 아니라 정상 체중에서 조금 더 위험이 높아 보이는 사람, 즉 과체중이 이른바 정상 체중인 사람보다 결과가 조금 더 나을 수 있다는 걸 추측하기 힘들 것이다.[9]

이처럼 상충하는 두 가지 질병통제센터 연구에 대한 보도 사이의 차이는 다이어트 책을 몇 권 집필한 월터 윌렛Walter Willett 하버드 공중보건대학원 교수의 노력 때문이기도 했다. 플레걸의 연구 결과가 나왔을 때 윌렛은 그녀의 연구가 "참으로 순진하고, 심각한 결함이 있으며 오해의 소지가 다분하다."라고 비난하는 성명을 발표하며 공격에 나섰다.[10] 그리고 기자들에게 생방송으로 중계되는 하루짜리 콘퍼런스를 조직해 이 연구의 신뢰성을 없애려고 노력했다. 과학계에서는 좀처럼 일어나지 않는 조치들이다. 하지만 비만의 위험 가능성에 너무도 몰두한 윌렛은 맹렬한 공격을 퍼부었다. "캐시 플레걸은 전혀 이해하지 못하고 있다(플레걸은 '나는 캐서린이라는 이름을 쓴다'라고 바로잡았다[11])." 월렛은 플레걸이 후속 메타 분석을 통해 자신의 연구 결과를 추가로 뒷받침하자 "이 연구는 쓰레기 더미에 지나지 않으니 아무도 이걸 읽으며 시간 낭비하지 않기를 바란다."라며 비판했다.[12] 하버드 공중보건대학원의 학생들은 일부 교수들이 플레걸의 체중을 조롱하기까지 했다고 전했다.[13]

위 사례에 따라 우리는 언론인이나 일부 연구자 모두 비만의 치명적 위험을 강조할 때가 많은 것을 알 수 있다.[14] 이 주제에 관한 신중하고 믿을 수 있고 반복된 연구들에 따르면 비만과 사망률의 관계는 U자형 곡선으로 나타낼 수 있다. 아주 뚱뚱하거나 아주 마르면 조기 사망과 상관관계가 있다(인과 관계라고는 할 수 없다).[15] 가벼운 비만은 이른바 정상 체중과 비교해 사망률 증가와 연관이 없고 과체중은 사실 낮은 사망률과 상당히 연관이 있다. 그러나 이런 결과에도 불구하고 뚱뚱함은 여전히 치명적인 것으로 널리 여겨지고 있다.

따라서 체중은 건강과 관련해서 그동안 우리가 믿어온 것보다도 훨씬 덜 치명적인 것이라고 할 수 있다.[16] 또한 우리가 익숙하게 생각하는 것보다 훨씬 조절이 힘들기도 하다. 통용되는 데이터에 따르면 많은 사람들이 다이어트를 통해 단기간에 살을 뺄 수는 있지만 이를 유지하는 사람은 놀라울 정도로 드물다.

캘리포니아 대학교 로스앤젤레스 캠퍼스 연구원들은 다이어트가 장기간의 체중 감량에 도움이 된다는 사실을 입증하려고 메타 분석을 실시했다. "우리는 정반대 사실을 보여주는 증거를 발견했다." 연구원 재닛 토미야마의 말이다. 다시 말해 다이어트는 장기간의 체중 감량에 도움이 안 된다는 것이다. 이들은 2~5년 동안 사람들을 추적한, 거의 모든 연구에 해당하는 31개의 장기 다이어트 연구를 분석했다. 지금까지 이루어진 같은 종류의 연구 중 가장 포괄적이고 철저한 분석이었다.[17] 수석 연구원 트레이시 만은 연구 결과를 이렇게 요약했다. "초반에는 여러 다이어트를 통해 5~10퍼센트의 체중을 줄일 수 있지만 이후에는 체중이 돌아온다. 우리는 사람들 대부분이 체중을 회복했고 살이 더 찐 것을 발견했다."

소수의 참여자만이 감량한 체중을 유지했고 대부분은 체중이 완전히 돌아왔다. 3분의 1에서 3분의 2에 해당하는 많은 사람들이 4~5년 기간 내에 감량한 것보다 더 체중이 늘었다.[18] 이걸 보면 다이어트는 사람들이 살을 빼는 데 도움을 주는 게 아니라 부작용을 낳는 것으로 보인다. "몇몇 연구에서는 다이어트가 사실상 미래의 체중 증가를 일관되게 예측하는 것으로 나타났다."라고 토미야마는 지적했다.[19]

다이어트가 건강 관점에서 심각한 문제가 되는 이유가 또 있다. 감량한 체중을 유지하는 것이 대단히 어렵기도 하지만 살을 뺀 후 거의 필연적으로 체중이 다시 늘어나는 과정을 반복하면(이를 '체중 순환'이라고 한다) 신체에 크게 무리가 오는 것으로 나타났다. 심혈관 질환과 심장 마비[20], 대사 질환[21], 면역 기능 악화[22], 그리고 물론 당뇨병[23]까지 다양한 건강 문제가 이 과정과 연결된다. 따라서 만은 연구에 참여한 사람들이 대부분 다이어트를 시작하지 않았다면 더 좋았을 거라고 생각한다. 체중에도 변화가 없었을 것이고 전반적인 건강도 더 좋았을 것이기 때문이다. 만은 다이어트는 비만 치료에 효과적이지 않다고 결론 내리며 "다이어트의 장점은 너무 적고 잠재적 위험은 너무 크다."라고 덧붙였다.[24] 또한 항상 가벼웠던 사람이 매우 무거운 사람보다 평균적으로 더 건강하지만, 몸을 줄이는 대가라고 할 수 있는 이런 결과를 보면 무거운 사람이 살을 뺀다고 더 건강해지지는 않을 것이다.[25]

만이 이끄는 연구팀은 2007년 메타 분석을 발표한 후 후속 연구를 통해 연구 결과를 뒷받침했다. 2020년 발표한 또 다른 종합 메타 분석에서 연구팀은 2만 2,000명에 달하는 참여자와 함께 저지방, 저탄수화물 등 다양한 다이어트 시험 121개를 분석했다. 12개월 후 이들 대부분은 심장 건강, 혈압, 저밀도 콜레스테롤, C-반응성 단백질* 수치에서 중요한 변화를 보이지 않았다. 단지 두 가지 변화가 나타났는데 하나는 긍정적이고 하나는 부정적이었다. 긍정적인 소식은 생선, 견

---

* 체내 급성 감염, 염증이 일어났을 때 간에서 생성되는 반응 물질

과류, 푸른잎채소, 올리브오일을 강조하는 지중해 식단을 따른 사람들은 12개월 후 저밀도 콜레스테롤(나쁜 콜레스테롤)이 상당히 낮아졌다는 것이다. 부정적인 소식은 저지방이나 적절한 다량의 영양소*를 섭취하는 일부 다이어트에서는 고밀도 콜레스테롤이(좋은 콜레스테롤)이 줄어드는 심각한 부작용이 나타났다는 것이다. 연구원들은 이 모든 다이어트의 결과를 "12개월 후 체중 감량 효과와 심혈관계 질환 개선 요인이 상당히 사라졌다."는 말로 요약했다. 그리고 참가자들이 감량한 체중은 평균 2.2킬로그램이 되지 않았다.[26]

연구에서는 또한 한때 체중 감량의 핵심으로 여겨지던 운동이 체중 감량 노력에 미치는 영향이 놀라울 정도로 적은 것으로 나타났다(그러나 운동은 일관되게 건강을 증진하고 체중 유지에 더 많은 역할을 하는 것 같다).[27] 이는 사람들이 소비하는 열량을 과대평가하기 때문이기도 하고 운동으로 배가 고파지면 또 먹는 것으로 이어질 수도 있기 때문이다. 이제는 '나쁜 다이어트를 이길 수 있는 운동은 없다.'가 적절한 구호가 될 것이다. 나쁜 다이어트가 정확히 무엇이든지 말이다.

2018년, 만은 2007년의 획기적 연구의 여파에 관한 인터뷰를 했다. 이 연구는 2013년에 조금 더 최신 연구를 비롯한 추가 연구들을 통합해 개정되었는데, 연구팀의 결론은 바뀌지

---

* 가장 많이 사용하는 영양소인 탄수화물, 지방, 단백질

않았다.[28] "결과는 명확했습니다. 다이어트하는 사람들이 노력에 따른 혜택을 거의 입지 못했고 다이어트를 하지 않는 사람들이 노력이 부족하다고 손해를 입지도 않았습니다. 요약하자면 체중이 돌아오는 것은 예외가 아니라 다이어트에 대한 일반적인 장기적 반응으로 보입니다."[29]

만은 이후 왜 체중이 돌아오는지 연구했다. 답은 의지에 있지 않다. 의지는 체질량 지수와 완전히 관계가 없지는 않지만 전 연령층의 체중 변화에서 1~4퍼센트밖에 차지하지 않는 사소한 요인이다. (반대로 SAT 성적 같은 다른 결과물에서는 의지가 강력한 예측 변수이다.[30]) 대신 다양한 요인이 이에 작용하는 것으로 보인다. 다이어트는 음식에 대한 집착으로 이어져 식욕을 왕성하게 하는 것처럼 보인다. 신체는 대체로 유전적으로 기인한 자연스러운 '설정값'이 있는 것 같지만 모순적이게도 이 값은 다이어트를 하면 올라갈 수 있다.[31] 게다가 장기간 혹독하게 열량을 제한하면 장기적으로 신진대사가 느려지는 것을 예측할 수 있는 듯하다.[32] 체중 감량 리얼리티 쇼 〈도전! FAT 제로The Biggest Loser〉* 참가자들을 대상으로 한 연구는 극단적인 체중 감량 이후 하루에 소비하는 열량이 평균 30퍼센트 가까이 감소했다는 놀라운 결과를 보여주었다. 그러나

---

* 2004년부터 미국에서 방영되고 있는 다이어트 서바이벌 프로그램으로 국내에서도 방영되었다.

참가자들은 대부분 체중이 다시 불었을 뿐 아니라 일부는 프로그램을 시작할 때보다 더 늘었다. 살이 도로 찌지 않은 소수는 현재 신체 사이즈를 유지하기 위해 점점 더 힘들게 노력해야 했다.[33] 〈도전! FAT 제로〉뿐 아니라 다른 여러 다이어트 및 운동이 전제로 삼는 유명한 이론, '들어오는 열량보다 나가는 열량이 많아야 한다'는 말을 의심할 수밖에 없다.

결론을 이야기하자면, 다이어트는 뚱뚱한 사람을 날씬하게 만들지 않는다. 적어도 장기적으로 보면 그렇다. 그리고 무엇보다 그에 따른 체중 순환 역시 건강에 상당한 악영향을 끼치는 것으로 보인다.

그래도 궁금할 것이다. 제2형 당뇨병은 어떤가? 비만과 건강의 관계가 많은 사람들이 생각하듯 직접적이지 않다고 하더라도 당뇨병은 당연히 예외 아닐까?

이 관계는 여전히 복잡하며 만성 질환인 당뇨병의 원인과 최적의 치료법을 우리가 아직 모른다는 점을 강조할 필요가 있다. 당뇨병은 신체가 충분한 인슐린을 생산하지 못하거나 생산하더라도 이에 민감하지 못해('인슐린 저항성'이라고 부르는 증상이다) 포도당이 세포에 제대로 흡수되지 못하고 혈류에 쌓일 때 생긴다. (밀접하게 연관된 비만과 당뇨병, 이 두 가지 문제는 제2형 당뇨병에서 나타난다.) 제1형 당뇨병에서는 췌장에서 인슐린을 생산하는 베타 세포가 면역 체계로 인해 파괴되어 신체에 인슐린이 조금밖에 없거나 거의 없어진다.[34] 잠재적 인과 관계를 이야기해 보자면, 한 연구에서 기이한 상관관계를 발견했다. 구강 청결제를 하루 2회 이상 사용한 사람은 3년 안에 당뇨병이나 전당뇨병에 걸릴 확률이 55퍼센트 높았다.[35] (전당뇨병은 혈당 수치가 올라가지만 당뇨병 진단을 내릴 정도까지는 아닌 상태다.[36]) 이 상관관계는 다이어트, 구강 위생, 수면 장애, 약물 사용, 공복 혈당, 수입, 교육 등 여러 가능한 반박을 해명한 뒤에도 지속되었다. 연구원들은 구강 청결제가 체내 인슐린 조절에 도움을 주는 화학 물질인 산화 질소의 형성을 돕는 구강 내 좋은 세균을 파괴할 수 있다고 언급했다. 하지만 이 글을 쓰는 지금도 아직 정확한 이유를 모른다. 습관적으로 커피를 마시는 사람들에게는 제2형 당뇨병 발병률이 상당히 낮다는 연구 역시 마찬가지로 아직 설명하기 어렵다.[37]

제2형 당뇨병에 걸리는 사람들이 대부분(전부는 아니다) 체질량 지수 차트에 따라 과체중 또는 비만으로 분류되는 것은 분명한 사실이다.[38] 그러므로 높은 체중과 제2형 당뇨병에는 분명 상당한 상관관계가 있다. 하지만 체중이 늘어서 제2형 당뇨병이 생기는 게 아니라 제2형 당뇨병의 특징인 높은 혈중 인슐린이 체중 증가에 앞서서 나타나고, 체중 증가를 유발할 수 있다는 일부 학자들의 가설이 현재 설득력을 얻고 있다.[39] 한편 뚱뚱한 사람 중에 신진대사가 정상인 사람도 많다.[40]

하지만 이유와 상관없이 살을 빼면 제2형 당뇨병 환자의 건강이 좋아지지 않는가? 어쨌거나 막 당뇨병에 걸리거나 전당뇨병이 있는 것으로 나타난 사람에게 일반적으로 체중 감량이 처방된다. 체중을 감량하면 확실히 단기간에 혈당이 낮아지고 다른 증상도 완화될 때가 많기 때문이다. 하지만 장기적으로는 여기에서도 증거가 모호하다. 잘 알려진 룩 어헤드Look AHEAD(당뇨병 건강을 위한 활동) 연구는 여기에서 중요한 시사점을 제시한다. 연구원들은 과체중 또는 비만으로 분류되고 제2형 당뇨병이 있는 45세에서 76세 사이의 5천 명 이상을 추적했다. 절반은 당뇨병 지원과 교육diabetes support and education(DSE) 형태의 표준적인 치료를 받고, 나머지 절반은 집중적인 생활 습관 개입intensive lifestyle intervention(ILI)을 통해 일상적 행동에 기반한 종합적인 체중 감량 상담을 받았다. 이들은 또한 체계적인 식사 계획 및 무료 식사 대용식 등의 다른 서비스를 받고 저열량, 저지방 식단을 지키라는 조언을 들었다. 또 음식 일기를 써야 했고 마지막으로 매주 최소 175분 이상 중강도 운동을 하라는 지시를 받았다. 연구팀은 "룩 어헤드는 체중 감량을 위한 집중적인 생활 습관 개입에 있어 지금껏 가장 규모가 크고 장기적인 무작위 평가를 제공한다."라고 언급하며 "이 시험은 초기 체중을 5퍼센트 이상 줄이는 것으로 정의하는, 임상적으로 유의미한 체중 감량을 유도하고 유지할 가능성에 대한 귀중한 정보를 제공한다."[41]라고 덧붙였다.

결과는? 다른 많은 연구와 달리 ILI 그룹은 1년 후 초기 체중의 평균 8.5퍼센트를 감량하는 데 성공했다. 그에 반해 DSE 그룹은 1퍼센트 미만을 감량하는 데 그쳤다. 많은 ILI 참가자들은 감량한 체중의 반 이상 유지해 8년 후에는 초기 체중에서 평균 거의 5퍼센트 이상을 감량했다(대조군은 2퍼센트 조금 넘게 감량한 것과 비교된다). 말하자면 초기 체중이 90킬로그램인 사람이었다면 이 집중적인 생활 습관 개입의 결과로 약 4.5킬로그램을 감량했을 것이다. 더 중요한 것은 DSE보다 ILI 참가자들 중에 8년 후 초기 체중에서 5퍼센트 이상, 심지어 10퍼센트까지 체중이 준 사람이 많았다는 것이다.[42] 그러나 체중은 더 줄었지만 ILI 그룹 참가자들은 DSE 참가자들과 비교해 심혈관 질환 사망률이나 질병률에 의미 있는 개선이 나타나지 않았다. 사망률과 질병률의 개선이 시험의 주요 목표였기 때문에 연구원들은 윤리적 이유로 10년 후 연구를 중단하며 이 연구를 '무용성 분석'이라고 다소 신랄하게 비판했다.[43]

대단히 실망스러운 결과다. ILI 그룹 사람들은 거의 10년 동안 식단 조절과 운동 등 할 수 있는 모든 것을 다 했고 그 결과 많은 수가 엄격하고 철저한 감독을 통해 체중을 상당히 감량하고, 감량한 체중을 유지하는 불가능에 도전해 성공했다. 이들은 또한 연구 초반 몇 년 동안 DSE 그룹에 비해 특정한 이득을 얻었다. 일부 참여자들의 요실금, 수면 무호흡증, 우울증 증상이 감소했고 이들은 삶의 질이 상당히 올라갔다고 보고됐다.[44] (이러한 개선이 체중 감량 때문인지, 아니면 개선된 식단이나 운동, 또는 이 둘의 조합 때문인지는 의문으로 남아 있고 초기 효과가 지속되었는지 역시 알 수 없다.) 여전히 질병이나 심혈관 질환으로 인한 사망 등 제2형 당뇨병을 앓는 사람에게 가장 큰 위험을 불러일으키는 결과에 대해서는 (강도와 개입이 훨씬 덜한) 표준 치료법으로 치료받은 사람들과 비교할 때 통계적으로 유의미한 개선이 나타나지 않았다.[45]

　2016년 발표된 연구는 이 같은 결과를 더욱 뒷받침했다. 라스무스 쾨스터라스무센과 그의 동료 저자들은 제2형 당뇨병에 걸린 과체중 및 비만 환자를 대상으로 체중 감량이 장기 질병률과 사망률에 미치는 영향을 연구했다. 연구팀은 의사의 감독 아래 의도적으로 체중을 감량하면 이들의 수명이 길어지고 심혈관 질환의 위험이 줄어들 거라는 가설을 설정하고 이를 시험했다. 이들은 덴마크 환자 400명 이상의 체질량 지수와 살을 빼겠다는 의도를 3개월마다 6년 넘게 추적 관찰했다. 그런 다음 13년 동안 이 환자들의 결과를 따라갔다. 총 20년 가까이 연구를 진행한 것이다. 연구원들은 놀랍게도 체중 감량이 (의도와 상관없이) 더 나은 결과를 예측하지 못했고 심지어 모든 원인에 의한 사망률 증가의 독립적인 위험 인자인 것을 발견했다.[46] 연구팀은 "체중 변화와 모든 원인에 의한 사망률 사이에 V자 연관이 있으며 이는 체중을 유지한 사람이 가장 좋은 결과를 예측할 수 있음을 시사한다."고 밝혔다. (또한 같은 이유로 큰 폭의 체중 감소와 체중 증가는 모두 문제가 될 수 있다.) 이들은 "제2형 당뇨병을 앓는 과체중 환자를 대상으로 한 이 인구 기반 코호트*에서 6년 이상 의사의 감독 아래 진행한 치료 형식의 의도적인 체중 감량에 성공한 것은 이후 13년 동안 모든 원인에 의한 사망률이나 심혈관 질환 이환률/사망률 감소와 관련이 없었다."라고 결론을 내렸다.[47]

물론 이 같은 연구에는 언제나 이상치가 있고 앞으로도 있을 것이다. 이는 더 넓은 의미에서 그렇다. 미국의 체중조절연구소National Weight Control Registry가 제공하는 사람들의 자기 보고에 따르면 식단 조절과 운동을 통해 체중을 많이 감량하고, 감량한 체중을 상당 부분 유지하는 사람들이 있다.[48] 또한 일부는 그러한 체중 감량을 통해 의미 있는 의학적 혜택을 얻을 가능성도 배제할 수 없다. 내가 하고 싶은 말은 이 이상치는 말 그대로 이상치라는 것이다. 이들은 개인 건강 조언이나 공공 정책 개입에 좋은 근거를 제공하지 않는다.

이런 실망스러운 결과를 접하고 나면 당뇨가 있든 없든 심혈관 질환과 다른 주요 사망 요인을 줄이려는 사람들에게 무엇이 변화를 불러오는지 의아할 것이다. 많은 연구에서 체중 감량과는 별개로 운동이 도움이 된다고 말한다. 제2형 당뇨병 환자를 대상으로 한 연구 14개를 메타 분석한 자료에 따르면 유산소 운동과 근육 운동을 하면 큰 체중 감량 없이도 혈당

• 동일한 시점에 동일한 특성을 가진 집단

조절의 표준 척도인 당화혈색소 수치가 당뇨 합병증 위험을 줄일 수 있는 수준까지 낮아진다.[49] 일반인을 대상으로 한(즉, 제2형 당뇨병 환자에 국한되지 않은) 연구 10개를 분석한 또 다른 메타 연구에서는 정상 체중인 건강한 사람과 비교할 때 그렇지 않은 사람은 체질량 지수와 상관없이 사망률이 두 배 높았다. 하지만 "과체중이거나 비만이면서 건강한 사람들도 보통 체중의 건강한 사람들과 사망 위험이 비슷했다."라고 연구팀은 요약했다. 그들은 "연구원, 임상의, 공중 보건 관계자는 사망 위험을 줄이기 위해 체중 감량에 중점을 둔 접근법보다 신체 활동이나 운동 기반 개입에 초점을 맞춰야 한다."라고 덧붙였다.[50]

비슷하게 로테르담에서 진행한 연구에서는 50세 이상의 참가자 5천 명을 체질량 지수와 신체 활동성(낮음 또는 높음)에 따라 분류해 평균 10년 동안 추적했다. 신체 활동성이 낮으면서 과체중 또는 비만으로 분류된 사람들은, 신체 활동성이 낮으면서 정상 체중인 사람들보다 심혈관 질환 위험이 컸지만 활동성이 높은 사람들은 그렇지 않았다. 신체 활동성이 높으면서 과체중이거나 비만인 참가자는 정상 체중이면서 활동성은 비슷하게 높은 사람들보다 심혈관 질환 위험이 크지 않았다.[51] 30~64세 미국인 2만 2천 명 이상을 대상으로 한 연구에서도 체질량 지수가 이른바 정상인 것보다는 신체 활동이 높은 것이 심혈관 질환 위험을 크게 낮추는 것과 연관이 있음을

발견했다.[52]

우리의 건강을 생각할 때 가장 중요한 것은 뚱뚱함이 아니라 신체적 건강함이며 운동이 커다란 몸으로 사는 건강 위험을 다는 아니더라도 많이 줄여준다는 상당한 증거가 있다. 그런데도 여전히 많은 사람들이 뚱뚱함이 가장 문제라고 오해한다.

비만 활동가 세계에서 자주 하는 이야기가 있는데, 상관관계가 인과 관계는 아니라는 것이다. 아주 무거운 사람이 날씬한 사람에 비해 건강하지 않고, 제2형 당뇨병 같은 질병에 더 잘 걸린다는 사실이 무거운 체중 자체 '때문에' 건강이 나빠진다는 의미는 아니다. 예를 들어 남성형 대머리와 심장병은 높은 상관관계가 있지만 그렇다고 남성의 대머리가 심장병을 불러오는 것은 아니다(반대도 마찬가지다).[53] 두 가지 증상 모두 제3의 요인이자 혼란스러운 변수인 '높은 테스토스테론' 때문에 나타나는 것으로 보인다. 마찬가지로 뚱뚱함과 특정 종류의 질병이 상관관계일 수 있는데, 이는 전자가 후자의 원인이라서가 아니라 운동 부족이 다른 가능성 중에서도 관련 건강 문제와 높은 체중의 원인이 되기 때문이다.

이런 점은 중요하며 일반적으로 잘 받아들여진다. 그러나 과학자들이 확인한 상관관계 중에는 타당한 인과 관계를 설명하는 데 유용한 경우도 많다. 흡연은 분명 폐암의 원인이며 아편은 일부 사람들에게 중독을 부르는 게 분명하다. 뚱뚱함과

병 사이의 상관관계를 생각할 때 왜 뚱뚱함이 병을 부른다고 생각하지 않아야 하는가?[54]

우리는 이미 이 특정 상관관계에 대한 대체 설명 형태로 몇 가지 이유를 살펴봤다. 첫째, 몸집이 큰 우리들은 강력한 사회적 압력으로 다이어트를 더 많이 하고 그에 따른 체중 순환으로 건강에 부정적인 영향을 받는다고 믿을 이유가 있다. 둘째, 일부 연구자들은 체중 증가가 당뇨병의 원인이 아니라 오히려 인슐린 저항과 같은 초기 당뇨 과정이 체중 증가를 부를 수 있다고 생각한다.[55] 완전하게 평가하려면 더 많은 연구가 이루어져야 하지만 이 가설은 단순히 지방 흡입술로 지방을 제거한다고 공복 혈당, 인슐린 수치, 인슐린 민감성 같은 건강 지표가 개선되지는 않는다는 연구 결과와 일치한다.[56] 반대로, 다소 혼란스럽지만, 비만 수술을 받으면 체중이 상당히 줄어들기 훨씬 전부터 제2형 당뇨병 환자의 혈당 조절 같은 특정 건강 지표가 개선될 수 있다. 일부 연구자들은 이 같은 현상이 장 호르몬 분비의 변화 때문일 수 있다고 추측한다.[57] 다른 연구에서는 수술 자체가 아니라 수술 후 극단적으로 열량을 제한하는 데서 이런 차이가 나타난다고 주장한다. 물론 위험과 문제가 많은 이런 수술을 받지 않기로 한 사람들에게 장기적으로 권할 만한 방법은 아니다.[58]

어쩌면 건강과 체중 사이의 관계에서 가장 중요한 문제는 낙인일 것이다. 앞장에서 살펴본 것처럼 몸집이 큰 사람들은 사회에서 일상적으로 낙인을 경험한다. 그리고 이제 이러한 편견의 대상이 될 때 건강에 부정적인 효과가 나타난다는 증거가 상당하다.

한 연구에서는 비만으로 분류된 사람들을 두 그룹으로 나눴다. 한 그룹은 자신들이 체중 때문에 게으르고 매력도 없다는 식으로 비만혐오를 강하게 내면화한 것으로 보이는 사람들이고 다른 그룹은 그렇지 않은 사람들이다. '체중 낙인을 고도로 내면화한' 참가자들은 고혈압, 고혈당, 비정상적인 콜레스테롤 수치, 굵은 허리둘레 등 위험 요인의 집합체인 대사 증후군에 걸릴 가능성이 나이, 인종, 성별 등이 같으면서 '체중 낙인을 크게 내면화하지 않은' 참가자들보다 세 배 정도 더 높았다. '체중에 대한 편견을 고도로 내면화한' 그룹은 또한 '체중에 대한 편견을 내면화한 수준이 낮은' 사람들보다 중성지방이 여섯 배 높았다.[59] "낙인이 비만인 사람에게 살을 빼고 건강을 개선하도록 동기를 부여할 거라는 흔한 오해가 있다." 수석 연구원 리베카 펄의 말이다. "우리는 그 반대의 효과를 발견하고 있다."[60] 그리고 작가이자 건강전문 기자인 버지니아 솔스미스가 이 새로운 연구와 관련하여 요약한 것처럼 연구원들은 낙인에서 오는 스트레스가 건강에 부정적인 영향을 주는 염증과 코르티솔 수치를 높인다는 것을 발견했다.[61]

게다가 우리가 살펴보았듯이 체중 낙인은 뚱뚱한 사람들이 병원 진료를 피하게 만들고 병원을 찾더라도 부적절한 치료를 받는 결과를 부른다. 뚱뚱한 환자는 특히 자궁경부암, 유방암, 대장암 검사를 안 받으려고 한다.[62] 자주 이야기하듯 체중이 높을수록 이 세 가지 암을 비롯한 특정 암에 잘 걸린다는 사실을 접할 때 이런 연구 결과를 염두에 두어야 한다.[63] 높은 체중이 암 발달에 일정 역할을 할 가능성을 무시해서는 안 되지만 비만 그 자체가 건강에 미치는 영향과 조기에 암 표지자*를 발견하고 치료하지 못해서 나타나는 영향을 분리하기 어렵다.[64]

또 다른 복잡한 문제는 무거운 체중과 그러한 질병이 발생하는 것은 상관관계가 있지만, 이른바 과체중이거나 비만이면서 이런 병을 진단받은 사람이 날씬한 사람보다 생존율이 더 좋을 때가 많다는 것이다. 이런 현상을 '비만의 역설'이라고 부르는데, 일부 연구자들은 지방이 어떤 경우에는 심각한 질병으로 인해 쇠약해지는 위험에서 몸을 보호할 가능성을 잘못 칭하는 거라고 여긴다.[65]

체중 낙인이 건강에 미치는 영향은 여기에서 끝나지 않는다. 일부 연구에 따르면 낙인을 경험하는 사람들은 운동을 피하게 된다.[66] 이미 살펴봤듯이 운동은 명확한 건강상의 이득이 있다고 주요 연구에서 밝히고 있는데도[67] 이렇게 운동을 피하는 데는 이유가 있다. 솔스미스가 지적하듯이 체육관이나 수영장, 심지어 사람들이 많은 곳에서 걸어 다닐 때도 누

---

*   특정의 구조 또는 물질을 추적하는 수단 혹은 물질

군가 괴롭히거나 비하하는 말을 던질 것이 예상되면 운동할 가능성이 낮아진다. 그러므로 그녀는 "비만 연구에서는 비만 혐오가 언제나 미지의 요인이다."라고 말한다. 이것이 우리가 종종 쉽게 그리고 편견에 따라 추정하는 많은 체중과 건강의 관계 아래 깔린 숨은 변수라는 의미이다.[68] 과체중이나 비만 으로 분류된 사람들 2만 1천 명을 대상으로 한 연구에서 체중 으로 인한 차별을 받았다고 보고한 사람들은 체질량 지수, 신 체 활동, 인구 사회학적 특성을 조정한 이후에도 동맥 경화증, 고콜레스테롤, 심장 마비, 가벼운 심장 질환, 위궤양, 당뇨 위 험이 훨씬 컸다. 연구팀은 "체중 관련 차별을 인식하면서 생 기는 추가적인 건강 위험은 이런 차별을 방지하여 비만으로 인한 사회 경제적 부담을 줄일 수 있도록 공공 보건 및 정책 적 개입이 필요함을 보여준다."라고 판단했다.[69] 다른 연구팀 은 1만 4천 명 가까운 노인을 조사하여 체중 낙인을 경험했다 고 보고한 사람은 역시 체질량 지수와 관계없이 전체적인 사 망 위험이 60퍼센트 높은 것을 발견했다.[70] 체중보다는 체중 낙인이 치명적인 것으로 보인다.

　요약하자면 체중과 건강 사이의 관계에서 우리는 다음과 같은 인과 메커니즘이 모두 타당하다는 것을 살펴보았다. 화 살표(→)는 일종의 인과 관계가 있을 가능성을 가리킨다.

　무거운 체중 → 체중 순환(뚱뚱한 사람은 다이어트를 해야 한다는 압

력 때문에 발생) → 건강 악화

건강하지 못함(예를 들어 당뇨병 초기 과정으로)→ 체중 증가[71]

무거운 체중 → 체중 낙인 → 스트레스 → 건강 악화

무거운 체중 → 체중 낙인 → 의학적 비만혐오 → 건강 악화

무거운 체중 → 체중 낙인 → 운동을 덜 하게 됨 → 건강 악화(때로는

체중 더욱 증가)

그리고 이 모든 것은 이 책에서 나중에 다루게 될 조직적 계급주의와 인종차별로 구축된 환경적 특징을 비롯해 건강을 결정하는 다른 사회적 요인을 고려하기도 전의 이야기다.

뚱뚱함 자체가 건강을 망치는 원인이 되는 위험 요소인지, 만일 그렇다면 다른 수많은 원인 요소와 비교할 때 어느 정도인지는 역학자와 다른 의학 연구원들에게 계속해서 뜨거운 논쟁거리이다. 일부는 멘델식 무작위화*[72]와 동물 연구[73] 방식에 기반해 이에 동의하고 다른 이들은 브래드퍼드 힐Bradford Hill 기준**과, 고인슐린혈증과 염증을 중요한 교란 변수로 보는 임상 연구 같은 원칙을 바탕으로 이에 동의하지 않는다.[74] 상황이 어떻게 진행되든 우리는 이미 몇 가지를 알고 있으며 이 몇

- 유전자 변이를 사용하여 연구 중인 요인의 인과 관계를 확인하는 방법 중 하나
- 영국의 전염병학자 브래드퍼드 힐이 고안한 것으로 인과성을 밝히기 위해 검토할 아홉 가지 목록

가지가 대화의 중심에 놓여야 한다. 즉 뚱뚱함이 건강에 미치는 위험은 종종 과장되어 왔으며, 인간의 체중은 보통 적어도 장기적으로는 의도적인 변화에 강하게 저항한다. 또 현재 뚱뚱한 사람들을 날씬하게 만드는, 믿을 수 있고 안전하고 윤리적인 방식은 개인적으로도 전체 인구 수준에서도 알려지지 않았다. 신체 단련은 전체적인 건강을 결정하는 데 뚱뚱함만큼 중요하며, 뚱뚱함이 건강에 어떤 위험을 불러오든 체중 낙인은 뚱뚱한 사람의 건강에 심각한 해를 끼친다. 그러므로 결국 뚱뚱한 사람들이 순전히 뚱뚱함 때문에 건강이 나빠질 위험이 크다고 해도 그게 실질적으로, 또 우리 몸을 둘러싸고 소용돌이치는 공개 담론에서 얼마나 중요한가?[75] 우리는 여전히 사회적 지지와 연민과 적절한 의료 서비스를 받을 자격이 있다. 우리는 여전히 실패한 인간이나 의인화된 의료 시스템에 부담을 주는 걸고 말하는 짐이 아닌, 인간으로 대우받을 자격이 있다. 우리는 여전히 날씬한 사람들이 종종 우리를 괴롭히고 모욕하려고 내뱉는 노골적인 통계 자료가 아니라 좀 더 미묘하고 인간적인 렌즈를 통해 비칠 자격이 있다. 나는 윤리학자로서 이 모든 것을 자신 있게 말할 수 있다. 사실 누구에게나 당연한 문제가 되어야 한다.

이 장을 쓰기 싫었음을 고백한다. 왠지 모르게 핵심을 놓치는 것 같았다. 하지만 뚱뚱한 사람들의 건강이 보통 논의에서 가장 처음 나오는 문제인데 어떻게 그럴 수 있겠는가?

나는 특히 이런 이유로 일부 사람들이 이 문제를 거론할 때 마음속으로 그들이 겉으로 보이는 것처럼 '건강'에 관해 걱정하는 게 맞는지 의심한다. 이들은 우리가 건강하지 않다는 꼬리표를 붙이면서 실은 다른 이야기를 한다. 즉 이들은 우리가 의지가 약하고 무지하고 게으르고 느슨하고 멍청하다고 이야기하거나 적어도 그런 식으로 암시한다. 우리가 건강하지 않을 뿐 아니라 불행할 운명이라고, 그리고 우리의 불명예에 대한 책임은 우리에게 있다고 말한다.

이런 방식으로 건강하지 않다는 꼬리표는 철학자 제니퍼 솔이 주장하듯 뚱뚱한 몸을 둘러싼 담론에서 '개 호루라기'●역할을 한다. 도심 지역이나 도시 빈곤층 같은 말에 인종 차별적인 의미가 암호처럼 들어 있는 것과 비슷하다.[76] 우리 중 일부는 실제로 건강이 좋지 않아서 뚱뚱한 사람들이 꼭 건강하지 않은 것은 아니고, 어떤 경우든 식단 조절과 운동으로 살을 빼는 것이 뚱뚱한 사람 대부분에게 효과도 없고 부작용도 있을 수 있다고 서둘러 증명하려고 한다. 뚱뚱한 사람 중에 건강한 사람도 많고, 마른 사람 중에 건강하지 않은 사람도 많다. 외모를 보고 사람의 건강을 판단하는 것은 가능하지도 않고

● 사람과 개의 주파수 범위 차이를 이용해 개만 들을 수 있게 만든 호각으로 정치적으로는 특정 그룹만 들을 수 있게 전달하는 메시지를 일컫는다.

차별적이기도 하다. 이런 이야기는 계속할 수 있다. 하지만 이런 말을 듣는 사람 중 많은 이들, 즉 비만혐오에 따른 추측에 짓눌린 사람들에게 이런 노력은 시간 낭비일 뿐이다. 이들에게 건강하지 않다는 말은 앞으로 이 책에서 폭로하고 해체할 수많은 부정적인 암시와 고정 관념, 즉 뚱뚱한 사람들은 도덕적으로 비난받아 마땅하고 미적으로 열등하며 지적으로 부족하다는 생각을 불러오는 표현이다.

그래서 뚱뚱함에 대한 논의에서 건강하지 않다는 말이 사용되면 많은 사람들이 개 호루라기에 반응하듯 자동적으로 뚱뚱한 사람들을 향해 크고 공격적으로 짖어댄다. 사실 이런 뜻이 너무 두드러지고 쉽게 사용되어서 어떤 문맥에서는 그냥 '뚱뚱하다'는 의미의 경멸적인 용어로 쓰일 수 있다. 남의 말하기를 좋아하는 이모가 당신의 어린 시절 친구 캠을 우연히 만났다는 이야기를 전한다고 가정해 보자. "걘 그렇게 건강해 보이지는 않더라." 이모가 얕잡아보듯 이렇게 말한다면, 여러모로 캠이 살이 쪘음을 암시한다고 생각해도 좋을 것이다.[77] 역시 건강한 음식이라고 하면 그것이 무엇이든 체중 감량에 도움이 된다고 여겨진다는 것도 관찰할 수 있다.

그러므로 비만을 논의하는 여러 맥락에서 '그건 별로 건강하지 않아' 또는 '네 건강이 걱정된다' 같은 말은 그저 뚱뚱하면 잘 아프고 일찍 죽을 수 있다는 의미가 아니다. 이런 말이 실제로 의미하거나 최소한 암시하는 내용은 뚱뚱한 사람이 돌봄을 받을 자격이 없고, 자신을 스스로 챙기지도 못한다는 것이다. 작가 클라우디아 코르테스가 팬데믹 논의에서 밝히듯 건강은 뚱뚱한 사람을 상대로 무기화되었다. 비만혐오의 신조는 '당신은 건강하지 않고 그것은 당신의 실수이니 당신은 돌봄과 연민을 받을 자격이 없다'는 것이다. 건강과 선량함을 연결 짓는 문화적 신화가 뿌리 깊게 자리하고 있기 때문에 뚱뚱함, 만성 질환, 장애 같은 건강하지 못한 상태는 잘못된 선택의 결과이며 따라서 잘못된 성격 때문이라는 논의로 이어진다.[78]

건강이 이런 방식으로 무기화되면 건강하지 않은 사람들 또는 특정한 건강 행동을 하지 못하는 뚱뚱한 사람들이 특히 피해를 본다. 지방 부종을 앓는 린다 게르하르트만 봐도 그렇다. 지방 부종은 여성의 10퍼센트 이상이 앓고 있지만 아직 잘 알려지지 않은 질환으로 고통스럽고 울퉁불퉁한 지방이 피부 밑, 특히 하체에 쌓이는 증상이 나타난다.[79] 게르하르트는 이 질환 때문에 이동이 어렵고 요즘 인기 있는 즐거운 움직임joyful movement 같은 건 꿈도 못 꾼다. 확실히 말해 두지만 제한 없이 영양가 높은 음식을 먹고, 즐거우면서 가혹하지 않게 운동하면서 체중 감량 없이 건강해질 가능성을 강조하는 모든 사이즈의 건강Health at Every Size 패러다임은 많은 성과를 거두었다. 하지만 이런 구조는 만성적일 뿐 아니라 특히 뚱뚱함과도 관련된 건강상의 문제를 앓는 게르하르트 같은 사람들을 소외시키기 쉽다. 게르하르트는 버지니아 솔스미스와의 감동적인 대화에서 다음과 같이 말했다.

"저는 개인적으로 좋은 뚱보가 되지 못하고, 다리가 무겁고 붓고 아픈 탓에 긴 산책도 하지 못하고 언제나 아픈 뚱보가 된 것이 너무 부끄러워요. "흠, 사이즈랑 상관없이 건강해질 수 있어. 건강한 행동을 하면 돼." 이런 시선이 있죠. 하지만 어떤 사람들은 그게 안 돼요."[80]

건강하지 못한 것이 부끄러운 일이 돼선 안 된다. 그리고 한 사람의 건강이 연민과 친절과 존중의 전제 조건이 되어선 안 된다. 아픈 사람들이 그들에게 주어진 물질적, 신체적, 정서적, 사회적, 재정적 제약 안에서 최선의 삶을 살도록 도울 의무를 지닌 전문 의료진은 특히 그렇다. 하지만 건강은 무기이기만 한 것이 아니라 연막이 되기도 한다. 비만에 대한 우리의 두려움, 그리고 비만이 끌어내는 것으로 보이는 혐오감은 이른바 비만 유행병에 대한 신뢰할 수 있는 의학적 우려보다 훨씬 먼저 나타난다. 우리는 건강하지 못하다는 생각에 뚱뚱함을 혐오하는 것이 아니다. 대체로 오랜 시간에 걸쳐 혐오하게 되었기 때문에 건강하지 않다고 결정한 것이다. 그렇게 된 악랄한 이유들을 곧 파헤칠 것이다.

3장
욕망하는
비너스

세계에서 가장 오래 살아남은 예술품 가운데 하나인 빌렌도르프의 비너스는 석회암으로 만든 뚱뚱한 여성 조각상이다. 약 2만 5천 년 전 구석기 시대에 만들어진 이 비너스는 무거운 가슴이 축 처지고 허리가 둥글고 허벅지가 두껍다.[1] 그녀는 아름답고 얼굴이 없으며 뾰족하게 각진 부분도 없다.

빌렌도르프의 비너스가 특별히 유명하기는 해도 유일한 형태는 아니다. 이 시기에 만들어진 이런 작은 조각상 수백 개가 유럽과 아시아 곳곳에서 발견되었다.[2] (구석기 다이어트Paleo diet•는 이제 그만.) 너무 오래된 조각상이라 어떤 의미인지 확실히 알기는 어렵다. 다산의 상징이나 종교적 성상, 인형, 기념물, 펜던트일 수도 있고 실제 여성 혹은 이상적인 여성을 표현한 것일 수도 있다. 혹은 과거의 포르노물일 수도 있다.[3] 그것이 무엇이든 인류 역사의 상당 기간 동안 뚱뚱함은 특별히 문제로 비치지 않았다는 상당한 증거의 일부에 불과하다.

고대 이집트 풍요의 남신 하피는 뚱뚱한 배와 가슴이 흘러내리는 모습으로 묘사될 때가 많았다. 기원전 1350년 권력을 잡았고 투탕카멘의 아버지로 추정되는 아케나텐 파라오 역시 일부 이와 비슷하게 묘사되어 뚱뚱함이 비옥함뿐 아니라 번영과도 연관이 있음을 암시한다.[4] 이후 그리스 시대부터 기원전 1세기까지 이집트에서 발견된 작은 조각상들은 이 지역에서 뚱뚱함과 풍요로움 사이에 긍정적인 관련성이 계속되었음을 뒷받침한다.[5]

구약 성서는 식탐을 확실하게 비난하지만 뚱뚱한 몸에 대해서는 그런 언급이 거의 없다.[6] 비슷하게 고대 그리스 철학자 플라톤과 아리스토텔레스가 식탐의 부도덕함과 과도하게 먹는 인간의 경향에 관해 많은 말을 한 것을 이후에 살펴볼 것이다. 하지만 이들도 뚱뚱한 몸에 대해서는 역시 별말이 없었다.[7] 역사학자 수전 E. 힐은 다음과 같이 말한다.

●   원시 시대 식단을 따라 단백질과 식이 섬유를 풍부하게 먹고 가공식품은 제한하는 방식의 다이어트

식탐을 뚱뚱함과 같은 것으로 보는 일이 고대에는 드물었으나 이는 단순히 고대인이 열량이나 신진대사, 또는 다양한 음식의 영양 성분을 이해하지 못했기 때문이 아니라고 식품학자들은 지적한다. 누구든 식탐을 부릴 수 있고 뚱뚱한 사람이 반드시 식탐이 심한 것도 아니기 때문이다.[8]

특정 음식을 많이 먹으면 몸이 뚱뚱해진다는 일반적인 이해가 있는데도 이렇게 말한 것이다. (신명기 31절은 하느님이 약속한 땅에 젖과 꿀이 흘러 사람들이 이곳에서 배부르게 먹고 살찐 후에 다른 신들을 경배하러 갈 것이라고 오늘날로 치면 불길한 예언을 내린다.[9]) 하지만 누구나 싫어하기는커녕 "고대에는 뚱뚱한 몸이 부, 풍요, 사치를 긍정적으로 대변할 때가 많았다."[10] 그리스의 유대인 철학자 알렉산드리아의 필론에 이어 초기 기독교 작가들이 식탐을 일곱 가지 대죄 가운데 하나라고 생각하게 됐을 때에도, 그리고 중세에도 뚱뚱한 몸은 큰 문제가 아니었다.[11] 한편 중국에서는 10세기에 뚱뚱하고 쾌활한 불교 승려 포대布袋가 칭송받았다. 그는 지금도 중국, 일본, 한국, 베트남에서 아이들에게 나눠 줄 달콤한 간식이 가득 든 포대를 나르는 모습으로 대표되며 웃는 부처, 뚱뚱한 부처로도 널리 알려져 있다.[12]

비만혐오는 오늘날 동아시아를 포함한 전 세계에 퍼져 있다. 하지만 어떤 곳은 뚱뚱한 몸에 대해 여전히 긍정적이다 못해 과식을 통한 감시가 이루어지는 수준까지 가기도 한다. 그

중에서도 모리타니 일부 지역에서는 어린 소녀들에게 결혼 전 아주 뚱뚱해지도록 하루에 약 1만 5천 칼로리를 먹게 하는 라블루흐leblouh라는 관습이 지금도 시행되고 있다.[13] 일부의 이야기에 따르면 이 과정에서 잔인할 정도로 억지로 음식을 먹인다.[14] 사하라 아랍 민주 공화국 사람들은 남자나 여자 모두 과체중을 선호한다.[15]

우리는 이렇게 뚱뚱한 사람들이 언제나 존재했다는 걸 알 수 있다. 더욱이 여러 시대와 장소에서 우리는 숭배의 대상이었고 지금도 마찬가지이며, 특이하지 않고 평범한 인간으로 비쳤다. 그럼 뚱뚱함은 언제 어디서 왜 인기를 잃었을까?

비교적 뚱뚱한 여성의 몸을 숭배하는 경향은 16~17세기 유럽 알브레히트 뒤러, 라파엘로, 잘 알려진 페테르 파울 루벤스 같은 화가의 그림에서 예술적 정점에 이르렀다.[16] 사회학자 사브리나 스트링스Sabrina Strings가 자신의 저서 『검은 몸에 대한 두려움Fearing the Black Body : 비만혐오의 인종적 기원The Racial Origins of Fat Phobia』에서 설명하듯이 당시 유럽의 미적 기준에서 백인 여성은 특히 살집이 있고 둥글면서도 비율이 맞아야 했다.[17] 바로크 화가들은 여성의 풍만한 엉덩이와 가슴과 허리께, 도톰한 보조개, 심지어 셀룰라이트까지 높이 샀고 거기에 루벤스가 '눈처럼 새하얗다'고 표현한 피부색도 찬미한 것으로 악명이 높았다.[18]

역설적이게도 다소 뚱뚱한 여자들을 좋아하면서도 루벤스

자신은 그림에 매진하기 위해서, 또 체중이 늘지 않게 하려고 절제된 식습관을 지켰다.[19] 프랑스의 대표 철학자 르네 데카르트René Descartes 역시 1640년대에 쓴 서한에서 절제를 조언했다. "피를 맑게 하고 노력하지 않아도 정화되는 음식물만 먹는 좋은 식습관을 지켜야 한다."[20] 그리고 17세기 일부 집단에서 날씬함을 칭송하는 관념이 발달하기 시작했다. 하지만 당시 군살이 없고 유연해야 하는 것은 여자보다는 남자였다. 이런 체격에 신속한 정신, 지능, 합리성이 따라온다는 생각이 점점 대두되었기 때문이다.[21] 이런 관점은 일부에 영향력을 미치긴 했지만 일반적인 생각과는 거리가 멀었다. 많은 사람들이 날씬함이라는 이상과 빈약한 식단의 타당성에 의문을 품었고 이런 방식이 건강하게 열심히 살기를 거부하는 것과 마찬가지라고 생각했다.[22] 얼마 후 18세기 초 영국 의사 조지 체인이 커피점의 등장으로 증가세에 있던 통풍, 소화 불량, 체중 증가를 치료하는 특별 식단에 대한 흥미에 불을 지폈다.[23] 체인의 치료법은 우유를 엄청나게 많이 마시는 것이었다.

18세기 중반 프랑스와 영국에서 대서양 횡단 무역이 급격하게 증가하면서부터는 검은색과 뚱뚱함의 연관성이 그려지기 시작했다. 스트링스는 뷔퐁Buffon 백작이라는 칭호를 얻은 프랑스인 조르주루이 르클레르Georges-Louis Leclerc의 책이 중추적인 역할을 했다고 말한다. 뷔퐁은 1749년 출판한 저서 『일반 및 특수 박물지Histoire naturelle, générale et particulière』에서 인간의 차이를 이론화하며 인종에 관한 쓰레기 과학에 일찌감치 기여했다. 뷔퐁에게는 피부색에 이어 신체 크기와 형태가 인종 간 골상학적 차이를 알려주는 중요한 표시였다. 그는 아프리카인은 마르고 아주 작다는 고정 관념을 거부하고 '무어인'은 그럴 수 있겠지만 올바른 아프리카계 흑인(레 네그레 les nègres)은 "키가 크고 살집이 있으며… 단순하고 멍청하다."고 주장했다.[24] 그는 이런 특성을 그들이 사는 땅의 비옥함 때문으로 돌리고, 비대하다고 할 몸은 게으름과 우둔함에 연결시켰다. 합리성이 당시 표준이자 뛰어난 인간의 기준으로 여겨지던 호리호리한 백인 남성의 독점적 특성이라는 생각에서 나온 당연한 결론이었다. 당대의 다른 사상가들은 아프리카인들의 뚱뚱함이란 기후가 너무 더운 나머지 신체가 과도한 지방 축적분을 보유하게 된 결과라고 생각했다.[25]

유명한 프랑스 합리주의자 드니 디드로Denis Diderot의 글에는 뚱뚱한 흑인의 신체를 향한 경멸과 혐오감이 더 심하게 나타난다. 1751년에 처음 출간된 그의 『백과전서Encyclopédie』에는 특정 아프리카인 집단을 다음과 같이 묘사한다.

모든 깜둥이 중에서 가장 존경받지 못하는 종족은 밤바라족이다. 이들은 불결한 데다 양 볼에 코부터 귀까지 스스로 낸 큰 상처까지 더해져 흉측하다. 또 게으르고 술에 잘 취하며 걸신들린 듯 먹고 도둑질도 잘한다.[26]

디드로의 글은 뷔퐁의 글보다 더 폭넓은 영향을 끼쳤다. 사실상 두 사람 모두 이들이 언급한 아프리카 지역에는 한 번도 가보지 않았다.

거의 1세기 이후 이른바 호텐토트족, 그중에서도 특히 호텐토트족 여성을 비하하고 차별하는 데 기여한 프랑스의 박물학자 쥘리앵조지프 비레이Julien-Joseph Virey도 마찬가지였다. 1837년 출간된 저서 『흑인종의 자연사Natural History of the Negro Race』에서 비레이는 "깜둥이들은 일반적으로 기질이 온순하고 튼튼하지만 느리고 아주 게으르다."고 주장했다. 그는 '호텐토트족(정확히 말하면 코이산족이다)' 여성의 '큰 엉덩이와 불룩 나온 배'를 대상화하여 묘사하며 이 여성들이 오래 앉아 있거나 자주 임신하는 탓에 복부, 가슴, 허리, 엉덩이에 지방질 액체가 쌓인다는 이론을 제시했다.[27] 소름 끼칠 정도로 비인간적인 비레이의 감상을 스트링스가 요약한 내용에 따르면 이와 같이 설명된다. "호텐토트 여성의 둔부는… 네발짐승의 둔부와 비슷하고 때로는 너무 커져서 가축처럼 작은 수레로 지탱할 수 있을 것 같다."[28]

뚱뚱함을 향한 혐오감이 새로 나타난 것은 우연이 아니다. 이런 혐오감은 밀려드는 자본주의적 이해관계, 즉 노예제가 휘두르는 이념적 도구였다. 뚱뚱함을 흑인 특유의 특성으로 암호화하여 뚱뚱한 몸은 다른 것, 기이한 것, 심지어 기형적인 것이라는 사회적 구조를 이끈 것이라고 스트링스는 주장한다. 뚱뚱한 몸에 먼저 낙인이 찍힌 후 흑인의 몸이 뚱뚱함과 결합한 것이 아니라 흑인의 몸이 먼저 뚱뚱함과 결합한 후 곧 뚱뚱함에 낙인이 찍히게 된 것이다. 이에 대해 스트링스는 또한 이렇게 말했다. "최소 18세기 이후로 인종 차별적 과학 문헌에서 뚱뚱함이 '야만적'이고 '검다'고 주장했다. … 뚱뚱함에 대한 공포에는 '이미 항상' 인종 차별적 요소가 있었다."[29] 그리고 당시 이런 비만혐오는 급성장하던 노예 무역을 정당화하고 합리화하는 데, 그리고 미국 개신교도들이 그토록 잔인하게 노예화한 사람들과 자신을 차별화하는 데 쓰였다. 19세기 말이 되자 마른 몸은 특히 미국 백인 여성들 사이에서 사회적 지위와 예의를 나타내는 지표가 됐다.[30]

이러한 사회적 과정은 코이산족 여성 사르키Saartjie(사라Sara) 바트만Baartman을 터무니없이 잔인하고 부당하게 전시한 사례에서 가장 잘 드러난다. 처음에는 1806년경 케이프타운 해군 병원에서 다치거나 죽어가는 병사들을 기쁘게 해주기 위해 전시되었던 바트만은 이후 영국으로, 다음에는 프랑스로 강제로 이동해 자신의 괴물 같은 몸을 보여주어야 했다. 다시 말해 초기 괴물 쇼에서 주요 볼거리가 된 것이다. (흥미롭게도 사라를 이 불명예스러운 운명에 밀어 넣은 사람은 300킬로그램이 넘어 인기 있는 볼거리가 된 것으로 알려진 매우 뚱뚱한 백인 남성 대니얼 램버트였다.[31]) 그에 의해 열렬한 군중 앞에 호텐토트의 비너스로 전시된 바트만은 1810년부터 1811년까지 런던에서 대단한 인기를 끌었다. 스트링스가 쓴 글을 살펴보자.

(바트만은) 기괴한 동시에 이국적이었다. 기이한 인종 정체성을 지닌 성적 표본이었다. 이런 이유로 전시 관람객들은 그녀의 몸매, 특히 엉덩이를 바라보거나 추가 요금을 내고 그녀를 만져보는 감각적 즐거움을 경험했다. 당시 영국에서 엉덩이를 강조하는 버슬이 유행하긴 했지만 그녀의 엉덩이와 몸 전체에 축적된 거대한 살덩이는 뭔가 특별하다고들 했고 그녀는 이 때문에 대단한 구경거리가 됐다. 그녀의 외모는 런던의 여성적인 기준이나 런던 여성의 길고 가는 선과는 매우 다르다고 생각되었다.[32] … 그녀의 '과도한' 지방은 미개함을 나타내는 표식 중 하나로 쓰였다.[33]

하지만 일부 구경꾼들은 실망했다. 그들은 바트만이 그냥 평범한 여성처럼 보인다고 불평하며 떠났다.[34]

1세기 후로 가보자. 날씬함이 미적 이상으로 등장한 데 이어 미국 의료계가 마침내 행동에 돌입했다. 의료 보험은 아직 최근에 도입된 혁신이었고 분석가들은 다양한 특성을 지닌 사람들의 질병과 사망 위험을 알아내고자 했다. 그들은 평균적인 키와 몸무게 비율에서 어느 쪽이든 많이 멀어지면 사망 위험이 크다는 것을 발견했다. 통계적으로 말해 플레걸의 연구 결과를 막연하게 예측한 것이다. 안타깝게도 당시 봉급을 받는 사람이 대부분 백인 남성이었기 때문에 초기 보험 통계표를 작성할 당시 이들의 몸이 사람들을 과하게 대표하게 됐다. 의학적 목적으로 쓰일 의도가 절대 없었던 이 표를 의사들은 곧 개별 환자 치료에 사용하기 시작했다. 과체중 환자가 뚱뚱하다는 이유로 보험사의 지급을 거절당할 것을 두려워한 의사들이 환자들을 돌려보내는 데 사용한 것이다.[35]

수십 년이 지난 후에도 과학적 연구와 경제적 고려가 언제나 비만혐오를 주도하지는 않았다. 비만에 대한 사회적 혐오감이 강력한 요인으로 남아 있었기 때문이다. 저명한 하버드 생리학자 앤셀 키스Ancel Keys는 1961년 《타임》지에 비만이 반드시 관상 동맥 질환을 유발하지는 않는다고 인정했다. 하지만 다른 지면에서는 "비만이 역겹고, 도덕적으로 불쾌한 것은 말할 것도 없고 추하다."고 적었다. "뚱뚱한 사람들은 어설프고, 가구에 부담을 준다(불쌍한 소파 같으니)." 스트링스는 "이러한 발언을 보면 이 분야에서 (키스의) 작업이 비만은 보기 흉하고 몰아내야 한다는 개인 의견이 아니라 체중과 건강 사이의 복잡한 관계에 관한 의학적 연구 결과에 따라서만 이루어졌을 거라고 믿기 어렵다."[36]라고 주장했다.

1980년대 체질량 지수를 개발해 메트로폴리탄 생명 보험 등의 통계표를 대체하게 한 사람이 키스였다. 그는 19세기 벨기에 천문학자이자 수학자인 아돌프 케틀레Adolphe Quetelet의 작업을 기반으로 삼았다. 케틀레는 '르 옴므 모옌l'homme moyen(평균인)'을 이상적인 사람으로 생각해 관심을 보였는데, 이는 현상과 이상을 혼동하는 전형적인 모습이다.[37] 케틀레가 본 평균이면서 이상적인 모델은 오직 백인 유럽인이었다. 이러한 그의 관점에 따르면 케틀레의 연구가 부모로서의 부적격함에 관한 개념을 정당화하고, 특히 유색인과 장애인을 조직적으로 불임화한 우생학 운동의 부상에 중추적인 역할을 한 것은 놀라운 일이 아닐 것이다.[38]

키스가 동료들과 함께 케틀레를 '인체 측정학과 통계학의 위대한 선구자'라고 일컬은 획기적인 1972년 논문에서 이런 추악한 뒷이야기를 알고 있었는지는 밝히지 않았다.[39] 이들은 전부는 아니지만 거의 백인으로 구성된 전 세계의 남자 다섯 집단의 견본을 측정한 결과를 바탕으로 케틀레의 지수를 조정해 킬로그램으로 표시한 체중을 미터로 표시한 키의 제곱으로 나눈 숫자인 체질량 지수를 만들었다.[40] 키스 팀은 겸손하게 "체질량 지수는 완전히 만족스럽지는 않더라도 적어도 상대적인 비만을 나타내는 다른 체중 지수만큼 뛰어나다."고 결론을 내렸다.[41] 하지만 체질량 지수는 다른 방식보다 단순하다는 특성이 있었다.[42] 나머지는 우리가 아는 역사다. 1998년 비만의 분류 기준이 체질량 지수 28에서 25로 내려가면서 미국인 수백만 명이 하루아침에 과체중이 된 것도 이 역사에 포함된다. 왜 그랬을까? 일부는 미국의 비만에 경보를 울리기 위해서였고, 또 일부는 이 숫자가 의사나 환자가 이해하기 더 쉬운 것으로 보였기 때문이다.

따라서 체질량 지수는 백인 중심주의, 심지어 인종 차별주의에 뿌리를 두고 있다. 절대 개인의 건강을 측정하기 위해 고안되지 않았고 우리가 아무리 여기에 무게를 둔다고 해도 자의적이고 투박한 방식이다. 운동선수처럼 근육이 많고 체지방률이 낮은 사람들을 과체중이나 비만으로 잘못 분류하는 등 문제가 많다. 특히 우리 사회에서 가장 억압받는 집단이라고 할 수 있는 흑인 여성에게 적용하기에는 끔찍한 측정 기준이다. 이들은 미국의 비슷한 하위 집단 가운데 가장 체질량 지수가 높은 것으로 나타났다. (흑인 남성과 마찬가지로) 근육량과 골밀도가 백인보다 높기 때문이기도 하다. 이들은 또한 다른 사람들보다 체질량 지수가 높아도 건강상의 문제를 더 적게 겪는 경향이 있기도 하다.[43] 역설적이게도 체질량 지수가 너무 높은 사람으로 분류되는 데서 나타나는 낙인이 우리가 앞에서 살펴보았듯이 건강에 더 해로운 영향을 줄 수 있다.

미국의 비만 유행병obesity epidemic에 대한 도덕적 공황moral panic•은 미국의사협회American Medical Association가 비만을 질병이라고 선언했을 때 정점에 달했다. 이 협회는 직접 소집한 위원회

• 한 집단이 사회의 지배적 가치를 위협한다고 느껴 과도한 공포감에 빠지는 비합리적 현상

에서 이 같은 결정의 바탕이 되는 체질량 지수가 대단히 결함이 많고 지나치게 단순하다고 조언했지만 무시했다.[44] 그리고 흑인 여성의 얼굴, 아니 몸은 다시 한번 이 문화적 순간에 불명예를 뒤집어썼다. 사브리나 스트링스는 2013년 '비만은 생각보다 더 많은 미국인을 죽인다'는 CNN의 헤드라인과 함께 나온 사진에 주목한다. 허리에 줄자를 감은 뚱뚱한 흑인 여성이 날씬하고 자애로운 백인 여성 의사의 손에 들려 있는 사진이다. 기사는 비만으로 인해 미국의 다른 어떤 인구보다 흑인 여성이 죽어간다고 주장하는 갓 발표된 연구에 집중했다. 그 이전과 이후에 이 연구 결과를 부정하는 많은 연구가 있었지만 주목받지 못했다.[45]

그리고 흑인 여성이 아무리 탄탄하고 건강하다고 해도 비만혐오와 여성혐오와 인종 차별이 만연한 세상에 한 자리를 차지하고 있다는 사실만으로 그녀는 혐오, 비난, 무시를 감당해야 한다. 역사상 가장 위대한 운동선수 가운데 하나인 세리나 윌리엄스Serena Williams는 눈부신 업적을 쌓는 동안 체형이 근육질이고, 전형적인 여성 테니스 선수들보다 약간 '두툼하다'는 이유로 수시로 조롱과 비난을 받았다. 백인 선수 캐럴라인 보즈니아키는 한 시범 경기에서 브라와 치마에 테니스공을 넣어 기괴한 호텐토트의 비너스 이미지를 만들며 충격적인 인종 차별 퍼포먼스로 윌리엄스를 흉내냈다.[46] 이렇게 깎아내리는 행위가 현존하는 가장 탄탄한 운동선수인 윌리엄스의 건강을

걱정해서 나왔을 리 없다.[47]

유명한 미국 가수 리조Lizzo처럼 진짜 뚱뚱한 흑인 여성은 운동 기량과 신체 능력이 뛰어나도 사람들의 경악을 부른다. 2020년 초 〈도전! FAT 제로〉로 명성을 얻은 이후 우리가 당뇨병을 미화한다는 의심을 받을 때마다 온라인에서 뚱뚱한 사람들을 향해 피곤하기 짝이 없는 가짜 걱정을 펼쳐놓는 질리언 마이클스Jillian Michaels는 "리조가 당뇨병에 걸린다면 멋지지 않을 거예요."라고 호소했다.[48] (이들은 우리에게 "팔다리를 절단하게 될 거예요!"라고 걱정하듯 소리친다.) 역시 이런 부정적인 반응이 콘서트에서 몇 시간 동안 쉬지 않고 노래하고 플루트 연주하고 춤추면서 마른 사람들이 대부분 꿈도 못 꾸는 일을 해내는 리조의 건강을 걱정해서 한 말이라고 보기는 어렵다.

더욱이, 다른 많은 분야에서 흑인 여성의 건강에 대한 무관심이 뚜렷하다. 예를 들어 흑인 산모는 임신 기간과 분만 도중, 그리고 분만 후 사망 확률이 백인보다 3~4배 높다.[49] 우리가 진짜로 흑인 여성의 건강을 걱정한다면 이 부끄러운 상황에 대해 더 항의해야 하지 않을까?

체질량 지수만이 백인 중심적이고 인종 차별적이며 비만 혐오의 원인이 되는 자의적인 기준이라고 할 수 없다. 우리는 또한 지난 한 세기 동안 비슷하게 수많은 변화를 거친 미적 기준 역시 생각해야 한다. 영미 문화의 트렌드는 1910년대 모래

시계 형태의 다소 풍만한 '깁슨 걸Gibson girls'*을 숭배하는 것에서 1920년대 마르고 '소년 같은' 신여성으로, 1950년대 조금 더 둥근 외모로, 1960년대 '왜소한' 방랑자 체형으로, 1980년대와 1990년대에는 '마른' 몸이 어느 때보다 대세가 된 '헤로인 시크heroin chic'**로 옮겨 왔다. 하지만 여러모로 작은 변화일 뿐이다. 20세기에 접어든 이후 뚱뚱한 여성의 몸이 주류 영미권 맥락에서 널리 칭송받은 적은 없었다. 그리고 이런 미묘한 변화는 (트렌드의 순서별로) 1950년대의 매릴린 먼로, 1960년대의 트위기, 1990년대의 케이트 모스 등 당시 가장 사랑받은 유명인들로 인해(이들에게 영향을 준 게 아니라) 생겨났을 수 있다. 그러나 집요할 정도로 반대로 생각하지만, 먼로는 사실 아주 날씬한 여성이었다.[50] 특히 킴 카다시안이 최근 2022년 멧 갈라Met gala***에서 먼로의 드레스를 입기 위해 3주 만에 7킬로그램을 감량하는 혹독한 다이어트를 했다고 뽐냈다.[51]

카다시안의 예는 최근 어느 시대에도 비만을 멋지다고 생각한 적은 없었다는 사실을 강조한다. 오히려 언제나 날씬한 몸에 다양한 형태의 지방 분포를 선호했다. 이렇게 하면 우리

• 미국 화가 깁슨의 초상화에 등장하여 유행한 스타일로 긴 목, 끝이 불룩한 소매, 벨형 스커트, S자형 실루엣이 특징이다.
•• 약물 남용을 연상하게 하는 창백한 피부, 다크서클, 초췌한 이목구비 등을 특징으로 하는 스타일
••• 매년 5월 뉴욕 메트로폴리탄 미술관에서 열리는 유명한 패션 자선행사

를 대상화하고 통제하기 쉬울 뿐 아니라 우리 돈을 가져가기도 쉽다. 배, 허리, 허벅지에서 지방을 빼내 엉덩이 아래쪽에 주입하는 브라질리언 버트 리프트Brazilian butt lift의 인기를 보라. 또 더 날렵해 보이고자 수술로 볼살을 제거하는 심부 볼 지방 제거술을 받는 사람이 점점 늘어나고, 한편으로는 오래전부터 통통한 얼굴로 젊음이라는 착각을 일으키고자 볼에 지방을 주입하기는 사람들도 있다.

이러한 지방 재분배 유행은 악의적 형태의 문화 전용, 심지어 노골적인 인종 차별을 부르기도 한다. 2014년 카다시안은 샴페인 병에서 터져 나오는 진한 거품이 머리 위를 넘어 풍만하기로 유명한 그녀의 엉덩이 위 샴페인 잔으로 떨어지는 잡지 표지 사진을 찍었다. 이 사진에는 '인터넷을 부숴라'라는 설명이 붙었다. 당시 프리랜서 작가 블루 텔루스마가 이야기한 것처럼 이 사진은 호텐토트의 비너스로 알려진 사르키 바트만을 떠올리게 할 뿐이었다. 카다시안은 의도하지 않았을 것 같지만 이 사진은 미국에 만연한 "수 세기 동안의 인종 차별, 억압, 여성혐오로 가득하다."[52]

인종적으로 다소 모호하다고 알려진 카다시안은 여기에서 일종의 '흑인성性'을 연기했다. 한편 백인임이 분명한 여성이 흑인 여성에 둘러싸여 대비를 강조하고 지위의 원천을 드러내기도 한다. 2013년 마일리 사이러스Miley Cyrus는 MTV 비디오 뮤직 어워드에서 흑인 여성 백댄서들과 공연했다. 이를 두고 사회학자 트레시 맥밀런 코텀은 이렇게 지적했다. "사이러스는 단순히 흑인 여성을 뒤에서 빙빙 돌게 한 것이 아니라 특별히 통통한 여성들을 데려왔다. 그녀는 마치 크래커에 올려 먹기라도 할 듯이 유쾌하게 한 댄서의 엉덩이를 찰싹찰싹 때렸다." 맥밀런 코텀은 사이러스의 도발적인 퍼포먼스가 뚱뚱한 흑인 여성의 몸을 성적 일탈로 묘사하는 인종 차별적 비유에 의존함으로써 자신이 성적으로 순진하다고 여기는 관객에게 도전하려는 것이라고 주장한다. 뚱뚱하고 규범적이지 않은 흑인 여성의 몸은 역사적으로 우습게 그려지던 흑인 여성의 모습과 유사하기 때문이다.

사이러스는 따라서 "관객이 자신을 보는 인식에 도전하는 장난(찡긋 윙크하듯)으로 일종의 흑인 여성의 몸을 연기하면서 흑인 여성에 대한 인식은 전혀 건드리지 않았다. 성적 자유를 연기하면서도 백인 여성이 실질적으로 이득을 얻는 여성 신체의 위계는 유지하는 춤이었다."라고 그는 말했다.[53] 백인 여성은 영미 문화에 비만혐오가 나타난 이후 이러한 위계에서, 그리고 이후 흑인 여성과 자신을 차별화하는 수단에서도 실제로 많은 이득을 얻었다. 이것이 여러모로 비만혐오 본래의 목적이었고 현재도 그렇다.

역사적으로 반反흑인주의가 만연하지 않았던 다른 여러 문화에서도 이제는 극단적으로 비만을 두려워하는 것이 사실이다. 하지만 그 사실이 비만혐오가 반흑인 인종 차별의 산물이라는 스트링스의 주장에 대한 반박은 되지 않는다. 사실 비만 혐오는 서로 다른 평행 역사를 통해 자연스럽게 생겨난 것이 아니라 대부분 서양에서 전해진 것이기 때문이다. 비만을 두려워하고 날씬한 몸을 선호하는 태도는 잡지나 TV 쇼 같은 서양 매체가 문화에 도입된 후 나타나는 경향이 있다. 특히 젊은 여성들 사이에 식이 장애가 급증하는 현상이 바로 뒤이어 관찰된다.[54]

처음부터 지금까지 미국에서 비만혐오의 공격을 주로 받은 것은 흑인 여성이겠지만 뚱뚱한 흑인 남성과 그들의 근육질 몸 또한 오랫동안 이런 사고방식의 피해를 입었다. 다숀 L. 해리슨이 보여주었듯이 반비만주의의 핵심에 있는 반흑인주의는 죽음까지 부를 수 있다.[55] 2014년 미주리주 퍼거슨에서 십 대 흑인 마이클 브라운에게 위협을 느껴 총을 쏜 백인 경찰 대런 윌슨은 자신의 행동을 정당화하기 위해 브라운의 체격을 언급했다. 윌슨은 "그를 붙잡았을 때 내 기분은 다섯 살 아이가 헐크 호건Hulk Hogan에 매달린 것 같았다고 밖에 설명할 수 없어요."라고 진술했다. 또한 브라운을 악마라고 칭하며 "몸이 부풀어 올라 총탄을 향해 달려 나갈 것 같았어요… 제가 거기 없는 것처럼, 제가 아무것도 아닌 것처럼요."라고 말했다.[56]

이 두 남자 사이의 체격 차이는 실제로 그렇게 대단하지 않았다. 윌슨은 195센티미터에 95킬로그램이었고 브라운은

198센티미터에 132킬로그램이었다.[57] 브라운과 달리 윌슨이 흉기로 무장하고 있었다는 건 말할 필요도 없다. 하지만 윌슨은 비슷한 다른 경찰들 대부분과 마찬가지로 이 살인사건에 대해 유죄 판결을 받지 않았고 심지어 기소도 되지 않았다.

그보다 몇 주 전 백인 경찰 대니얼 팬털레오가 스태튼 아일랜드에서 저지른 행동에 대해서도 마찬가지였다. 그는 불법인 초크홀드choke hold 기술로 일반인 흑인 남성 에릭 가너의 목을 뒤에서 졸라 보도 위에 누르고 질식사시켰다. 가너가 영상에서 열한 번이나 "숨을 쉴 수가 없다."고 저항한 것은 잘 알려져 있다. 팬털레오에 대한 변호는 가너가 너무 뚱뚱해서 어차피 곧 죽을 운명이었고 '꽉 안아주기' 같은 부드러운 행동으로도 숨을 거두었을 거라는 생각에 기초했다. 팬털레오의 변호사는 가너가 '병적으로 비만'이며 '시한폭탄'과 다름없었다고 말했다.[58]

그래서 우리는 이런 뚱뚱한 흑인의 몸이 어떤 운명에 처하는지 목격한다. 그들은 너무 겁을 주거나 너무 취약하고, 다른 사람이나 자신에게 위협이 되고, 어느 쪽이든 죽음을 선고받는다. 해리슨은 다음과 같이 썼다.

에릭 가너가 188센티미터에 179킬로그램이고 천식과 당뇨병과 심장 질환이 있었던 것은 사실이다. 하지만 팬털레오와 다른 경찰관들에게 둘러싸이기 전 그는 죽지 '않았다.' 이는 이 사건의 변호사, 대배심, 검시관 및 다른 의사들, 언론이 그를 아무리 다루기 힘든 짐승으로 몰아가도 그의 마지막 숨을 앗아간 것은 그의 목을 두른 경찰관의 팔이었다는 뜻이다.[59]

아무래도 일부 백인들은 뚱뚱한 흑인의 건강을 너무도 걱정해서 이들을 살해하고 어깨를 으쓱하려는 것 같다. 아니면 처음부터 건강이 문제가 아니었다고 말하는 것이 타당할 것이다. 문제는 반흑인주의 입장에서 뚱뚱한 몸을 낙인찍고 깔보려는, 끊임없는 노력이다.

비만혐오는 인종 차별에 뿌리를 내리고 있을 뿐만 아니라 차별을 계속해서 장려한다. 우선 특권 계급에 속하면서 날씬한 백인 엘리트에게 인종 차별과 계급 차별을 그럴듯하게 부인하면서 다른 집단에 대한 우월감을 믿을 수 있는 방법을 제공한다. 이는 특히 이러한 편견에 얼굴을 찌푸리고 만일 인정할 경우 내면에서도 죄의식, 수치심, 자책을 느끼게 될 좌파 세계에서 더 심하다. 그러므로 폴 캄포스가 주장한 것처럼 비만혐오는 이런 형태의 편견에 대한 강력한 대리인이자 배출구 역할을 할 수 있다.

미국인은 계급 문제에 대해 지나치게 억압되어 있어서 (상대적으로) 가난한 사람들이 (상대적으로) 부유한 사람들에게 불러일으키는 혐오감이 독특한 다른 특성에 투영되어야 한다. 1853년 영국 상류층은 도시 프롤레타리아를 보기만 해도 역겹다는 사실에 대해 자의식을 가지지 않을 수 있었다. (좀 더 최근

에는) 다른 때라면 적절하게 세심한 상류층 진보주의자 미국인
이 이를테면, 월마트에 들어가는 하층 계급의 멕시코계 미국인
여성을 보고 혐오감이 인다는 상상을 하면 공포심이 들 것이다.
하지만 뚱뚱한 여성(아니면 비만이거나 병적으로 비만인 여성)이 월
마트로 걸어가는 걸 보면… 음, 그건 또 다른 문제다.[60]

이 여성이 가난하면서 백인이 아닌 것은 '상관없는 우연'으로
넘겨버린다고 캄포스는 말한다. 하지만 절대 우연이 아니다. 뚱
뚱함은 강력한 계급 및 인종의 기표로 작용한다. 그러니 뚱뚱함
을 걱정하거나 조롱할 때 우리는 무언으로 자신도 모르게 계급
차별과 인종 차별을 표현하는 것일 때가 많다. 캄포스가 썼듯이
"날씬한 상류층이 뚱뚱한 하류층을 보고 느끼는 혐오감은 사망
률 통계와는 아무 관계가 없다. 오히려 날씬한 사람이 뚱뚱한 사
람을 보면서 느끼는 도덕적 우월감과 전적으로 관계가 있다."[61]

우리가 조롱을 너무 열심히 하다 보니 담론에 새 요소까지
생겼다. 말하기도 부끄럽지만 '월마트 사람들People of Walmart'이
라는 웹사이트상에서의 사진들이 우리 쪽, 주로 백인이면서
좌파 또는 자유주의자이고 매우 진보적인 사람들 사이에서 한
때 유행했다.[62] 이 웹사이트는 가난한 흑인이나 황인, 장애인
의 몸을 비웃으라고 분명하게 이야기하지 않았다. 그럴 필요
가 없었다. 주로 뚱뚱하고 옷도 못 입어서 울퉁불퉁한 살덩어
리, 엉덩이골, 옆 가슴이 보이는 사람들의 사진을 보면 시각적
으로 혐오감이 일었다. 그래서 웹사이트를 보는 사람들도 이

들을 흉측한 인류의 표본이라고 경시하며 이들의 건강과 상상 속 성격을 비방하자는 유혹에 빠져들었다. 미국의 소비 지상 주의에 대한 비판을 가장했지만, 사실은 비만혐오라는 좀 더 받아들이기 쉬운 옷 아래 인종 차별주의와 계급 차별주의를 발산하는 방법이었다.

후기 자본주의에서 자라난 소비 지상주의를 향한 이 같은 항의는 사실 비싼 돈을 들여 날씬함을 좇는 사람들(주로 백인) 을 향하는 것이 더 옳을 것이다. 우리는 지나치게 비싼 펠로톤 Peloton* 실내 운동용 자전거를 사고 과도한 가격이 매겨진 샐러 드 배달 서비스를 구독하는 유행에 빠져 있다. (여기서 '우리'라 는 말은 진짜다. 나는 지금은 많이 부끄럽지만 팬데믹 초기 주로 살을 빼려는 목적으로 두 가지를 다 해봤다.) 이런 상품은 우리 몸과 건 강에 대한 투자로 여겨져 그 자체로 지위의 상징이 됐다. 그리 고 우리는 그러한 고상한 형태의 소비 지상주의에 대해 의무 감과 우쭐함을 느끼는 것 같다.

다이어트, 피트니스 같은 이른바 건강 산업은 이 열량 과잉 환경에서 대부분의 사람들에게 특정 체형을 탐나지만 도달할 수 없는 목표로 설정하는 비만혐오 위계를 이용해 후한 수입 을 벌어들인다. 페미니스트 학자 에이미 어드만 패럴Amy Erdman

---

* 미국 홈트레이닝 업체. 고급 실내 자전거와 트레이닝 프로그램을 결합 하여 큰 인기를 끌었다.

Farrell은 자신의 저서 『비만 조롱하기 Fat Shame』에서 다음과 같이 말한다.

19세기 말 이전에는 (재산과 건강 모두에서) 특권층만 뚱뚱해질 수 있었다. 미국의 모든 면을 완전히 뒤바꾼 산업화와 도시화는 몸도 바꿨다. 20세기가 되면서 더 많은 사람이 충분한 부를 누리게 되었고 앉아서 보내는 시간이 많아졌다. 또 새로운 농사 방식과 교통 수송 체계로 먹을 것이 더 많아지고 물품의 가격이 상대적으로 저렴해졌으며 의료 서비스가 개선되었다. 이 모든 변화로 사람들이 체중을 늘리고 계속 유지할 수 있었다. 그때는 뚱뚱함이 부자와 가난한 사람을 구분하는 표시가 됐지만 지금은 이전 세기와 달리 높은 체중이 높은 지위가 아닌, 몸을 제어하지 못하고 이성과 지능이 비만의 무게에 점령당하고 제압당한 사람이라는 의미를 함축한다. '뚱뚱함'과 '날씬함'의 의미가 바뀌면서 사회 경제적 사다리를 오르는 것이 대개 마른 몸을 동경한다는 의미가 되었다. 비록 그 동경이 성공적이지 못할 때가 많더라도 말이다.[63]

지난 세기를 거치면서 날씬해지기는 더 어려워졌고 동시에 가치는 더 높아졌다. 이는 분명 우연이 아니다. 이는 실제 가치와 상관없이 성취하기 어려운 것일수록 더 칭송할 만하다고 판단하는, '어려운 것이 더 좋은 것'이라는 오류의 예라고 볼 수 있다.[64] 노력이 적게 드는 것은 경멸해야 한다고 여겨지는데, 건강한 식사를 공들여 준비하고 기진맥진해질 때까지 매일 운동하는 등의 노력에 몰두해 그 중요성을 유지하는 데 많은 투자를 하는 사람들이 특히 더 그렇게 생각한다.

우리 인간은 우리가 우월하다고 느끼게 해주는 위계를 즉석에서 고안해 내는 경향이 무척 강하다. 인종 차별과 교차하는 비만혐오는 이런 지점에서 탄생했다.

4장
뚱뚱함의 도덕 해체하기

나는 오랫동안 다이어트를 미덕으로 여겼다. 배고픔은 선함의 증거 같았다. 스스로를 부정할수록 내 몸뿐 아니라 내 품성까지 더 좋아지는 것 같았다. 둘 사이의 연관성은 모호하고 검증도 되지 않았지만 강력했다.

십 대 시절에는 언제나 적게 먹고 때로는 거의 안 먹었다. 그러다 대학을 졸업한 직후 대학원에 진학하기 위해 오스트레일리아에서 미국으로 이주하기 9개월 전 제대로 된 다이어트, 즉 저탄수화물 다이어트를 시작하기로 했다. 달걀, 녹황색 채소, 셀러리, 아몬드를 끝없이 먹었다. 고기를 특별히 좋아하지도 않고 학생이라 돈도 많지 않았지만 억지로 고기를 먹었다. 나는 고기를 먹는 게 잘못된 행동일 거라고 믿지만 그때는 뚱뚱한 게 더 나쁘다고 나 자신을 설득했다. 날씬해지기 위해 평생 처음으로 도덕적으로 타협했다.

탄수화물을 줄이고 고기를 많이 먹는 다이어트는 하루 한 시간 운동까지 곁들이니 어느 정도 성공적이었지만, 체중은 아니나 다를까 다시 돌아왔다. 이런 이유로 이 다이어트는 여러 다이어트 중 첫 번째가 되고 말았다. 내가 지금까지 심하게 제한하지 않은 음식을 생각하기 어렵다. 빵, 파스타, 쌀, 백밀가루, 다목적 밀가루, 모든 곡물과 전분, 감자, 고구마, 뿌리채소와 덩이줄기 채소, 콩과 식물, 콩, 옥수수, 가공육, 모든 고기, 식물 기반 고기 대용식, 흰 설탕, 모든 설탕, 꿀과 메이플시럽에 이르는 열량이 있는 모든 감미료, 스테비아*부터 스플렌다**까지 열량이 없는 모든 감미료, 몇 가지 베리류를 제외한 단맛이 나는 모든 음식을 끊어봤다. 결국 베리류도 버렸다.

나는 저탄수화물 다이어트뿐 아니라 저지방과 저GI(당 지수) 다이어트(종종 완곡하게 '식사 계획'이라고도 한다)를 해봤다. 하루 세 번 빈속에 아무 맛도 없는 기름을 삼키는 기이한 샹그

• 　중남미에서 자라는 국화과의 식물로 잎에 함유된 스테비오사이드를 감미료로 사용한다.
•• 　인공 감미료의 일종

릴라 다이어트를 해봤다(들은 것만큼 끔찍했으며 나에게는 효과도 없었다). 케토*, 앳킨스, 홀30**(여러 번), 일일 일식, 간헐적 단식 (그러다 그냥 단식으로 바뀌었다)도 했다. 글루텐을 제한하고 채식 위주로 먹다가 잠시 채식주의자가 되기도 했다. 나는 계속해서 다이어트를 지속하는 실력이 좋아졌다. 다이어트로 체중을 줄이는 실력은 점점 나빠졌다.

2022년 1월 《뉴욕타임스》 사설란에 다이어트의 도덕적 해악과 만성적인 굶주림에 대해 썼을 때 많은 사람들이 나에게 글을 보냈다.[1] 그중 반 정도는 내가 쓴 글에 고마움을 표하는 내용이었고 일부는 다이어트 문화와 결별하겠다고 맹세하기도 했다. 나머지는 자신들이 최근에 경험한 다이어트를 설명하고 나도 해보라고 권하는, 아니 강요하는 내용이었다.[2]

독자여, 나는 그 모든 다이어트를 거의 다 해봤다.

만성적으로 다이어트하는 많은 사람들과 마찬가지로 나도 살을 빼는 동안 죄책감 없이 먹을 수 있는 음식에 집착했다. 코코넛버터를 뿌린 살구(아주 살짝 화이트초콜릿 비슷하다), 아보카도와 고구마(나쁘지 않은 조합이다), 크림치즈와 피망, 그리고 치즈, 영광스러운 치즈.

왜 우리는 다이어트할 때, 그러니까 음식을 먹지 않으려 할

---

* 탄수화물을 제한하고 지방을 늘리는 다이어트
** 건강한 식단을 30일 동안 유지하는 다이어트

때 도덕적인 기분이 들거나 적어도 자신이 괜찮게 느껴질까? 그리고 음식과 비만은 왜 그렇게 강력한 죄책감을 불러일으킬까?

물론 인류의 역사에서 오랫동안 음식이 귀했다는 게 이유 중 하나다. 자기 몫 이상을 누리는 것이 심각한 문제였을 것이다. 하지만 오늘날 배고픔과 식량 불안은 만연한 자본주의와 신자유주의와 불공평한 식량 분배에서 나온 심각한 문제다. 일부가 너무 많이 먹고 다른 사람을 위해 충분한 음식을 남기지 않는 단순한 문제가 아니다.[3]

또한 인간은 즐거움을 그다지 신뢰하지 않는 것 같다. 대부분의 주요 종교는 이 점을 이용해 엄격한 음식 규칙을 만들고 이 현실을 피하는 게 아니라 더 몰두하도록 고취한다. 어떤 음식을 먹어야 하는지, 얼마나 먹어야 하는지, 언제 먹어야 하는지 제한하거나 이 모든 걸 다 제한한다. 섹스에 대한 제약과 마찬가지로 이러한 규칙을 글자 그대로 지키려는 욕망에는 지극히 인간적인 면이 있다. 우리 자신과 식욕을 억누름으로써 우리가 실존적 위계에서 다른 동물보다 위에 있다고 안심하는 것 같다. 그래도 때로는 아주 신이 나서 규칙을 어기고 우리가 동물이라는 걸 증명하기도 한다.

반대로 '까마귀 먹기eating crow'와 '사슴 내장 파이humble pie' 같은 말*은 완전히 비유적인 표현은 아니다.[4] 나는 어릴 때(아마 네다섯 살 정도였던 것 같다) 아주 가벼운 잘못을 저지르고 크게 죄책감을 느낀 일이 있었다. 이후로 죄를 씻는 의미에서 우리 집 주방 바닥 공사에 쓰고 남아 있던 접합제를 억지로 먹었다. 우리 부모님은(온화하고 자애롭고 자유롭고 벌을 주지 않는 분들) 내가 이렇게 말하자 경악했고 어리둥절했다. 하지만 나는 많은 사람들과 마찬가지로 내가 소비한 것을 도덕적 지위와 연결하려는 깊은 본능이 있었고 그래서 속죄의 의미로 나쁜 걸 먹겠다고 생각했다(다행히 부작용은 없었다).

많은 사람들이 자라면서 계속해서 자신을 벌준다. '고결한' 음식만 먹거나 불편할 때까지 전혀 먹지 않거나, 때로는 토할 때까지 먹는다. 이 길의 끝에는 건강식품 집착증, 거식증, 폭식증이 기다린다. 부도덕하고 불안하다고 느끼는 우리는 먹는 것을 통해, 또는 먹지 않겠다고 거부하는 것을 통해 도덕적으로 나아지는 기분을 얻으려고 한다. 그리고 우리가 짐작하는 죄는 우리의 뚱뚱함, 우리의 몸, 우리의 식욕 그 자체일 수 있다.

뚱뚱함이 도덕적 문제라는 생각이 어디에나 있으니 우리 기분이 안 좋을 수밖에 없다. 우리는 비만 유행병에 관한 걱정스러운 보도를 내보내는 뉴스에서 이런 생각을 접한다. 뚱뚱한 어린이를 두고 도덕적 공황에 빠지는 소셜미디어를 통해서도 그 문제 의식을 접한다.[5] 친구나 가족이 좋은 뜻에서 하는 걱정 혹은 걱정인 척하는 말, 아니면 직접적인 비난을 통해 들

• 둘 다 끔찍한 음식을 먹는 모욕을 참고 실수를 인정한다는 뜻

기도 한다. 이것 말고도 수많은 방식을 통해 뚱뚱한 몸은 도덕
적 문제로, 뚱뚱한 사람은 도덕적으로 실패한 사람으로 묘사
된다. 그리고 우리는 그 과정에서 중요한 가치를 상실한 게으
르고 더럽고 의지가 약하고 탐욕스럽고 지저분하고 이기적인
사람으로 그려진다.

실험 증거에서 비만혐오의 도덕주의와 그 부당함을 확인
할 수 있다. 뚱뚱한 사람들은 날씬한 사람들과 똑같은 행동을
해도 더 잘못한 것처럼 비친다. 한 연구에 따르면 가상의 징계
사례에서 비만으로 묘사된 사람이 평균 체중인 사람보다 훨씬
가혹한 징계를 받는 것으로 나타났다.[6] 좀 더 최근에 진행된
다른 연구에서도 이른바 비만 여성에게만 국한된 비슷한 효과
가 나타났다. 가상의 법정에 선 피고가 뚱뚱한 여성일 때 유죄
판결을 받을 확률이 훨씬 높았다.[7]

뚱뚱한 사람들은 그러한 도덕주의 아래 사는 삶의 무게를
증언한다. 지방 부종을 앓는 린다 게르하르트의 예를 다시 들
어보자. 그녀는 다음과 같이 지적한다.

"사람들에게는… (몸이) 우리 가치의 증거라는 기대가 있다. 따
라서 뚱뚱한 몸은 그 지경이 될 때까지 뭔가 부도덕한 일을 한
증거라고 생각한다. … 의료계에는 똑바로 살고 옳은 길을 가
고 올바른 음식을 먹고 적당히 운동하고 옳은 일을 하면 이상적
인 마른 몸이 되어야 한다는 생각이 뿌리 깊이 박혀 있다. 대부

분은 마른 사람을 보면 뭔가 옳은 일을 했을 거라고 생각한다. 뚱뚱한 사람을 보면 뭔가 그른 일을 했을 것이고 이를 교정하고 행동을 바꿔야 한다고 생각한다."[8]

종교와 분리된 요즘의 윤리학 체계에서 누군가가 품성이 부족하다거나, 비슷한 뜻이지만 부도덕하다는 것을 증명하려면 일반적으로 그 사람이 다른 사람을 해친다는 것을 보여줘야 한다. 뚱뚱한 사람을 비판하는 사람들은 그러한 주장을 주저하지 않는다. 일반적인 통념에 따르면 우리 뚱뚱한 사람들은 의료계에 큰 부담을 주고 있다. 또 우리가 뚱뚱한 것은 너무 많이 먹거나 운동을 너무 적게 한 우리 책임이므로 우리는 도덕적으로 비난받아야 한다. 진부하고 많은 사람들에게 솔깃한 이 생각을 검토할 때다.

이런 주장은 비인간적이거나 적어도 비인간적인 방식으로 종종 표현될 뿐 아니라('머리 없는 뚱보headless fatties'• 사진을 생각해 보라) 그 자체로도 성립하지 않는다. 뚱뚱해지지 않는 것은 도덕적 의무가 아니다.[9]

철학자들은 '의무는 능력을 함축한다'는 원칙을 자주 인용

• 뚱뚱한 사람을 보호한다는 명목으로 머리를 제외하고 몸만 찍는 관행적 방식의 사진

한다. 할 수 '있을' 때만 도덕적 의무가 생긴다는 뜻이다. 혹은 할 수 '없는' 것을 할 의무는 없다고 말할 수도 있다. 이 원칙을 적용하면 어떤 것을 거의 할 수 없는 사람에게 그것을 하라고 요구하는 것은 고려할 가치도 없고 불공평한 것이 된다. 따라서 뚱뚱한 사람들이 대부분 사실상 다이어트와 운동으로 장기간 날씬해질 수 없다는 사실에는 광범위한 도덕적 함의가 들어 있다. 즉 우리는 거의 불가능에 가까운 일을 하지 않는다고 비난받아서는 안 된다.

의무는 능력을 함축한다는 원칙에 제한적으로 예외가 있을 수 있는데, 불가능에 가까운 기준을 맞추려고 노력하면서 목표에 가까워지고 가치 있고 바람직한 결과를 얻을 수 있는 경우다. 간절한 학생이 아주 드문 경우지만 시험에서 완벽한 점수를 받는 것을 목표를 세우는 것은 좋은 생각일 수 있다. 하지만 우리가 살펴보았듯이 이런 변화는 체중 감량에는 적용되지 않는다. 다이어트는 시간이 지남에 따라 체중을 늘리는 부정적인 효과를 가져온다. 부분적으로 대사 기능을 심각하게 떨어뜨리기 때문이다. 운동 역시 체중 감량을 유도하는 효과가 더 없을 수도 있다(물론 운동하면 건강해지는 것은 확실하다). 약이나 수술을 통한 좀 더 믿을 만한 체중 감량 요법이 있지만 이런 방법에는 대개 엄청난 비용, 위험, 부작용이 따른다. 삶의 질을 크게 떨어뜨릴 수 있는 수술이나 약물 치료를 도덕이라는 이름으로 받으라고 요구할 수는 없다.

그래서 우리는 뚱뚱하지 않아야 할 의무라는 생각에 담긴 첫 번째 주요 문제에 도달한다. 우리는 뚱뚱한 사람을 신뢰할 수 있고 안전하고 극단적이지 않은 방식으로 날씬하게 만드는 방법을 모른다. 애초에 사람들이 뚱뚱해지지 않게 만드는 방법도 모른다. 우선 한 가지 이유를 들자면 뚱뚱함은 유전율이 0.7 이상으로 추정될 정도로 유전적 요인이 강하다. 사람들에게 나타나는 체질량 변화의 최소 70퍼센트는 유전 때문일 가능성이 높다는 의미이다.[10] 비교하자면 키의 유전율은 0.79 정도로 조금 더 높다.[11] 일란성 쌍둥이를 대상으로 한 연구에서 이 사람들의 체중은 생물학적 부모와 한결같이 비슷한 것으로 나타났다. 이들의 체질량 지수와 이들을 키운 입양 부모 사이의 체질량 지수 사이에는 어떤 관계도 없었다.[12] 뚱뚱하게 만드는 여러 개별 유전자들에 대한 이해가 점차 드러나고 있고, 그중 일부 유전자가 있는 사람은 체질량 지수가 거의 틀림없이 비만으로 나올 것이다.[13]

더욱이 어린 시절에 신체적 학대, 왕따, 성폭행 등을 비롯한 트라우마를 겪은 성인은 더 뚱뚱해진다는 증거가 있다.[14] 저자 록산 게이는 열두 살에 남자 청소년 여럿에게 잔혹한 윤간을 당한 이야기를 날카롭게 적었다. "전과 후가 있다. 살이 찌기 전, 살이 찐 후. 강간당하기 전, 강간당한 후."[15] 폭행 직후 그녀는 자신에 대해 "역겨운 일이 내게 일어나도록 놔둔 내가 역겹다. … 나는 더 이상 착한 소녀가 아니었고 지옥에 갈 것이었다."라고 적었다.[16] 게이는 수치심과 두려움으로 음식을 찾았다. 위안을 찾기 위해, 그리고 자신이 겪은 공격이 뚫고 들어올 수 없도록 몸을 '요새'로 만들기 위해서였다.[17] 그녀는 다음과 같이 적었다.

이후의 기억은 흩어지고 조각나 있다. 하지만 잊을 수 있도록 내 몸이 커져서 다시는 부서지지 않도록 먹고 먹고 또 먹은 것은 선명하게 기억한다. 외롭고 슬프고 심지어 행복할 때도 먹으면서 느낀 조용한 위안을 기억한다.[18]

더 있다.

나는 외롭고 무서웠지만, 음식은 즉각적인 만족을 주었다. 음식은 위로가 필요할 때, 그리고 나를 사랑하는 사람들에게 필요한 것을 어떻게 요청해야 할지 모를 때 위안을 주었다. 음식은 맛있었고 나는 기분이 좋았다. 음식은 내 손이 닿는 유일한 것이었다.[19]

우리는 때로 말하지 않기 위해 입안을 채운다. 고통을 삼키면 그에 따른 말도 함께 삼켜진다.

게이의 이야기는 강력하고 중요하지만 당연히 뚱뚱한 사람이 모두 트라우마를 겪었을 거라고 가정하는 실수를 저질러서는 안 된다. 한 사람의 외모를 보고 건강 상태를 추측해서는 안 되는 것과 마찬가지다. 사람들은 여러 일반적인 신체 질환과 건강 상태, 특정 장애와 정신 건강 문제, 일반적이고 필수적인 약물 복용(피임약과 항우울제 포함), 임신, 스트레스, 신진대사와 호르몬 변화(다낭성 난소 증후군 등) 등 수많은 이유로 뚱뚱해지고 또는 아무 이유 없이 뚱뚱해지기도 한다.[20] 어떤 사람들은 나처럼 그냥 쉽게 살이 찐다.

아니면 1975년 무료로 비만 수술을 받는 대가로 3개월 동안 연구 대상이 되는 데 동의한 환자 30명 중 하나였던 159킬로그램의 여성 재닛 S.를 예로 들어보자. 연구팀은 그녀가 체중을 유지하는 데 필요한 열량을 정확히 계산해 딱 그만큼을 먹게 했다. 재닛은 하루에 거의 0.45킬로그램씩 늘어 2주 만에 약 5.4킬로그램이 증가했다. 재닛은 놀라지 않았다. 평소 먹는 양에 비해 엄청난 양의 음식을 먹어야 했기 때문이다.[21]

그리고 어떤 사람들은 현재나 어린 시절에 손에 넣을 수 있는 음식이나 다른 자원 때문에 살이 찌기도 한다. 예를 들어 너무 가난해서 늘 배고프고 음식 공급이 불안정하고 선택권이 매우 제한된 상태에서 자란 아이들을 생각해 보자. 이런 아이들은 배를 채울 수 있을 때 마음껏 채우고 싶어 할 것이고, 어릴 때 먹을 수 있었던 음식에 따라 커서 좋아하게 되는 음식이 정해질 것이다. 음식 문제에서는 아는 맛을 찾을 수밖에 없다.[22] 그리고 살아가면서 우리에게 가장 위안을 주는 음식은 어린 시절의 향수와 관련 있을 때가 많다.

물론 사회 정의 측면에서 모두가 (무엇보다도) 신선한 음식을 먹을 수 있어야 하고 자기 몸에 맞는 방식으로 운동할 수 있는 환경이 갖춰져야 한다. 그러나 우리가 아는 이 사회에서 많은 사람의 체중이 일부 사회적, 그리고 만들어진 환경과 관련 있다는 사실은 바뀌지 않는다. 이는 신선한 음식을 구하기 어려운 이른바 식품 사막이 많고, 걷기나 다른 형태의 운동을 하기 어려운 미국 같은 나라에서 특히 더 그렇다. 이 풍경이 어떤 모습이어야 하는지 이상적으로 생각하는 것과 이런 현실을 고려해 개인이 어떤 선택을 내려야 하는지 이상적으로, 즉 도덕적으로 생각하는 것은 다른 문제다.

비만 수용 활동가이자 학자인 마르키젤 머세이디스가 주장하듯 식품 사막이라는 용어는 이런 지역이 자연스럽게 생겨난 환경 요소가 아니라 일부 집단이 다른 집단에 떠넘겨 생겼다는 사실을 가릴 수 있다. 우리가 착취하고 억압하는 사회적 관계 속에서 살아간다는 점을 생각할 때 이런 환경은 주로 백인이 가난한 사람들, 황인, 흑인에게 떠안긴 것이다.

식품 사막에 대한 이런 표면적인 걱정은 더 심각한 비만혐오를 가리는 가면 또는 가리개 역할을 한다. 머세이디스는 이렇게 적었다.

공공 의료계에서 식품 사막을 이야기하기를 좋아하는 또 다른 주요 이유는… 뚱뚱한 사람에 대한 일반적인 경멸 때문이다. … 이 식품 사막은 공공 의료에서 오랫동안 집착해 온 비만 비율과 오랜 관계가 있다. 비만 예방에 개입하는 사람들에게 식품 사막 문제는 뚱뚱함을 악惡 또는 도덕화된 음식에 연결 짓는 또 다른 방법이다. 보통 초가공 식품을 과대 표시하고 신선하고 건강한 식품을 과소 표시하는 식품 사막은 '나쁜 음식'이 너무 많고 '좋은 음식'이 충분하지 않아서 나쁘다. 따라서 식품 사막에 사는 사람들은 뚱뚱하고 공공 의료계에서 대부분 말하듯 뚱뚱한 것은 나쁘다. 그러므로 식품 사막은 사람들을 뚱뚱하게 만들기 때문에 나쁘다.[23]

하지만 머세이디스가 계속해서 주장하듯 뚱뚱함을 악마로 묘사하고 음식에 좋다 또는 나쁘다는 도덕적 잣대를 들이대지 않아도 공평한 음식 분배와 탐욕스러운 식품 산업을 이야기하는 것이 전적으로 가능하다. 그리고 음식 정의를 주장해야 할 더 좋은 이유들이 있다. 모두가 자신이 원하는 주요 음식을 먹을 권리가 있고, 대부분의 지역에 사는 대부분의 사람들에게 원하는 음식이란 다양한 신선 식품과 상온 보관 식품을 모두 의미한다. 우리는 이런 음식을 신체 통제나 도덕적 지위의 원천이 아니라 인간에게 필요한 중요한 자원이자 모든 지역사회의 권리로 이해해야 한다.[24]

마찬가지로 미국 내 가난한 사람들과 흑인 및 황인이 사는 지역에 심각한 건강 불평등이 존재한다는 의심할 수 없는 진실을 이야기할 때 우리가 이 문제에 관심을 가져야 하는 이유는 이러한 불평등으로 이 지역 사람들이 더 뚱뚱해지기 때문이 아니라 '이들이 심각한 건강 불평등을 겪기 때문'이다.[25] 체중은 기껏해야 우리가 직접적으로 관심을 가질 수 있고 또 그래야 하는 건강 문제를 대리할 뿐이다. 하지만 뚱뚱함뿐 아니라 음식을 둘러싼 도덕주의는 종종 이 가능성을 감추고 SNAP(Supplemental Nutrition Assistance Program)* 수당을 통해 구매할 수 있는 식품 종류를 제한하는 것 같은 매우 잘못되고 거만한 개입을 부른다.[26]

대학원에 다닐 때 로커보어locavore** 행사에 참여한 일이 있다. 행사 주최자는 지역 음식의 미덕을 칭송할 뿐 비싼 가격과 접근성에 대한 걱정은 대단치 않게 여겼다. 한 요리사가 고압적인 태도로 가난한 사람들은 맥도날드에 갈 게 아니라 콩을 직접 요리해서 먹어야 한다는 의견을 밝혔다. 내 친구가 마이크를 잡고 자기 가족이 가난한 이웃 가족을 지원하는데 최근 새 송금 방법이 잘 되는지 확인하려고 10달러를 보냈고, 그 가족은 그날 저녁에 핫도그를 먹을 수 있겠다며 고마워했다는

---

* 저소득층에게 식품과 영양 교육을 지원하는 미국의 영양 보충 지원 프로그램
** 자기가 살고 있는 지역에서 재배한 음식을 제철에 소비하는 행위

이야기를 했다. 내 친구가 지적하듯 어려운 환경에서 살아가는 사람들은 소금, 설탕, 전분, 지방으로 가득한 친근하고 편안한 음식을 먹고 싶을 때가 있다. 콩을 불려서 요리하는 것이 아무리 싸고 영양가가 높아도 언제나 적절한 대안이 되지는 않는다. 또 시간, 지식, 노동, 조리 도구, 깨끗한 수돗물 등 미국을 비롯한 전 세계의 많은 사람들이 부당하게 접근하지 못하는 자원이 필요하다.

그리고 가끔은 다른 어떤 음식도 아닌 핫도그를 먹고 싶을 때가 있다(경험에서 하는 말이다).

그러므로 체중 감량의 어려움을 생각할 때 사람들에게 뚱뚱해지거나 뚱뚱함을 유지하는 것에 책임을 묻는 것은 타당하지 않다. 뚱뚱함은, 대부분의 경우 선택한 것이 아니다.

설사 뚱뚱해지고 뚱뚱한 상태로 사는 것이 우리 책임이라고 해도, 그러니까 우리 마음대로 된다고 해도, 정확히 무엇이 도덕적으로 문제인가? 우리는 왜 다른 사람이 살찐 것을 우리 일로 여기는가?

할 말들이 많을 것이다. 뚱뚱한 사람들이 우리 의료 시스템과 사회에 부담을 준다면 일부가 뚱뚱해지겠다고 하는 것이 당연히 우리 문제다. 하지만 널리 퍼져 있는 이런 생각은 불안정한 전제 위에 놓여 있다. 우선 앞서 살펴본 것처럼 뚱뚱함과 일부 질병 사이의 상관관계는 인과 관계를 형성하지 않는다. 하지만 한 연구에서 뚱뚱한 사람들이 이른바 정상 체중인 사람들보다 평균적으로 몇 년 일찍(84세가 아니라 80세 정도에) 죽는다는 결론을 내렸다. 함정이 있다면? 전체적으로 보면 짧은 수명 때문에 의료 서비스 비용이 적게 들 것이다. 살아 있는 동안에는 의료비가 더 들지 몰라도 죽어서도 의료 서비스를 받지는 않을 테니까 말이다.[27] 다만 이 연구는 네덜란드에서 진행됐고 계속 오르는 의료 비용으로 악명 높은 미국에도 적용될지는 확실하지 않다. 하지만 이런 비용은 해결해야 할 시급한 문제이지 비만 반대 주장을 펼치며 무비판적으로 가정해야 하는 절대적 사실은 아니다.

이제 우리는 뚱뚱하면 안 된다는 의무에 따른 두 번째 문제를 알 수 있다. 비록 어떤 사람들이 어느 정도 뚱뚱함을 통제할 수 있다고 해도 그것이 의료 시스템에 부담을 주는지는 경험적으로 불확실하다.

더욱이 뚱뚱함을 통제할 수 있고(역시 일부가 어느 정도까지는), 그래서 의료 시스템에 비용 부담이 된다고 해도 이것이 진정으로 도덕적 문제는 아니라는 추론이 가능하다. 사람들은 욕망과 변덕과 즐거움을 좇아 심각한 건강 문제가 생길 가능성과 사망률 증가를 감수하면서까지 삶을 풍요롭게 하기 위해 온갖 희생을 치른다. 심각한 부상과 사망 위험을 무릅쓰고 주기적으로 베이스 점핑 BASE jumping*을 하는 사람, 고산병, 낙하, 동상의 위험을 무릅쓰고 에베레스트산에 오르려는 사람, 충돌과 화재 위험을 무릅쓰고 자동차 경주에 나서는 사람[28], 철학자 A. W. 이턴이 예로 든 것처럼 암 위험을 무릅쓰고 피부를 태우는 사람을 보라.[29] 바른 장비를 사용하는 등 적절한 예방 조치를 취하고 다른 사람을 해치지 않는다면 우리는 이 사람들을 비난하거나 모욕하지 않는다. 이들이 자신의 삶을 살 권리가 있으며 문제가 생기면 인간적이고 적절한 의료 서비스를 받을 권리도 있다고 생각한다. 심지어 상당히 일찍 죽을 위험을 감수할 자격도 있다고 생각한다. 그리고 그렇게 생각하는 것이 '옳다.'

대담하고 즐겁고 편안하게, 심지어 방대하게 먹어서 상당히 뚱뚱해진, 먹기 위해 사는 사람을 상상해 보자. 그래서 논란의 여지는 있지만, 건강에 특정한 위험이 나타났다고 해보자. 이렇게 유추해 보면 이런 사람이 남들과 다른 생활 방식을 선택할 도덕적 의무가 있다는 생각에 의심이 든다. 이들을 비판하는 사람은 앞서 언급한, 위험을 감수하고 스릴을 찾아다니는 사람들을 반대하는 게 아니라면 둘 사이의 차이가 정확히 뭔지 설명할 의무가 있다. 아마 이런 비평가들은 좋은 논거를 제시하기보다는 위험을 감수하는 사람은 날씬할 것이고 따라서 건강할 거라는 이미지만 가지고 있을 것이다. 그리고 이 맥락에서 건강하다는 것은 활기차고 군살이 없고 근육질에 장애가 없다는 것을 의미한다.

•   건물이나 절벽 등 높은 곳에서 뛰어내리는 익스트림 스포츠

뚱뚱해지지 않는 것이 도덕적 의무라는 생각의 세 번째 주요 문제가 여기에서 드러난다. 우리는 보통 날씬하다고 추정되는 몸이 불러오는 위험을 더 크게 받아들인다.

어떤 사람들은 여기에서 더 나아가 우리의 건강이나 우리 자신을 어떤 식으로든 돌볼 도덕적 의무가 없다고 말하고 싶을 것이다.[30] 나는 그렇게까지 이야기하고 싶지는 않다. 건강을 지키고 병을 치유할 수 있는 쉽고 부담스럽지 않은 방법이 있다면, 또 아주 나쁜 결과를 효과적으로 방지할 수 있다면 우리에게 의무가 있고, 또는 도덕적 의무까지도 있다고 말하고 싶다. 안전벨트를 매고 오토바이 헬멧을 쓰는 것이 좋은 예가 될 것이며 또한 내 주장이 수상쩍은 자유 지상주의 영역으로 가지 않는다는 사실을 강조할 것이다.[31] 그리고 물론 우리 자신뿐 아니라 전체적인 공동체를 심각한 영향에서 보호할 수 있는 작은 건강 조치를 따르는 것이 도덕적 의무라는 데는 모두가 동의해야 한다. 예를 들어 코로나19 백신을 접종하고 팬데믹이 심각할 때는 실내에서 마스크를 써야 함은 분명하다.[32]

하지만 뚱뚱해지지 않는 것이 도덕적 의무라는 생각은 이런 의무와는 매우 거리가 멀다. 앞에서 살펴본 것처럼 불가능하기 때문이다. 건강상의 이익 역시 내가 주장한 것처럼 논쟁적이다. 뚱뚱하다고 해서 (몇몇 공중 보건 열성파들이 비만 유행병을 사회적 전염성이 있다고 주장하는 것과는 반대로[33]) 다른 사람을 해치지는 않는다. 이런 점은 제쳐두더라도 즐겁게, 대담하게, 마음 편안하게 먹기 위해 다소 뚱뚱해지자는 것이 내게는 타당한 선택으로 보이며 개성, 풍요, 복잡성 속에 펼쳐지는 삶에서 사람들이 늘 결정하고 있고 또 그럴 권리도 있는 잠재적 희생이라고 생각된다.[34] 이턴이 관련 논쟁에서 이와 같이 이야기한다. "현대인의 생활, 특히 현대 도시 생활은 뚱뚱함과 달리 대부분 탈심미화, 낙인찍기, 차별, 기타 부정적인 사회적 결과를 부르지 않는 희생을 중심으로 구축된다."[35]

내가 여기서 목소리를 높이고 있는 도덕주의는 종종 '건강주의healthism'라는 방패 아래 비판받는다. 건강주의는 건강이 많은 가치 가운데 하나이며 따라서 건강해지는 것이 개인의 도덕적 의무라고 보고 현재 영미 문화에서 건강이 최고의 도덕적 가치로 올라갔다는 생각이다.[36] (건강하지 않은 음식을 먹을 때 나타날 수 있는 즐거움이나 공동체 감각 같은 다른 가치를 고려하면 인간으로서 최대한 건강해야 한다는 뜻은 분명 아니다.) 하지만 비만, 약물 사용, 흡연 등 이미 신체 상태와 행동을 심각하게 도덕화하는 주제 이외의 논의에서는 이러한 고려 사항이 거의 반영되지 않는다는 것은 생각해 볼 가치가 있다. 건강주의는 일반적인 도덕적 실수라기보다는 이미 낙인찍히고 타자화된 사람들을 향해 선별적으로 휘두르는 이념적 무기로 보인다.

하지만 흡연은 어떤가? 우리는 흡연자들의 건강을 생각해서 그들을 대단히 모욕하지 않는가? 다른 요인도 있지만 공중보건 캠페인을 펼친 이후 이러한 개입 덕에 흡연율이 상당히 내려간 것은 사실이다. 하지만 우선 사람들을 이러한 강력한 중독으로 이끄는 사회적 스트레스 요인과 신체적 취약함을 고려해 흡연자들에게 흡연 위험에 대한 교육을 지속하지 않으면서 이들을 모욕해야 하는지는 분명치 않아 보인다.[37] (알코올 중독 같은 다른 중독과 비교해 보면, 우리는 점점 이를 질병 모델의 렌즈를 통해 바라보고 특별히 모욕하거나 일반적으로 도덕화하는 근거로 삼지는 않는다.)

또한 흡연은 끊기는 어렵지만 어떤 의미에서는 포기할 수 있는 별개 행동이다. 반면에 음식을 끊고는 오래 살 수 없다. (십 대 후반 심각할 정도로 흡연에 중독되었다가 끊으면서 많은 고생을 한 사람으로서 이야기하는 것이다. 날씬해지는 것과 달리 나는 결국 담배를 끊을 수 있었다. 물론 최악의 흡연 욕구를 진정시켜 줄 니코틴 패치를 살 충분한 돈 같은 특권이 있었기 때문이기도 했다.) 흡연이 건강에 미치는 위험 역시 비만에서 오는 위험보다 훨씬 크고 잘 정립되어 있다. 마지막으로 흡연은 2차 및 3차 흡연으로 다른 사람에게 실제로 피해를 준다. 따라서 뚱뚱함과 흡연은 여러 면에서 다르다.

이 장의 주장을 요약하자면 뚱뚱함은 대체로 통제할 수 없기 때문에 뚱뚱하면 안 된다는 도덕적 의무는 처음부터 성립할 수 없다. 우리가 체질량을 통제할 수 있다고 해도 뚱뚱함은 의료 시스템에 부담을 주지 않을 것이다. 부담을 준다고 해도 우리는 질병, 부상, 사망 위험을 현저하게 높이는 온갖 선택을 내리는 사람들을 용인한다. 요리하고 먹고 다른 사람들과 음식을 나누는 심오한 기쁨을 좀 더 잘 누리기 위해 다소 뚱뚱해지는 선택이 왜 근본적으로 다르다고 여겨져야 하는가? 이에 대한 답은 합리적이지 않으며 오히려 인간 심리의 오류에서 나온다고 생각한다.

2005년 탈리아 휘틀리와 조너선 하이트는 후최면 암시*에 민감한 참가자들에게 '종종'이나 '받다' 같은 무작위 단어를 읽고 강한 혐오감을 느끼도록 최면을 거는 연구를 진행했다.[38] 이후 참가자들은 사람들이 도덕적인 범죄를 저지르는 짤막한 글을 읽었다. 예를 들어 아래의 문장이었다.

아널드 팩스턴 의원은 부패를 비난하고 선거 자금 개혁을 주장하는 연설을 자주 한다. 하지만 그는 그저 자신이 담배 관련 압력 단체나 법안을 홍보하려는 다른 특별한 이해관계자들에게 뇌물을 받는 것/종종 뇌물을 수수하는 것을 은폐하려는 것뿐이다.[39]

후최면 암시와 일치하는 단어가 들어간 글을 읽고 강한 혐오감을 느낀 참가자들은 관련 범죄를 더 가혹하게 판단했다. 따라서 인위적으로 강화된 혐오감을 느끼게 되면 더 비판적인

---

* 최면 중에 받은 암시가 최면에서 깨어난 후 실현되는 현상

도덕적 판단을 내리게 된다.[40]

더 있다. 후속 실험에서 연구원들은 다른 글을 보여줬다. 이 글에서는 댄이라는 학생회 대표가 널리 알려진 공통의 관심사를 회의 의제로 받으려고 하거나 종종 선택하는 것으로 묘사됐다. 이런 행동은 분명 아무 문제가 없고 훌륭한 행동이기도 하다. 그런데도 이 글을 읽는 참가자들은 후최면 암시에 따라 강한 혐오감을 느꼈고 댄의 순수한 행동을 비난하는 경향을 보였다. "뭔가 꿍꿍이가 있을 것이다." 한 참여자는 이렇게 말했다. 다른 사람은 댄을 두고 인기를 좇는 속물이라고 평가했다. 또 댄의 행동이 "너무 이상하고 역겹다."는 사람도 있었다. 이들은 "왜 잘못됐는지는 모르지만 잘못됐다."고 단호하게 결론을 내렸다.[41]

연구원들은 이런 효과에 놀랐다(도덕적으로 문제가 되는 글과 중립적인 글을 함께 보여줬다는 걸 기억하기 바란다). 그 결과는 매우 견고한 것으로 보였다. 참가자들에게 나쁜 냄새를 맡게 하고 역겨운 책상(쓰레기통이 넘치고 쓰레기가 널린)에 앉게 하고 신체적으로 혐오스러운 경험을 생각하게 하고, 역겨운 영상(더러운 변기 같은)을 보게 하기도 하는 등 다른 여러 방식에서도 같은 결과가 나왔기 때문이다. 특히 또 다른 부정적인 감정인 슬픔을 유도했을 때는 이런 효과가 나타나지 않아 일반적으로 부정적인 영향에 의한 것이 아님을 알 수 있다.[42]

교훈은 명확하다. 첫째, 사람들은 강력한 혐오 반응을 도덕적 혐오로 잘못 해석해서 도덕적 악행으로 더 가혹하게 비판하고 심지어 중립적인 행동까지도 도덕적으로 문제가 있다고 판단한다. 둘째, 이런 일이 일어나면 사람들은 도덕적 불쾌감을 정당화할 이유를 찾고 이미 내려진 도덕적 판단을 사후적으로 합리화하려고 한다. 따라서 혐오감은 뚱뚱한 사람에 대한 부정적 판단과 밀접한 관련이 있는 것으로 보인다. 2010년 미국인과 오스트레일리아인을 조사한 연구에서 뚱뚱한 신체를 향한 혐오감이 비만혐오에 따른 이러한 판단을 가장 강력하게 예측했다.[43] 뚱뚱한 사람들은 또한 강력한 혐오 반응을 유도하는 사회 집단 가운데 하나였다. 우리는 혐오감을 유도하는 면에서 정치인이나 집 없는 사람들과 같은 수준이고 흡연자나 마약 사용자들에 이어 두 번째다.[44]

사람들이 뚱뚱한 사람들에게 자꾸 강력한 혐오감을 느끼게 되면 우리가 아무 악행을 저지르지 않았는데도 우리 몸은 도덕적 책임을 지게 된다. 뚱뚱한 사람을 그저 사람으로 보지 않고 뚱뚱한 몸을 그저 몸으로 보지 않을 때 우리는 잔인하게도 이를 두고 도덕적 실패로, 어떤 유형의 선의든 상관없이 해결책이 시급한 도덕적 문제로 비친다. 그래서 마른 사람들에게 나타나는 다른 건강 위험에는 일반적으로 무관심하면서 뚱뚱한 사람들이 의료 시스템에 부담을 준다고 도덕적 공황을 일으킨다. 자신을 숨기지 않는 뚱뚱한 사람들이 그저 사람들 사이에 존재하는 것뿐인데도 이를 비만을 미화한다고 불평하는 것과도 비교해 보자. 혐오 반응을 합리화하려는 의도에서 만들어진 죄일 뿐이다.

비만 수용 운동이 생겨났는데도 이런 반응과 그에 동반하는 걱정이 끝없이 나오는 데는 이유가 있다. 혐오감은 어떤 대상을 향해 한번 생겨나면 쉽게 없앨 수 없는 끈질긴 감정이다. 혐오감은 대상 위에 얼룩지고 퍼지고 스며든다. 이를테면 어떤 사람이 특정 음식을 먹고 배탈이 난 일이 있어서 메스꺼움을 느꼈다면 이후로도 오랫동안 그 음식을 볼 때마다 혐오감이 일고 아주 싫어질 것이다. (그러므로 혐오감은 이른바 단발성 조건화에 영향을 받기 쉬운 유일한 감정이다.[45]) 더군다나 혐오감은 쉽게 학습되고 다른 사람들에게 전염된다. 한 사람이 어떤 대상에 대한 혐오감을 표현하면 이 혐오감을 목격한 다른 사람들 역시 이 감정을 공유하는 경우가 많다.[46] 이런 전염성 덕에 오염된 식품이나 병원균을 피하는 데 도움을 받았을 테니 진화적 관점에서 이해할 수 있는 현상이다.

게다가 혐오감은 역겨워 보이는 대상과 가까운 교류를 피하도록 강력한 동기를 부여하는 동시에 먼 거리에서 바라볼 때에는 황홀감을 자아낸다. 혐오감이 이는 대상은 매혹적으로 상대를 부르고 심지어 성적 매력으로 반짝이기도 한다.[47] 다시 말해 호기심을 끈다. 불쾌한 상처나 멍 같은 역겨운 걸 보고 싶은지 묻는 페이스북 댓글에 대한 사람들의 흔한 반응을 살펴보라. 호기심을 보이는 사람이 늘 최소 몇 명은 있다. 〈600파운드의 삶My 600-lb Life)처럼 아주 뚱뚱한 몸을 보여주는 착취적인 리얼리티 TV쇼의 인기는 일부 이런 메커니즘으로 설명할 수 있을 것이다.

혐오감은 결국 사회적 거부의 감정이다. 사회학자 올랜도 패터슨이 이야기한 개념을 빌리자면 구제할 수 없을 정도로 역겨운 것으로 나타나는 사람은 사회적 죽임을 당할 수 있다. 즉 우정과 친밀한 관계뿐 아니라 공적인 담론과 특권을 누리는 전문적인 환경을 비롯한 일반적인 사회적 관계에서 벗어나는 것으로 여겨진다.[48] 그러므로 뚱뚱한 사람들이 의료적 맥락뿐 아니라 교육, 고용, 데이트, 사회생활에서도 일상적으로 차별과 편견을 겪는 것이 놀랍지 않다.

혐오감과 사회적 거부의 연관성은 사람들이 주변에서 역겹다는 평가를 받지 않으려고 기꺼이 먼 길을 가려는 이유를 설명해 준다. 그래서 우리는 장기적으로 효과가 없다는 증거가 있음에도 다이어트를 통해 살을 빼려고 계속해서 힘든 노력을 기울인다. 우리는 그렇게 몸을 줄여서 인정받으려고 할 뿐 아니라 성공에 상관없이 불굴의 노력으로 얻을 수도 있는 도덕적 승인을 얻으려 한다. 우리는 착한 뚱보가 되려고 한다. 소외, 수치심, 비난을 피하려고 한다. 그리고 우리는 사람들에게 받아들여지기 위해서라면 생존을 위한 작은 자양분도 갈망한다.

5장 조금 아쉬운 몸매

남자아이가 내 몸에 대해 처음 말한 때가 내가 5학년 때인 것으로 기억한다. 열 살이었을 것이다. 체육 시간에 잭이 난데없이 "뚱뚱보 꼬마 케이틀-린."이라고 했다.[1] 모두 키득거리고 나는 부끄러움에 얼어붙었다. 내가 당시 통통하지도 않고 평균적인 몸무게였다는 건 놀랄 일도 아니고 중요하지도 않을 것이다. 그런데도 그 말을 듣자 공과 친구들과 지평선을 향하던 내 시선이 급격하게 나 자신을 향해 돌아섰다. 그 순간 잭이 보인 경멸, 심지어 혐오감이라는 렌즈를 통해 나를 보았다. 내 크기가 괴물같이 느껴졌고 사회적 위상이 줄어든 것 같았다.

(역설적으로 나를 '꼬마'라고 부르고 '작다'는 뜻의 '린'까지 붙인 걸 주목하자. 내 이름은 케이트이다.)

나는 놀림감이었다. 점점 자라고 덩치가 커질수록 그런 일은 일상이 됐다.

선명하게 기억나는 일이 하나 더 있다. 나는 열여섯 살에 원래는 남자 학교였다가 남녀 공학으로 바뀌면서 남학생 백 명에 여학생을 세 명 받은 학교에 들어갔다. (오스트레일리아의 고등학교가 아닌 국제 바칼로레아에서 공부하고 싶어서였다.) 이곳에서 키런이라는 남학생과 친해졌다. 키런은 낮에 늘 나와 같이 다니는데도 밤에 전화를 걸곤 했고 우리는 종종 길고 구불구불한 대화를 나눴다. 그러다 그 애가 나를 좋아한다는 소문이 돌았다.

어느 날 밤, 키런이 이번에도 난데없이 내 매력에 점수를 매겨보겠다고 했다. 그는 10점 만점에 7점을 주었는데 내가 보기에는 후한 점수 같았다. "왜 7점이야?" 궁금했다. "글쎄." 그가 의기양양하게 말했다. "너는 눈이랑 머리가 예쁜데 몸매는 조금 아쉽거든." 이 말이 준 상처는 전화를 끊은 지 한참 후에도 내 마음에 남아 줄어들지 않았다. 이 말은 샤워하려고 옷을 벗을 때도 들리고 그날 밤 잠자리에 들 때도 들렸다. 몸을 돌려 거울 속 나를 키런의 시선으로 보려고 할 때도 그 말이 들렸다.

그 노골적인 평가는 몇 달 후 키런과 또 다른 친구 존을 만나 토론 연습 전 피자헛에 갔을 때도 마음에 선명하게 남아 있었다. 키런과 존은 정상적으로 주문해서 먹었다. 하지만 나는 아무것도 먹지 않았다. "앤 많이 안 먹어요." 존이 직원에게 설명했다. 내가 머릿속으로 그 말을 수정했다. 나는 '아무것도' 먹지 않았다. 이제 약간 과체중인 십 대가 된 나는 학교에서 종일 아무것도 먹지 않았고 무엇이든 먹는 모습을 보이는 치욕을 피하려고 학교 식당에 가지 않았다. 그리고 집으로 돌아와서 몇백 칼로리의 식사를 했다. 부모님이 걱정하셨지만 나는 저녁 식사를 몰래 쓰레기통에 버리거나 개에게 주고 내가 먹은 척해서 어느 정도로 다이어트를 하는지 숨겼다.

그래서 나는 아주 소량의 음식으로 움직이는 법을 배웠다. 그때는 체중이 느느니 배가 고픈 게 차라리 나았다. 가끔은 굶어서라도 체중이 줄어드는 안도감을 느끼고 싶었다. 끝없는 배고픔이 심각한 식이 장애로 이어지지는 않았지만 나 자신을 줄이려고 한 대가는 결코 작지 않았다. 나는 많은 사람들이 그렇듯 뚱뚱함 때문에 성적으로 거부당하는 것이 너무 두려워서 작아지기 위해 뭐든 하려고 했다. 이것이 크나큰 피해를 낳는 성性적 비만혐오다.

내 몸매가 조금 아쉽다는 그 사소한 평가, 재미로 던진 한마디의 울림은 몇 년 동안 이어졌다. 그리고 사물함에 '뚱뚱한 쌍년'이라는 낙서가 보이고, 후각적 혐오감을 암시하거나 유발하기 위해 그 위에 발라진 생선 기름까지 보는 등 더 끔찍한 일들까지 겪으면서 나는 불안감을 느꼈다. 그러면서도 가끔은 남자의 긍정적인 관심을 더 간절하게 바라기도 했다. 우리 고등학교는 졸업생들의 마지막 조회에서 '화이트칼라 범죄로 가장 성공할 것 같은 사람' '혼외 자식을 낳을 것 같은 사람' 같은 가벼운 상을 재미로 수여했다. "그리고 케이트 맨은…." 나는 덜덜 떨며 어떤 말이 나올지 기다렸다. "가장 돈 주고 섹스할 것 같은 사람." 내게 따라온 구절은 내게 없는 성적 매력, 몸에 관한 것이었다. 강당은 웃음소리로 떠나갈 듯했다.

지금 돌이켜 생각하면 고등학교에서 나를 향해 보인 적대적인 반응은 복잡하고 다양한 사실이 섞인 결과였던 것 같다. 나는 성적이 최상위권이었고 거침없이 말했고 다른 학교에 다니는 멋진 남자친구가 있어서 다른 남자들이 성적으로 접근할 수 없었다. (같은 학교 친구 한 명은 "걘 엉덩이가 아니라 얼굴 보는 타입일 거야."라고 의견을 밝혔다.) 부러움과 질투, 어쩌면 경멸과 혐오도 함께 섞여 있었을 것이다. 전화 통화 중에 나에게 새 남자친구가 생긴 걸 알게 된 키런은 갑자기 전화를 끊었고 이후 사실상 다시는 나에게 말을 걸지 않았다.

약 15년 후 내가 만난 상담사는 영역을 침해당한 남학생들에게 본능적으로 공감하면서 그 애들이 내가 무서웠을 것이라고 말했다. 어떻게 보면 그들의 부정적인 말, 괴롭힘, 폭력은 내가 아니라 그들 자신과 그들의 불안함을 향한 것이라고 상담사는 지적했다. 하지만 별로 위안이 되지는 않았다. 앞에서 이야기했듯이 자신의 이미지를 몸과 동일시하면 그 몸과 함께 자신도 사라진다.[2] 변변치 않던 내 몸은 취약성의 절정에 이르렀다. 그렇게 여성혐오가 "들어왔다." 내 뚱뚱함은 나를 과녁으로 만들었을 뿐 아니라, 이미 과녁이었던 내 몸을 공격할 방법을 만들어줬다. 그리고 부정하고 싶었지만 그들은 나를 공격했다.

이것이 여성혐오가 작동하는 방식이다. 어떤 위계든 가져와서 소녀나 여성의 권위를 떨어뜨리는 데 사용된다. 우리는 지능을 높이 평가한다. 그러니 그녀를 멍청하고 어리석고 우둔하다고 하자. 우리는 합리성을 높이 산다. 그러니 그녀를 정신이 이상하고 히스테리를 부린다고 하자. 우리는 성숙함을 높이 산다. 그러니 그녀를 유치하고 무책임하다고 하자. 우리는 도덕성을 높이 산다. 그러니 그녀를 나쁜 인간이라고 하자. 우리는 날씬함을 높이 산다. 그러니 그녀가 뚱뚱하고 은근히 혹은 노골적으로 못생겼다고 하자. 우리는 성적 매력을 높이 산다. 그러니 누구도 그녀를 원하지 않을 거라고 하자. 뚱뚱한 사람도 성적 매력이 있을 수 있고, 적어도 포르노물 소비가 증거가 될 수 있다면 뚱뚱함은 흔한 성적 선호 요인임에도 그렇게 한다.[3] 이 같은 사실은 앞서 살펴본 것처럼 우리가 뚱뚱한 사람을 원래 싫어해서 깎아내리는 것이 아니라는 사실과 일치한다. 오히려 우리는 현재 흑인 인종 차별에 찌든 비만혐오적 미의 위계에 따라 이들이 무시당하기 때문에 이들을 싫어한다.[4]

이 다양한 여성혐오적 움직임은 모든 소녀와 여성에게 영향을 줄 수 있다. 특별히 뚱뚱하지 않아도, 아니 전혀 뚱뚱하지 않아도 강력한 여성혐오적 비하 표현인 '뚱뚱하다'는 말을 들을 수 있다. 오스트레일리아의 첫 여성 총리인 날씬하고 세련된 줄리아 길라드Julia Gillard를 향한 잔인한 여성혐오적 비방이 한창일 때 작가 저메인 그리어Germaine Greer는 길라드의 엉덩이 크기를 비웃으며 조롱하는 군중에 뻔뻔하게 목소리를 보탰다.[5] 나는 그녀가 트랜스젠더를 배제하는 정치적 견해를 밝혔다는 걸 몰랐다고 해도 절대 그녀를 용서할 수 없다.[6] 이른바 페미니스트라고 하는 일부는 여성 공동체의 배신자들이다.

하지만 뚱뚱한 사람들, 특히 매우 뚱뚱한 사람들이 단지 신체 크기와 모양 때문에 괴롭힘의 목표가 되는 방식이 가려져서는 안 된다. 이러한 괴롭힘은 그 자체로 생명을 앗아갈 수 있고 사람들 사이에 존재할 권리를 빼앗을 수도 있다.

오브리 고든Aubrey Gordon은 자신의 첫 저서 『우리가 살에 관해 말하지 않는 것들What We Don't Talk About When We Talk About Fat』에서 퇴근하고 집에 가다가 모르는 여성이 뒤를 쫓아온 경험을 이야기한다. "잠깐만요." 낯선 사람이 소리쳤다. "아직 더 뺄 살이 남았어요?" 그 사람은 고든의 몸을 위아래로 살피더니 턱을 툭 떨어뜨리며 다른 사람들에게 희롱에 동참하라고 부추겼다. "다들 이 년이 얼마나 뚱뚱한지 보이죠? 이 여자 좀 봐요!" (다행히 다른 행인들은 동참하기를 거부했다. 하지만 고든을 옹호하거나 어떻게든 도와주러 오지는 않았다.) "어떻게 몸을 그렇게 놔둬요? 내 말 들리기나 해요? 대답 좀 들어야겠어요!"

물론 이 사건은 그 순간에도 충격과 스트레스를 주었다. (이런 상황에서는 신체적 폭행 위협도 얼마든지 가능하다.) 하지만 시간이 지나도 충격은 계속됐다. 마음의 평화는 사라졌고 밤에 잠을 잘 수 없었으며 다음날 출근할 때도, 이후 그저 일을 하려고 할 때도 계속 따라왔다. 그녀는 이렇게 말했다. "몇 달이 지나도 나는 이 사람이 뭐라고 했는지 생각할 수 없다. 그냥 느낄 수만 있다. 그 여자가 계속 생각난다. 점점 차오를수록 약해지는 물풍선처럼 수치심이 내 몸을 채운다."[7]

물론 수치심은 특정한 사람 앞에서뿐 아니라 일반적으로 성적 매력이 없다는 말을 은근히 혹은 노골적으로 들으면 누구나 자연스럽게 보이는 반응이다. 이 발언은 그 사람을 손상된 제품, 만져서도 안 되고 성관계를 해서도 안 되고 근본적으로 사랑할 수 없는 사람으로 표시한다. 작가 린디 웨스트Lindy West는 이에 대해 이렇게 말했다. "(성적) 가치에 대한 접근을 거부하는 것은 놀라울 정도로 교활한 정서적 폭력으로 우리 문화에서는 소외된 집단을 더 작게 만들고, 그들을 조용히 시키기 위해 이를 자유롭게 또 공격적으로 휘두른다."[8]

고든은 길에서 조롱당한 또 다른 일화를 이야기한다. 밤에 횡단보도에서 그녀를 본 나이 많은 남자가 뒤를 따라오며 말했다. "아무도 너를 사랑하지 않을걸. 그렇게 생겨서는 절대

안 되지." 그러더니 그 말을 강조하기 위해 한 번 더 큰 소리로 말했다. "아무도 너를 사랑하지 않을 거야." 남자는 찡그린 얼굴로 가까이 다가왔고 고든은 도망쳤다. 이때는 창피하거나 수치스럽기만 하지 않았다. 정당하지 않은 노골적인 폭력이 무서웠다.[9]

나는 고등학교에서 그런 경험을 한 후에도 처음에는 누구도 나를 사랑하지 않을 거라는 걱정을 하지 않았다. 한동안은 다양한 요인이 나를 보호했다. 기껏해야 조금 뚱뚱한 정도였고 화목한 가족과 나를 사랑하고 존중하는 남자친구가 있었다. 하지만 시간이 지날수록, 그리고 남자친구와 헤어진 후 그때의 경험이 나를 사로잡았다. 나를 사랑할 다른 남자는 절대 없을 거라는 절망적인 두려움에 빠졌다. 다른 남자의 사랑은 상상도 할 수 없을 것 같았다.

그래서 애정에 굶주리고 때로는 위험할 정도로 문란한 대학 생활을 보냈다. 나이트클럽과 방탕한 파티를 찾았고 사회적 불안감을 잠재우고 불안함을 손으로 달래려고 담배를 피우기 시작했다. 한 번에 며칠씩 밥을 안 먹는 습관도 다시 나타나서 상당히 살을 뺐다. (곧 뺀 만큼 다시 쪘다.) 어느 정도는 다이어트에 도움을 주기 위해 각성제나 엑스터시 같은 클럽 약을 먹고 가누지 못할 정도로 술을 마셨다. 그리고 나에게 접근하는 그럭저럭 괜찮은 남자들과 가리지 않고 잠을 잤다.

그 자체로 꼭 문제라고 할 수는 없었지만 이 모든 행동은

질서, 편안함, 안정을 좋아하는 내게 공허함, 불안감, 우울감을
가져왔다. 무엇보다도 성범죄에 걸려들 위험이 높았다.

이는 미묘한 지점이다. 타라나 버크의 #미투운동이 한창이
던 2017년 말 이후 당연하게도 도덕적으로 확실한 사건들에
초점을 맞추는 경향이 생겨났다. 여성이 남성에게 성적으로
희롱이나 폭행을 당하고 당연히 초대나 동의, 또는 자발적인
참여가 없는 사건들이다.

초점이 그렇게 맞춰지는 것은 당연하다. 어딘가에서는 문
제를 제기해야 하고 단순한 우려일수록 대중의 지지를 자극
하기 쉽다. (또한 안타깝게도 우리는 부유한 백인이거나 그렇지 않으
면 특권을 누리는 할리우드 여배우에게 초점을 맞췄다. 이는 특히 취약
한 흑인과 황인 여성을 중심에 두려던 버크의 의도를 벗어난다.) 하지
만 착취는 복잡한 형태를 띨 수 있고 처음부터 절대 제안되지
않아야 하는 행위에 착취 대상이 참여하거나 심지어 요청되는
경우도 포함한다.

어느 날 밤 나보다 열네 살 많거나 혹은 지금 생각하면 더
많을 수도 있었던 닉이라는 남자의 집에 갔던 것을 기억한다.
나는 열아홉이었고 닉은 자기 말로는 서른셋이었다. 둘 다 자
주 가던 바에서 술을 마신 후 그는 내게 얼굴이 천사 같다며 갑
자기 내 턱을 들어 키스했다. 이후 나는 그의 느끼하고 짜증스
럽기까지 한 대사가 더 구체적인 다른 대상을 의미한 것임을

알게 됐다. 친구에게 내가 '엘비라Elvira'●처럼 생겼는데 "더 작고," "심지어 가슴은 더 크다."(부정확함)고 말한 것이다. 내가 유대인이어서 그런지 나를 조금 이국적으로 보는 오스트레일리아 백인 남성이 적지 않았다. 그러면서 내가 스페인 혈통인 것 같다거나 내 유대인 친구 노아와 내가 자매 같다고도 했다. (노아는 키가 크고 호리호리한데 나는 완전히 반대다.)

닉의 집에 도착하자 그는 다시 한번 내 얼굴을 칭찬했다. "내 몸도 마음에 들어요?" 확인받고 싶은 마음에 내가 물었다. 그는 망설이며 "나는 네 자신감이 좋아."라고 했다. 불안하던 내 자신감이 증발했다. 잠시 떠날까 생각했지만 이때는 너무 늦은 것 같았다. 상의는 이미 벗어버렸고 그 순간 그의 나이와 당당함에 약간 겁도 먹었다. 핑계를 대면서 집으로 갈 방법을 찾는 게 불가능하고 힘들 것 같았고 어쩌면 소용없을 것도 같았다. 그는 어떻게든 나를 붙잡아 두려고 했을 것이다. 어쨌든 결국 그와 잠을 잤다. 그렇게 해야 할 것 같아서 그렇게 했다.[10]

이런 형태의 나쁜, 그러니까 윤리 면이나 쾌락 면에서 모두 나쁜 섹스는 우리 문화 곳곳에 있다. 소녀와 여성은 거절하거나 확실한 동의를 표현하지 않았을 때 의견을 무시당하기만 하지 않는다. 우리는 사회적, 성적 의무를 느껴 거절하고 싶을

●　호러 코미디 영화 〈엘비라Elvira〉에 등장하는 주인공 마녀

때도 승낙한다. 그리고 어떤 경우에는 우리를 모욕하고 우리 몸을 비하하는 세상에서 남성의 긍정적인 관심이 부족하다고 느끼기도 한다.

이 점을 오해하지 않아야 한다. 뚱뚱한 여성은 관심을 즐겼을 것이므로 성폭행당할 수 없다는 오랜 오해가 있다. 이 거짓말은 엄청나고 분명한 피해를 낳는다. 2017년 캐나다에서 열린 성폭행 재판에서 남자는 잘생겼고 여자는 다소 과체중이므로 열일곱 살 희생자가 마흔아홉 살 남자의 성적 접근을 즐겼을 거라는 판사의 의견이 나왔다. (판사는 그래도 얼굴은 예쁘다고 인정하며 뚱뚱한 여성에게 에둘러 줄 수 있는 최고의 찬사를 건넸다.) 장폴 브라운Jean-Paul Braun 판사는 이 여성이 처음으로 유혹을 경험했을 테니 최소한 '조금은 우쭐했을 것'이라고 중얼댔다.[11] 최근 연구에 따르면 남자에게 성적으로 강요당하는 여성이 날씬하지 않고 뚱뚱하다고 묘사되면 참여자들은 가해자에게 더 공감하고 부정적인 감정을 적게 보이고 범죄 행위에 대한 정상 참작 요인을 사실로 받아들였다.[12]

현실에서는 뚱뚱한 여성이 성폭행당할 수 있을 뿐 아니라 날씬한 사람보다 더 많이 당한다는 증거도 있다.[13] 하지만 뚱뚱할 뿐 아니라 트랜스젠더, 비非백인, 장애인 등의 정체성을 지닌 몸에 대한 체계적인 비하로 어떤 사람들은 더 큰 피해를 입을 수 있다. 이를테면 우리는 거부할 권리가 없거나 이것이 최선일 거라는 생각에 원하지 않는 성적인 또는 로맨틱한 관계를 허락할 수 있다. 적자 인생을 살다 보면 아무리 의심스럽고 보잘것없는 금액이라도 은행에 넣고 보는 것이다.[14]

우리는 종종 의도와는 달리 암묵적으로 성에 대한 특정 모델에 따라 행동한다. 남자가 원하고 요구하면 여자는 들어주거나 거절한다. 이 그림에서 남자는 추구하고 시작하는 사람이고 욕망의 주체다. 여자는 수동적인 욕망의 대상이며 그래서 매력이 있다. '남자는 여자를 원한다. 남자는 여자와 섹스한다. 여자는 섹스를 받아들인다. 그가 그녀와 섹스했다'가 된다.

이런 그림은 철학자 퀼 R 쿠클라Quill R Kukla가 지적하듯 틀린 게 많다. 성 차별적이고 이성애 중심적이다. 그리고 동의만 하는 게 아니라 열정적이기도 한 두 당사자 사이에 추가될 수 있고 또 그래야 하는, 끝없는 대화 형식의 더 나은 성적 협상 가능성을 놓치고 있다.[15]

또한 여성들이 언제나 욕망의 대상인 것은 아니며 사실 성적 매력이라는 측면에서 남자들에게, 크게는 사회에서 일상적으로 무시당한다는 점도 놓치고 있다. 길에서 던지는 추파를 생각해 보자. 늘 하듯이 휘파람을 불고 '섹시하다'고 외치는 남자는 단지 여자가 듣기 싫어할 만한 순수한 찬사를 보내는 것이 아니다. 자신의 판단, 즉 승인 도장, 축복을 내리는 것이다. 그는 자신을 여성 전반의 성적 가치, 즉 사회적 가치를 주관할 권리를 가진 사람으로 보고 있다. 매력을 풍기고 남자를 기쁘게 하고 달래고 섬기는 것은 그 여자의 일이다. 그리고 그의 판결은 긍정적이더라도 조건에 따라 달라진다. 여자가 자신을 무시하거나 거절하면 그는 여자를 잡년, 무성욕자라고 욕하거나 때에 따라 뚱뚱하고 못생겼다고 말을 바꾸고 자신이 한 말을 부정할 것이다.

그러니 추파를 던지는 행위는 감탄과 인정이 아니라 감시가 목적이다. 그리고 여기에서 빈정대는 거절뿐 아니라 음흉한 승인이 나올 수 있고 이는 성적 대상화에 관한 적절한 페미니즘적 설명이 반드시 고려해야 하는 문제다. 대상화에 관한 연구에서 빛나는 대상이 아니라 빛바랜 대상으로, 다른 사람들보다 흐리멍덩한 상대로 비치는 일부가 너무 적게 다뤄지는 것은 이상한 일이다.[16] 예를 들어 철학자 마사 누스바움Martha Nussbaum이 말한, 사람을 대상화하거나 (동일한 내용이지만 그녀의 표현에 따라) 타인을 객체로 대하는 일곱 가지 방식이라는 유명한 목록을 생각해 보자. 대상화는 다음을 수반한다.

1 다른 사람을 자신의 목적을 위한 수단으로 대함
2 다른 사람을 자기 결정 능력이 없는 사람으로 대하며 그들의 자율성을 부정함
3 그들에게 경험이 있다고 해도 고려할 필요가 없는 것으로 대하며 그들의 주관을 부정함
4 주체성이나 활동성조차 없는 기력 없는 사람으로 대함
5 훼손될 수 있는 것, 즉 박살 나고 깨지고 침범당할 수 있는 것으로 대함

6 소유하고 사고파는 것 등이 가능한 존재로 대함

7 대체할 수 있는 것, 즉 같거나 다른 형태의 사물로 교체할 수 있는 것으로 대함[17]

누스바움의 목록과 이후의 논의에는 대상화가 사람들을 종종 서로 비교하고 위계를 부여하는 방식에 대한 주의가 눈에 띄게 부족하다.[18] 사실상 대상화는 사람들을 대체물(같은 종류의 다른 사람과 교환할 수 있음)로 보는 것과는 거리가 멀고 사람을 평가하고 등급을 매기고 그들 사이에 미세한 차이를 두는 데에 강박적으로 관심을 둔다. 그리고 변할 수 있고 선형적이며 무한히 등급을 매길 수 있는 체중은 편리한 동시에 해로운 그 관심에 기반을 제공한다. 누구는 칭송받고 누구는 깎아내려지고 누구는 비난받고 쓰레기 취급을 당한다.

그리하여 일부 이성애자 남성이 여성 개개인의 외모를 평가할 뿐 아니라 비교하고 등급을 매기는 관행이 존재한다. 이 과정에서 누스바움의 대상화 목록 외에 철학자 레이 랭턴 Rae Langton이 말한 한 가지 요소, '신체 부위로 축소하기'가 일어날 수 있다.[19] 나는 이상적인 여자란 '에이미의 머리에 브룩의 몸'일 거라고 거들먹거리듯 쾌활하게 말한 우리 학교 남학생을 기억한다. '그럼' 10점 만점일 거라고 그는 자신 있게 알려주었다.

많은 이성애자 남성이 섹시한 부인과 여자 친구, 곧 그들

주변에서 통용되는 기준에 따라 높이 평가되는 성적 파트너에게도 강력한 특권 의식을 가지고 있다. 간단히 말해 그런 남자는 '자신이' 매력을 느끼는 것뿐 아니라 '다른' 남자가 그의 선택을 어떻게 평가하는지 역시 비슷하게, 혹은 더 많이 신경 쓴다. 이 평가는 다른 요인도 있지만 보통 여자의 체중과 반비례한다. 높은 평가를 받든 못 받든 소녀와 여성은 우리를 거부하는 형편없는 남자부터 우리가 나이 들고 축 처지고 체중이 늘기 전까지만 가치 있다고 여기는 형편없는 남자들까지 모두 존재하는 이러한 사회 구조로 인해 크게 고통받는다.

제이디 스미스Zadie Smith의 소설 『온 뷰티On Beauty』에서 백인 미술사학 교수인 하워드는 20년 넘게 결혼생활을 이어온 흑인 여성 키키를 두고 바람을 피운다. 키키는 여느 때처럼 다투는 와중에 남편이 고른 여자에 대해 소리 지른다. "내 주머니에 들어갈 만한 작은 백인 여자라니… 내 다리도 그 여자보단 무거울 거야. 이 동네 사람들 앞에서 내가 어떻게 보이겠어? 덩치 큰 흑인 여자랑 결혼했으면서 그깟 요정이랑 놀아나?"[20] 하워드가 조금 웅얼거리다가 부인의 다그침에 목소리를 높인다. "내 말은… 내가 사실은 날씬한 흑인 여자와 결혼했다는 거야." "빌어먹을, 계약 위반으로 고소라도 하고 싶어, 하워드? 제품이 예고도 없이 늘어났다고?"[21] 실제로 부인의 체중 증가를 금지하는 혼전 합의서 조항을 못 들어본 것도 아니다. 이 설정의 추악함이 다이어트, 미용, 그리고 이른바 웰빙 산업 형태로 후기 자본주의 전 분야를 뒷받침한다.[22] 이런 요소들은 여성혐오, 노인 차별, 비만혐오의 해로운 결합으로 유지되며 외모, 남자, 생명력을 잃는 불명예를 피하려는 자들에 의해 성실하게 자체 관리된다.

물론 뚱뚱한 소년과 남자 역시 비만혐오의 억압 효과로 고통받으며 특히 흑인, 트랜스젠더, 동성애자, 장애인 등 사회적으로 소외되는 위치에 있으면 더 그렇다고 다숀 L. 해리슨이 설득력 있게 주장한 바 있다.[23] 뚱뚱한 남성의 몸이 공격받는 것은 일부 뚱뚱함은 흔히 여성적인 특성으로 나타나고 따라서 뚱뚱한 남자는 남성성이 부족하다고 여겨지는 데서 나온다. 대표적으로 뚱뚱한 흑인 오페라 가수 리미 풀리엄Limmie Pulliam의 최근 이야기에서 나타나듯이 이들은 로맨틱한 역할을 할 수 없다고 여겨질 수 있다. 풀리엄은 뛰어난 보컬리스트였지만 20대 초반 업계에서 외모에 대한 조롱을 당한 후 십 년 넘게 노래를 그만두었고 집이나 교회에서도 노래를 부르지 않았다. 그리고 보안 요원과 수금업자로 일했다. 그러다 최근 마흔여섯의 나이로 카네기 홀에서 데뷔했다. 그는 감동적인 인터뷰에서 "저처럼 생긴 사람은 보통 저뿐이에요… 늘 고립되고 어울리지 못한다는 느낌이 있죠."라고 말했다. "이 업계에는 흑인 남자가 로맨틱한 역할을 맡는 걸 보기 힘들어하는 사람들이 있어요." 이는 뚱뚱한 흑인 남성과 기타 전형적이지 않은 다른 남자들에게 특히 사실이다. 풀리엄이 말하듯 "마치 몸집이 큰 사람은 놀려도 되고 경력을 쌓을 가치도 없는 것처럼…
'20킬로그램만 빼고 다시 연락해요. 그럼 라이브 오디션을 보게 해줄게요.' 같은 말을 하죠." 그에게 이런 말을 한 오페라 감독은 한 명이 아니었다.[24]

그러나 성적 비만혐오 및 그와 관련한 폭력을 경험할 확률이 훨씬 높은 부류는 여전히 소녀와 여성과 기타 소외된 성이다. 2014년 구글에 "내 딸이 과체중인가?"라고 묻는 부모가 "내 아들이 과체중인가?"라고 묻는 부모보다 두 배 많았다는 점에서 이를 알 수 있다. 남자아이가 과체중으로 분류될 확률이 약간 높은데도 말이다. (딸이 못생겼는지 묻는 부모 또한 거의 세 배 가까이 많았다. 구글 검색으로 어떻게 이런 질문에 답을 얻을 수 있는지는 지금도 수수께끼다.)[25] 이성애 관계를 맺은 소위 비만 여성의 약 90퍼센트가 남자 파트너에게 체중 때문에 괴롭힘이나 무시를 당한 경험이 있다는 점에서도 알 수 있다. 반대 경우는 이야깃거리 정도는 되지만 그만큼 흔하지는 않은 것으로 보인다.[26] '아빠 몸매dad bod'*는 섹시하다고 여겨지지만 '엄마 몸매'는 별로 그렇지 않다는 점에서도 알 수 있다. 그리고 내가 지난 십 년간 강단에 선 코넬 대학교에서도 최근 그랬던 것처럼 젊은 남성이 가장 뚱뚱하거나 무거운 여성을 누가 먼저 침대에

• 2010년대 중반 미국에서 근육도 있고 살도 적당히 찐 남자가 의외로 인기가 많다는 인식이 퍼졌다.

눕히는지 경쟁하는 '돼지 잡기' 또는 '돼지구이' 같은 해로운 관행에서도 볼 수 있다.[27]

돼지 잡기 관행은 뚱뚱한 여성은 어떤 남자의 관심이라도 고마워하므로 쉬울 거라는 저속한 가정뿐 아니라 뚱뚱한 여성을 향한 여러 이성애 남성에게서 보이는 양가감정에서 나온다. 그들은 우리를 성적으로 원하긴 하지만 우리의 성적 가치를 최소한으로 보거나 아예 없다고 본다. 그래서 우리를 공개적으로 인정하기는커녕 파트너로 진지하게 받아들이기를 꺼린다. 작가 한네 블랭크Hanne Blank가 기억하기 쉽게 이야기한 것처럼 "누군가 당신을 섹스할 만한 사람이라고 생각하는 것과 자신의 이미지에 맞게 지위가 높은 사람으로 보는 것은 다르다."[28] 그래서 우리 뚱뚱한 여성은 제대로 된 식사가 아닌 싸고 맛있는 간식, 정크푸드와 성적 등가물이 된다. 포장지는 뜯어버리고 부스러기는 털어내며 우리와 일을 끝낸 후에는 배는 채웠지만 희미한 혐오감이 들 것이다.[29]

고등학교에서 그런 일들을 겪은 후 인정받고 싶었던 나이든 남자들에게 종종 이런 식의 대우를 받은 것이 지금도 수치스럽다. 나는 결국 섹스를 하기 위해 전혀 돈을 내지 않아도 된다는 걸 배웠다. 하지만 십 대 후반의 내 성관계는 위험하고 부당하고 심하게 불만족스러웠다. 나는 더 나은 관계를 바랄 권리가 없다는 생각에 이십 대 초반에 살을 많이 뺐고 다행히 내 체중이 돌아오고 거기에 조금 더 늘었을 때도 나를 아름답게 대하는 남자를 만났다. 그 남자가 지금의 내 남편 대니얼이다.

이성애자 남성이 매력을 느끼는 뚱뚱한 여성을 학대하는 것은 괜한 행동이 아니다. 남자가 자신의 끌림을 드러내거나 어떤 식으로든 그것이 드러나면 그는 남자들뿐 아니라 여자들에게도 창피를 당하고 비웃음을 사고 무시당한다. 이것이 남자가 비만혐오에 따른 혐오감의 피해를 입는 또 다른 방식이다. 앞서 살펴보았듯이 이 혐오감은 뚱뚱한 여성만이 아니라 이들 옆에 앉는 남성에게까지 향한다.[30] 엘레나 페란테Elena Ferrante의 나폴리 4부작 가운데 마지막 소설 『잃어버린 아이 이야기The Story of the Lost Child』에서 화자 엘레나(레누라는 이름으로 나온다)는 지적이지만 무책임한 남자 니노를 짝사랑한 수십 년을 생각한다. 그는 상습적인 바람둥이로 수많은 아이를 태어나게 하고 방치한다. 그리고 오만하고 무례하며 구제할 수 없을 정도로 이기적이다. 하지만 레누는 어찌 됐든 그를 미치도록 사랑해서 남편을 떠나고 결국에는 음모를 꾸며 그의 아이, 임마를 갖게 되고 동거를 시작한다. 니노가 분명한 잘못을 저지르고 계속 외도를 했음에도 레누의 눈에 미친 그의 이미지에 결정적인 타격을 준 사건은 그가 늙고 뚱뚱한 데다 전혀 매력도 없는 하녀 실바나와 섹스한 것이다. 레누가 화장실에서 두 사람을 마주친 장면은 다음과 같다.

니노는 다 벗고 속옷 상의만 걸친 채 맨발로 서서 얇은 다리를 벌리고 있었다. 두 손을 세면대에 걸치고 몸을 앞으로 숙인 실바나의 커다란 팬티는 무릎까지 내려오고 펑퍼짐한 원피스는 허리까지 올라가 있었다. 그는 그녀의 육중한 배를 붙잡고 그녀의 성기를 만지작거리다가 원피스와 브라 위로 튀어나온 거대한 가슴을 움켜쥐고 자신의 납작한 배를 여자의 크고 하얀 엉덩이에 찔러댔다.[31]

레누는 어린 임마를 데리고 아파트에서 달아나면서 "나는 눈물도 흐르지 않고 고통스럽지도 않다는 걸 깨달았다. 오직 공포심으로 얼어붙었다."고 말한다. 그리고 다음과 같이 말을 잇는다.

단단한 성기를 나이 든 여자—내 집을 청소하고 나를 위해 장을 보고 요리하고 내 아이들을 돌보던 여자, 생존을 위한 몸부림으로 점철된 크고 지친 여자, 그가 저녁에 데려오는 세련되고 우아한 여자들과 완전히 반대인 여자—의 성기에 집어넣다가 걸린 그 남자가 내 젊은 시절의 남자라는 게 가능한가?[32]

그렇다, 그녀는 드디어 그가 누구인지 깨닫는다. 하지만 레누의 눈에 비친 니노가 더러워진 것은 여자와 노닥거리거나 착취적 성행위를 해서가 아니라 뚱뚱하고 나이 든 노동자 계급의 여성을 선택하는 이질적이고 추한 모습을 보였기 때문이다.[33] 도마뱀 두 마리의 짝짓기를 보는 것과 다르지 않을 충격을 느낀 레누에게 혐오감이 번진다.[34] 이후 그녀가 그 뚱뚱한 여성과 마른 니노의 터무니없는 섹스 장면에 받은 충격은 결국 분노와 증오로 바뀐다.[35] "나는 그 순간까지 누구도 미워한 적이 없었던 것처럼 니노가 미웠다."[36] 니노가 실바나를 강간하고 있었을 수도 있다는 생각은 레누의 머리에 떠오르지도 않았고 그랬다고 해도 신경 쓰지 않았을 것이다.

우리 뚱뚱한 소녀와 여성은 우리를 비난하는 동시에 원하는 소년과 남자에 맞선다. 그 싸움에서 지면서 뭔가 아쉬운 점이 남는다. 하지만 레누의 서사는 나에게 고통스러운 진실, 즉 소녀와 여성은 성적 비만혐오를 영구화하는 데 결정적인 역할을 한다는 점을 알려준다. 그리고 이들은 비만혐오를 내면화할 뿐 아니라 고의로 무기화해서 다른 소녀와 여성을 단속하고 자신의 상대적 지위를 끌어올린다.

내 인생에서 만난 모든 남자의 뒤에 다른 여자가 있었다. 초등학교에 다닐 때 한 학년 위 여학생이 다른 학교에 다니는 마크라는 남자애가 나를 좋아하는 것 같다고 말했다. 내가 의심스러워하자 그녀는 잔인한 미소를 지으며 마크는 약간 통통한 여자를 좋아한다고 했다. 그러나 결국 마크는 지어낸 인물이라고 지루하다는 목소리로 인정했다. 마크는 나를 좋아하지 않았을 뿐 아니라 존재하지도 않았다.

그녀는 왜 마크를 만들어냈을까? 그저 나를 약 올리고 자신의 많은 남학생 친구들과 웃고 즐기기 위해서였다. 남자아이가 나를 '그런' 식으로 좋아한다는 생각 자체가 정말 웃겼던 것이다.

나를 작은 엘비라라고 부른 모든 닉 뒤에는 이모가 있었다. 그녀는 우리 가족 앞에서 나를 '가슴이 크고 인상이 강한 여자애'라고 묘사했다. 내 얼굴이 잿빛으로 변하는 걸 보더니 히죽히죽 웃으며 "기분 나쁠 것 없어. 나도 그렇거든."이라고 말했다. 또 한 번은 나에게 극단적인 다이어트를 해서 가슴이고 뭐고 싹 줄여야 한다고 했다. 이때는 극도로 화가 났다. 불공평하게도 나는 지금도 화가 난다.

모든 키런에게는 캔디스가 있었다. 캔디스는 내가 다니던 남학생 많은 학교의 여학생으로 친한 남자애들에게 나는 뚱뚱하니까 (어떤 식으로든) 나를 좋아할 생각은 하지 말라고 경고했다. 그녀는 그런 말을 숨기는 예의조차 차리지 않았다. 학교가 시작하기 전날 캔디스는 이제 막 시작된(하지만 전혀 자라지는 못한) 우정을 기념하는 표시로 나를 하룻밤 집에 초대했다. 그때 같은 학교 남학생이 집 전화로 전화를 걸었고(1990년대였다) 캔디스는 나와 함께 있다고 이야기했다. 그 남자아이가 "케이트 어때?"라고 물었는지 자기가 지금까지 만난 사람 중 내가 가장 똑똑하고 꼭 사전을 씹어먹은 것 같다고 말했다. (나는 너무 창피해서 얼굴을 붉히면서도 그 묘사가 나를 좋게 말한 게 아님을 깨닫기 시작했다.) "그리고 케이트는… 그게 …." 캔디스는 음모를 꾸미듯 내 몸을 곁눈질하면서 말을 덧붙였다. "매들린 데이비스 수준은 아니지만… 하여튼 그래." 매들린 데이비스는 우리가 다닌 학교에서 가장 뚱뚱한 여학생이었다. 나는 수치심에 몸이 움찔했다. 그리고 부끄럽게도 그녀를, 그리고 나를 변호하지 못했다는 게 최근 생각났다.

소년과 남자가 소녀와 여자인 우리에게 무엇을 바라는지 그토록 세심히 관찰하는 것이 놀라운 일은 아니다. 그런 관찰을 통해 남자들을 기쁘게 할 약간의 힘이 생길 수 있다. 여성혐오에서는 '좋은 여자'와 '멋진 여자'를 구분하고 나머지를 벌한다. 그리고 이런 구분은 여성 연대를 어렵게 할 수 있다. 내가 주장한 것처럼 여성혐오는 비만혐오에서 강력하고 편리한 동맹을 찾아, 몸매, 가슴 크기, 허리와 엉덩이 비율 및 다양한 특권 지표에 따라 유용하게 복잡해지고 무한히 등급을 매길 수 있는 체질량 지표를 기반으로 소녀와 여성 사이에 손쉬운 위계를 구축한다.

일부 비만 수용 활동가와 옹호자들은 비만혐오의 목표는 뚱뚱한 사람을 제거하는 것이며 뚱뚱한 신체를 향한 일반적인 태도는 본질적으로 집단 학살과 다르지 않다고 말한다. 이 의견을 부정하지는 않지만 늘 그렇다고 확신하지는 않는다. 우리가 존재하지 않는다면 날씬한 사람들이 우월감을 느낄 만한 상대가 상당히 줄어들 것이다.

캔디스는 나중에 중년의 아버지가 내 몸매를 보고 "걔 '정말' 매력적이더라."라고 말했다면서 아버지의 곁눈질하는 표정을 흉내 냈다. "조금 거슬렸어. 아빠는 너를 원하는 것 같아, 케이트. 역겨워."

십 대 시절 눈알을 굴리거나 혹은 더 심한 행동으로 나를 곤란하게 만든 나이 든 남자는 캔디스의 아버지만이 아니었다. 그 안에 요즘 내 고등학교 시절을 이야기하면 사람들에게 종종 듣는 질문에 대한 답이 들어 있다. 나는 왜 떠나지 않았을까? 왜 남학교에서 끔찍한 두 해를 참고 있었을까? 물론 자애롭고 정성스러운 부모님에게 상황을 이야기할 수도 있었고 그랬다면 두 분이 뭔가를 했을 것이다. 나도 그럴 수 있었고 부모님도 그랬을 것이다. 왜 그러지 않았는지 짧게 말하자면 나는 얼어 있었고 고집스러웠다. 하지만 전체적인 이야기는 그 전 학교에 있던 음악 선생님의 크고 분주한 손에 있었다. 사실을 이야기해서 그곳으로 돌아가고 싶지 않았다. 갈 수 없을 것 같았다. 그리고 돌아가지 못하는 이유를 말할 용기가 내게는 없었다.

그 선생님은 갑자기 떠났다. 아마 다른 학생들이 내가 하지 못한 이야기를 꺼낸 것 같다. 하지만 그의 냄새는 여전히 사방에 남아 학교 전체에 퍼졌다. 그 선생님을 생각할 때마다 후각 환각처럼 냄새가 다가온다. 지금도 모퉁이와 복도와 계단에서 그의 애프터셰이브 냄새가 난다.

신뢰하는 남자 선생님에게 그 일을 털어놓으면서 나는 다른 사람에게는 말할 수 없었다고 이야기했다. 그리고 신고하지 말아 달라고 애원했다. "아무도 제 말을 안 믿을 거예요." 내가 느릿느릿 말했다. "저는 예쁜 애가 아니잖아요. 누가 절 원하겠어요? 아무도 없죠." 못생겼다 혹은 뚱뚱하다는 말을 내 입으로 꺼낼 수는 없었다. 하지만 내 말의 진짜 의미는 그거였다.[37]

여학생이 다닐 수 있는 안전한 학교 환경을 원했던 나는 훨씬 더 나쁜 환경에 들어갔다. 열네 살 나이에 이미 중요한 사회적 지식을 직감했다. 뚱뚱한 여자아이는 섹스하기도 힘들 뿐 아니라 믿을 수 없는 사람으로 비친다는 것을.

6장

돌발지 않다

열여덟 살에 대학 1학년이 된 나는 사랑에 푹 빠졌다. 경이로 시작되는 것으로 잘 알려진 철학이라는 학문에 빠져들었다. (플라톤이 소크라테스의 입을 빌려 말한 것처럼 "경이는 철학자의 감정이며 철학은 경이에서 시작한다."[1]) 하지만 내가 사랑했고 지금도 사랑하는 학문은 그 사랑을 늘 돌려주지도 않았고 나를 선뜻 받아주지도 않았다. 철학 학회에서 발표하거나 학과에서 그저 돌아다니기만 해도 나는 종종 비서, 도우미 또는 마흔이 다 된 나이에도 학생으로 오해받는다. 처음으로 참석한 전문가 워크숍에서 만난 남자 선배 한 명이 나를 위아래로 훑어보면서 "철학자 같지 않네."라고 말했다. 한번은 내가 기조 강연을 맡았는데, 그 전에 가볍게 이야기를 나눈 교수가 내가 강연자라는 걸 알고 깜짝 놀라면서 당혹스러워한 것을 사과한 일도 있었다. 내가 당시 임신 7개월째라서 매끼 포만감이 들 때까지 먹을 권리가 있을 뿐 아니라 아기를 위해 먹을 의무까지 있었던, 인생에서 몇 번 안 되는 시기다 보니 평소보다 더 뚱뚱했다는 점은 별로 도움이 안 됐을 것이다.

웃으며 강단에 섰지만 덜덜 떨렸다. 내 모습이 불안하기만 한 게 아니라 사기꾼이 된 것 같았다. 이게 '가면 증후군impostor syndrome'•이라는 명칭의 문제다. 한 사람이 말 그대로 사기꾼 취급을 받는다면 이는 심리적 상태라기보다는 사회적 현실을 정확하게 반영했다고 할 수 있다.

철학계라는 사회의 현실은 글쎄, 그렇게 좋은 편은 아니다. 우리는 다양하지 않다.[2] 현재까지 이곳은 다른 어떤 인문학 분야보다 백인 남성이 지배하고 있다(역사학이 멀리에서 뒤를 잇는다).[3] 미국의 철학 교수진 가운데 여성은 최근 겨우 17퍼센트에 도달했다.[4] 우리는 순수 수학과 물리학을 비롯한 STEM(과학·기술·공학·수학)과 비슷한 정도로 다양성이 부족하다.[5] 인종 차별과 함께 성희롱 문제도 심각하다.[6] 점점 트랜스젠더를 비롯

• impostor는 사기꾼을 뜻하고, impostor syndrome은 남들 생각만큼 뛰어나지 못한 실체를 들킬 것을 두려워하는 심리를 일컫는다.

해 계급, 장애인에 관한 혐오도 심해지고 있으며 비만혐오 또한 심각한 수준이다.[7]

이 책을 쓰면서 궁금할 때가 많았다. 나는 어디에서 뚱뚱한 내 몸을 미워하라고 배웠을까? 물론 책, 영화, TV 등 수많은 출처를 통한 문화에서 배웠다. 나를 놀리던 남자아이들과 나랑 자고도 미묘하게 또 노골적으로 내 몸이 문제라고 말한 남자들에게 배웠다. 나와 자신과 다른 사람의 뚱뚱한 몸을 유심히 살피고 감시하고 무시함으로써 이 시스템을 공고히 한 소녀와 여성에게 배웠다. 의사의 진료실부터 거리의 사람들과 인터넷에 퍼진 일반적인 혐오 반응까지, 우리가 살펴본 것처럼 비만혐오는 어디에나 있다.

하지만 내 경우에는, 그리고 많은 다른 사람들에게도 그보다 더 많은 이야기가 있다. 철학자로 일하면서 나는 이 학문의 비만혐오가 나에게 깊은 영향을 미쳤다는 것을 깨달았다. 이곳은 뚱뚱한 몸이 도덕적, 성적 문제일 뿐 아니라 지적 실패의 신호이기도 하다는 것을 역시 미묘하게 또 노골적으로 전달한다. 그리고 이런 메시지는 학문과 학계 전반을 훨씬 넘어서는 의미를 내포하고 있다. 철학자는 더 넓은 지적 문화를 반영하기도 하고 그곳에 영향을 미치기도 한다. 우리는 좋든 나쁘든, 공정하든 아니든, 최고의 인문학이자 지적 권위의 근원으로 간주된다. 그러므로 이 분야의 비만혐오를 연구하면 훨씬 더 큰 현상, 즉 우리가 뚱뚱한 몸 안에 거주하는 정신을 어리석은 것보다도 못하다고 본다는 사실을 렌즈, 혹은 확대경으로 들여다볼 수 있다.

특성상 이성과 합리성을 강조하는 철학은 그런 자질이 이학문을 지배하는 호리호리하고 부유한 백인 남성의 영역이라고 생각한다. 한 명 이상의 저자가 학계 전반에 뚱뚱한 사람들이 부족하다고 지적한 일이 있다.[8] 어쩌면 힘 있고 단단한 논쟁을 칭찬하고, 늘어지고 화려한 (그리고 암묵적으로 여성스러운) 산문을 비판하는 것이 놀라운 일은 아닐 것이다.[9] 세계를 보는 틀이라 할 수 있는 형이상학에서 우리는 금욕, 또는 20세기 철학자 W. V. O. 콰인Quine이 말한 사막 풍경desert landscape*에 대한 애호를 자랑스러워한다.[10] 그리고 대중의 상상력에서 뚱뚱한 몸은 과잉, 낭비, 중복을 나타내지 않는가?[11]

콰인은 1948년에 쓴 글에서 철학은 정량화할 대상을 식별할 때(또는 별개의 개체로 셀 때) 되도록 검소해야 한다고 말했다. 그는 실제 존재하는 개체와 함께 가능 개체**가 자체적으로 존재한다는 생각에 반대하는 논리를 펼쳤다. 그리고 뚜렷한 거부감을 가지고 이 형이상학적 그림을 기술했다. "(그런) 과잉 우

_____

• 어떤 현상을 해석하는 데 적용되는 우리의 인식 체계를 비유적으로 설명하는 개념. 이는 현상의 복잡성 속에서 진실을 이해하려는 우리의 시도가 종종 빈약하고 부족함을 나타낸다.

주는 여러 면에서 보기 좋지 않다. 그것은 우리처럼 사막 풍경을 좋아하는 사람들의 미적 감각을 해친다. 하지만 최악은 그것이 아니다. 이 가능성의 빈민가는 무질서한 요소들의 온상이다. 어떻게 이 빈민가에서 가능성일 뿐인 요소들을 세겠는가? 예를 들어 저 출입구에 서 있는 뚱뚱한 가능 남자를 생각해 보라. 또 같은 곳에 선 대머리 가능 남자를 생각해 보라. 그들은 가능 남자 하나인가? 아니면 가능 남자 둘인가? 어떻게 정하는가? 그 출입구에는 가능 남자가 몇 명이나 있는가? 마른 가능 남자보다 뚱뚱한 가능 남자가 더 많은가?"[12] (아무래도 콰인의 시야에 여자는 없었던 것 같다.)

여기에서 계급주의적이기도 하고 비만혐오적이기도 한 비유를 들어 코믹한 효과를 노린 것(뚱뚱한 남자는 단지 가능성일 뿐인데도 마른 남자보다 자리를 더 차지하나?)은 분명 어느 정도 고의적이었다.[13] 콰인이 학계에서 스타일의 대가, 유행을 선도하는 학자가 된 데는 이런 점도 작용했다. 그는 그 모든 계급적 풍요로움 속에 부풀어 오른 우주에 반대하는 논의만 펼치지 않는다.[14] 때로는 합리적인 논쟁보다 효과적인 냉소를 함께하자고 독자들을 초대한다. 앞서 살펴본 것처럼 혐오감은 쉽게

•• 현실 세계와 대비되는 가능성의 세계에 존재하는 개체. 가능 세계론은 분석 철학과 논리학에서 필연성, 우연성 따위를 다루기 위한 이론적 장치이며 양상실재론에서는 가능 세계가 실제 세계와 함께 실재한다고 본다.

전파된다. 모든 도덕적 감정 중에 가장 잘 옮는다. (어느 정도 그럴 만한) 대상에 스며들고 얼룩지고 달라붙는다.

그래서 뚱뚱한 철학자인 나는 세상에서 내 몸이 수행하는 역할을 조화시키기 위해 오랫동안 분투했다. 나는 이를, 재미를 좀 보태서 '몸-마음' 문제로 생각한다.[15] 때로 고故 메리 올리버 시인이 말한 나의 부드러운 짐승을 날카로움, 명료함, 정확성을 자랑으로 삼는 학문을 대표하도록 내보낸다는 생각을 하기 힘들었다. 내 부드러운 경계에 배신당한 것 같았다.

이 잘못된 이분법은 일부 내 머릿속에 존재하지만 다른 사람들도 마찬가지다. 나는 최근 철학 입문 교과서에 실린 18세기 유명 철학자 데이비드 흄David Hume의 사진에 "그 정신의 민첩함과 날카로움은 둔한 외모에 완전히 가려져 있었다."라는 설명이 쓰였다는 걸 알게 됐다.[16] 다른 뚱뚱한 철학자들도 몸이 지능을 가린다는 경고를 받은 것이다. 그리고 종종 우리는 대화의 당사자가 아니라 코미디, 일회용품, 문제점 같은 대상 취급을 당한다. 여자와 넌바이너리는 말할 것도 없고 그 많은 뚱뚱한 남자가 철학의 출입구에 머물거나 아예 처음부터 철학에 접근하지 않는 것도 놀라운 일은 아니다.[17]

뚱뚱한 남자는 철학에서 더 가혹한 운명과 모욕도 겪었다. 윤리학에서는 악명 높은 트롤리 문제 덕에 웃긴 인물인 동시에 폭력의 현장이 되기도 한다. 20세기 철학자 필리파 풋Philippa Foot이 고안한 이 상상력 연습에서는 제동 장치가 고장 난 기차가 돌진하면서 알 수 없는 이유로 선로에 묶인 불운한 다섯 명을 죽이려고 한다. 당신은 레버를 당겨 기차의 방향을 바꿈으로써 다른 선로에 묶인 운 나쁜 영혼 하나만을(이번에도 이유는 모른다) 죽일 수 있는 위치에 있다. 이 여섯 사람은 모두 어느 정도 도덕적으로 동등하다. 이를테면 살인자도 아니고 암 치료법을 알고 있거나 하지도 않은 선량하고 건전한 시민들이다. 그럼 레버를 당겨야 할까?[18] 이는 윤리학 입문 첫 시간에 자주 등장하는 질문 가운데 하나다.

학생들은 대부분 레버를 당겨야 한다고 말한다(많은 학생들이 어떤 일이 일어날지 예상하고 몸을 움찔하긴 하지만). 하지만 이때 문제가 등장한다. 레버를 내려 한 사람만 죽이도록 기차의 방향을 바꾸는 위치가 아니라 다리 위에서 뚱뚱한 남자를 옆에 두고 기차가 다섯 명을 향해 돌진하는 걸 지켜보고 있다고 해보자. 당신은 자신은 아마도 몸이 날씬해서 안 되겠지만 옆에 있는 남자를 밀어 떨어뜨리면 그 무게로 기차가 멈출 수 있다는 걸 깨닫는다. 남자를 밀면 그 사람은 죽을 것이다. (어찌 된 일인지 당신은 이 모든 상황을 다 알고 있다.) 현재 선로에 묶인 다섯 사람을 구하기 위해 뚱뚱한 남자를 기차가 다가오는 선로 위로 밀어야 할까?[19] 다시 말해 이 주제를 다룬 책이 제목으로 붙인 직설적인 질문처럼, 뚱뚱한 남자를 죽이겠는가(Would you kill the fat man)?[20]

두 문제 모두 다섯 명을 살리기 위해 한 명을 죽이겠냐는 같은 형태인데도 학생들은 이 질문에는 그러겠다는 대답을 꺼리는 경우가 많다.[21] 그리고 이 질문은 뚱뚱한 남자를 다리에서 직접 밀어서 해치는 밀착된 방식이 단지 레버를 당겨 사람 위로 지나가는 기차가 멀리 있는 사람을 해치게 하는 것보다 정말 더 나쁜지 묻는다. 어쩌면 우리는 그저 직접 사람을 미는 걸 더 꺼릴 수도 있다.

이런 잔혹한 도덕적 계산을 어떻게 생각하든 뚱뚱한 남자에 대한 묘사와 이 사람이 추락할 가능성은 비극은커녕 냉정함보다는 웃음을 끌어낸다. 이런 사고 실험은 철학에서 특정인의 신체를 그다지 중요하지 않게 여기고 심지어 버려도 되는 것, 증거가 되는 예를 제시하기 위해 언제든 뭉개도 되는 것으로 취급하는 유일한 경우도 아니다. 급하게 물이 차오르는 동굴 입구에 뚱뚱한 남자가 갇혀 있다고 상상하는 비슷한 비만혐오 사례가 또 있다. 동굴 안에 있는 사람들은 한 사람이 기꺼이 준비해 둔 다이너마이트로 뚱뚱한 남자를 터뜨리지 않으면 익사할 것이다. 이 사람들은 다이너마이트를 터뜨려야 할까?[22]

이번에도 질문에 대한 답이 무엇이든 꼭 이런 식으로 '생각해야' 할까? 일반적인 사람의 몸, 특히 뚱뚱한 몸을 겨우 코믹한 효과를 위한 소품, 혹은 집요하게 도덕적 원칙을 찾아내는 과정에서 뚫어야 하는 구멍쯤으로 생각하도록 학생들을 가르쳐야 할까? 철학을 공부하면서 내가 한때 그토록 사랑하던 합리적 무자비함, 그리고 무자비한 합리주의가 이제는 때로 깊고 지속적인 불쾌감을 준다.

그래도 나는 여전히 이곳에 머문다. 사람들이 사회 정의 문제를 비롯한 주요 전투에서 싸울 때 이들에게 도구를 쥐여 주는 철학의 힘을 믿기 때문이다. 우리는 의견 일치를 보는 일이 드물고, 유익하고 지적인 충돌에서 융성하는 학문의 일원으로 학생들에게 집단 연구를 통한 실례를 들어 귀중한 가치를 가르칠 수도 있다. 사회적 위계에서 어떤 자리를 차지하든 우리에게는 질문할 권리가 있다. 사회적 지위가 더 높은 사람에게 동의하지 않을 권리가 있고, 충분히 사려 깊고 세심하고 마음이 열려 있다면 논쟁에서 더 유리할 수도 있다. 심지어 앞으로 살펴보겠지만 인간이 가진 욕구의 본성에 관한 고대 그리스 철학자 플라톤이나 아리스토텔레스처럼 존경받는 상징적 인물의 의견에도 동의하지 않을 권리가 있다.

플라톤이 볼 때 대식가는 철학자가 될 수 없었다. 그는 중세 이전까지 가장 널리 읽히고 많은 영향을 끼친 대화록, 『티마이오스』에서 인간의 몸과 그 기능을 세계 창조에 관한 더욱 폭넓은 질문 맥락에서 이론화한다. 이는 욕구의 본성, 그리고 욕구와 이성 또는 합리성의 관계에 대한 흥미로움으로 이어진다. 그는 인간의 혼을 불사하는 부분과 사멸하는 부분으로 구분한다. 불사하는 영혼에는 지능과 이성이 들어 있는 반면 사멸하는 영혼에는 고통, 기쁨, 그리고 열정과 감정을 느끼는 능력 등 "끔찍하지만 꼭 필요한 방해 요소가 들어 있다." 이런 방해 요소는 세상을 살아가는 데 필요하지만, 불사하는 신성한 영혼을 얼룩지게 할 수 있어 위험하다.[23] 역사학자 수전 E. 힐이 말한 것처럼 "정의는 감정과 감각에 굴복하지 않고 이를 통제하는 이성의 능력에 달려 있다."[24]

플라톤은 우리의 합리적 부분인 불사하는 혼이 머리에 산다고 생각했다. 사멸하는 혼은 몸통의 여러 부분에 거주하며, 가정에서 '남성의 영역과 여성의 (생활) 영역이 구분되듯' 분리되어 있다. 사멸하는 혼의 더 우월하고 남성적인 영역, 특히 심장과 폐는 횡격막 위쪽에 자리한다. 플라톤의 인물 티마이오스는 다음과 같이 사색한다.

이제 사멸하는 혼에서 남자다움과 기개를 드러내는 야심 찬 부분은 이성의 말을 들을 수 있도록, 그리고 욕구를 구성하는 부분이 이성의 명령에 복종하기를 대놓고 거부하면 언제든 이성과 함께 힘으로 제지할 수 있도록 목 가까운 곳에 자리 잡았습니다.[25]

사멸하는 혼의 열등한 부위인 소화 기관은 이론상 신체 영양을 위한 구유 같은 것이다. 우리를 창조한 신들은 소화 기관을 숙고하는 부위인 머리에서 되도록 멀리 두어 그 거친 부위인 위의 외침과 잡음이 정신의 신중함을 방해하지 않게 했다.[26] 간은 머리가 보낸 심상과 환영으로 욕구가 이성에 복종하도록 겁주는 역할을 한다.[27] 한편 장은 음식이 우리 몸을 통과하는 속도를 늦춰서 우리가 포만감을 느낄 수 있게 한다. 티마이오스는 "인류를 창조한 신들은 우리가 음식을 통제할 수 없을 것을 알고 있었습니다. 우리가 식탐으로 인해 적정량보다 훨씬 많은 양을 소비하게 될 것을 알고 있었어요."라고 말한다. 탐욕스러운 위에 계속해서 음식을 넣지 않아도 되는 것은 장 덕분이다. 계속 음식을 먹었다면 "식탐으로 인해 온 인류가 철학과 교양을 놓치고 우리 내면의 가장 신성한 부분에 주의를 기울일 수 없었을 것이다."[28] "『티마이오스』에서는 모든 욕구 가운데 식탐이 철학에 가장 큰 위협으로 나타난다."라고 힐은 적었다.[29]

따라서 우리는 머리가 위장을 지배한다는 인체 '내부'의 위계 이론이 합리적 자제심 또는 욕구를 제어하는 능력의 정도에 따라 쉽게 다른 인체의 위계를 정하는 근거가 될 수 있음을 알 수 있다. 그리고 이는 결국 뚱뚱한 신체를 향한 의심으로 이어졌다. 앞에서 살펴본 것처럼 이런 신체에 사는 사람들은 시간이 지나면서 그러한 자제력을 갖추지 못했다고 의심받게 되었기 때문이다.[30]

플라톤은 『티마이오스』에서 대개 남자의 신체 창조에 초점을 맞추지만 여자의 몸이 만들어진 이론도 보여주었다. 예를 들어 이렇게 말했다. 식탐을 부려 합리성을 거부한 남자들의 첫 세대는 "다음 세대에 여자로 다시 태어났다."[31] 이에 따르면 플라톤에게 있어 여성성은 욕구에 깊이 뿌리를 내리고 있으며 인간의 무질서하고 심지어 부당하기까지 한 특성에 맞춰져 있다고 힐은 주장한다.[32]

하지만 앞서 살펴보았듯이 플라톤에게 뚱뚱한 몸은 비판의 대상이 아닌 것으로 보인다. 플라톤이 인체 비례에 큰 관심을 보인 것은 사실이지만, 영혼이 작은 사람의 큰 몸만큼이나 영혼이 큰 사람의 작은 몸 역시 걱정했다. 힐은 다음과 같이 적었다.

> 플라톤이 집중한 비례에 따르면 만일 큰 몸에 그와 어울리는 큰 영혼이 있으면 균형이 갖춰질 가능성이 생긴다. 번역가 도널드 제일Donald Zeyl은 플라톤이 언급한 큰(거대한) 몸에 뚱뚱한 몸이 포함될 수 있지만 반드시 그런 것은 아니며 크고 비율이 잘 잡힌 몸이 확실히 있을 수 있다는 데 동의한다. 이런 관점에서 뚱뚱한 몸이 반드시 비율이 안 맞는 것은 아니고 신체가 영혼을 지배할 때만 그런 것이다. 그러므로 플라톤이 볼 때 뚱뚱한 사람은 철학자가 될 수 있지만 식탐이 많은 사람은 그럴 수 없고, 뚱뚱한 사람의 외양에 도덕적 판단이 필연적으로 따라오지는 않는다.[33]

결론적으로 플라톤은 식탐에 반대했지만 뚱뚱함에는 그렇

지 않았다. 영혼이 위대한 사람의 몸이 뚱뚱하거나 크면 신체와 정신이 조화를 이루므로 모든 것이 훌륭했다.

플라톤의 제자 아리스토텔레스는 즐거움에 대한 의심은 그보다 더 적었지만 식탐을 더 낙관적으로 보지도 않았다. 아리스토텔레스는 『니코마코스 윤리학』에서 인간의 덕이 인간 행동의 양극단 혹은 과잉 사이의 중간에 있다는 '중용론'을 주장한 것으로 유명하다.[34] 예를 들어 용기는 비겁함과 무모함이라는 극단 사이의 중간이다.[35] 하지만 인간의 삶에는 한 극단이 다른 쪽보다 더 유혹적이거나 더 흔한 영역이 확실히 있다.[36] 욕구가 그런 영역 가운데 하나로 여기서 찾아볼 수 있는 '탐닉'이라는 악덕은 지나친 성욕뿐 아니라 식탐[37]도 아우른다. 이것은 때로 쾌락에 대한 감각 둔화 혹은 무감각함으로 번역되기도 하는데, 이보다는 전자의 의미인 탐닉이 훨씬 더 큰 문제로 다뤄진다.[38] (아리스토텔레스는 "쾌락을 즐기는 능력이 부족한 사람은 다소 드물어서 이런 사람을 지칭하는 명칭이 없으니 무감각한 사람이라고 부르자."라고 제안한다.[39]) 종합하면 인간의 욕구는 절제의 덕뿐 아니라 궁극적으로는 그러한 덕을 적절히 실행할 때 나타나는 행복('에우다이모니아')을 가로막는 잠재적 장애물로 이해된다. 그리고 우리가 행복하다면 그것은 부분적으로 불량스러운 욕구를 품지 않고 우리에게 좋은 것을 원해서이다.[40]

그러므로 철학자이자 번역가인 C. D. C. 리브Reeve가 현대 독자에게 아리스토텔레스의 덕 있는 행위에 관한 이론을 설명하면서 음식을 가장 중요하게 다룬 것은 놀랍지 않다.

예를 들어 우리가 점심 메뉴를 보고 있다고 하자. 우리는 선, 또는 행복을 바란다. 우리는 주어진 상황에서 어떤 행동을 해야 이를 가장 증진할 것인지 숙고한다. 생선을 주문해야 할까… 아니면 라자냐를 시켜야 할까?[41]

여기서 가장 이상적인 선택은 건강에 좋다고 하는 생선을 우월한 음식으로 인식해서 그것을 원하고 주문하는 것이다. 그럼 앞서 말한 절제의 덕이 구현된다. 다음은 자제력(때로는 금욕이라고도 한다)을 발휘해서 라자냐를 바라면서도 생선이 더 좋다는 것을 인식하고 대담하게 생선을 주문하는 것이다. 그다음은 '아크라시아', 즉 의지 부족인데 이때는 생선의 합리적 우월성은 여전히 인식하지만 그래도 라자냐가 먹고 싶어서 주문한다. 최악은 라자냐를 떠받들 정도로 심각하게 잘못된 세계관을 지니는 것이다. 리브는 이 사람이 치즈까지 추가한 라자냐와 아이스크림 후식도 시켜서 지방, 소금, 설탕을 찾는 입맛을 충족시켰다고 뿌듯해하는 뻔뻔함을 보인다고 상상한다.[42]

이 사람의 사악함, 즉 이른바 악덕이 무엇을 설명하는가? 무엇이 그들에게 좋은지(이번에도 잠정적으로) 잘못 인식하는 것이 무엇을 설명하는가? 리브는 아리스토텔레스의 입장에서 나쁜 습관, 특히 어린 시절에 생긴 나쁜 습관이 문제라고 말한다.

좋은 식습관을 길렀다면 식단과 관련해 무엇이 좋은지에 대한 개념이 달랐을 것이다. 생선과 샐러드를 원하고 즐기지

라자냐와 아이스크림을 갈망하는 일은 전혀 없었을 것이다. 만일 의지와 자제심이 약한 사람이라서 그게 안 된다면 적어도 라자냐와 아이스크림을 바라지는 않았을 것이다.[43]

내가 보기에 이것은 대단한 희망 사항에 불과하다. 그리고 그 결과는 아리스토텔레스와 아동 비만에 대한 걱정 비슷한 조롱이 만난 의외의 조합이다.

나는 절제나 자제심 같은 개념은, 뭐, 어느 정도는 문제없다고 생각한다. 인생의 많은 영역에서 다양한 유혹이 손짓할 때 일을 완수하고 하던 일을 계속하고 주변을 도우려면 그런 자질이 필요하다. 하지만 음식을 대할 때 이런 생각을 하면 오히려 음식에 집착하는 부작용이 생길 수 있다. 음식을 제한하면 식이 장애와 기타 신체 및 정신 건강 문제가 나타날 수 있다. 이는 사람들에게 몇 달 동안 반 굶주림 상태가 될 정도의 음식을 배급한 (유명하고도 소름 끼치게 비윤리적인) 1940년대 미네소타 굶주림 실험Minnesota Starvation Experiment에서 명확하게 드러났다. 참가자들은 대부분 음식에 집착하게 됐고 일부는 요리책을 뚫어지게 보며 힘없이 사진을 핥기도 했다. 또 음식 꿈을 꾸고 음식 환영을 보고 하루 두 번 지급되는 식사에 시간을 끌었다.[44] 많은 사람이 우울, 짜증, 불안을 겪었고 뼈만 남았다. 식단 조절이 정신 건강에 미친 영향은 재급식 과정으로 체중을 회복한 후에도 이어지는 경우가 많았다. 이들은 하루 1,500

176

칼로리 정도를 섭취했는데 요즘 많이 쓰는 다이어트 앱이나 의사가 정한 기준보다 높다.

또한 이 정도로 극단적이지는 않아도 식이 제한이 문제가 될 수 있다는 증거는 많다. 무엇을 먹을지 얼마나 먹을지 제한하는 데 노력을 많이 들이는 사람은 다이어트를 중단하는 상황이 되면 폭식하는 경향이 있다.[45]

게다가 실증적 증거와 임상의들의 실질적인 전문 지식에 따르면 아이들은 다양한 음식을 좋아하고 인식하도록 교육할 때 가장 건강하다. 이런 사실을 알게 된 지 이제 어느 정도 시간이 지났다. 1920년대와 1930년대 클라라 데이비스Clara Davis는 음식을 펼쳐놓고 직접 고르게 한 아이들이 식욕을 만족시키는 음식뿐 아니라 좋은 식단에 해당하는 음식에도 본능적으로 끌리는 것을 보여주었다.[46] 2006년 연구에서는 반대로 아이들에게 채소 수프를 다 먹으라고 압박하자 결국 더 적게 먹었고 이 음식에 대해 더 부정적으로 말했다.[47] 아이들은 믿고 개입하지 않을 때 일종의 영양학적 지혜를 보이는 것으로 나타났다.[48] 좋은 음식과 나쁜 음식을 구분하는 것은 해롭고 부작용이 따르며 불필요하다.

하지만 아리스토텔레스를 데려와 특정 음식을 악마화하고 그런 음식을 가끔 마음껏 먹는 것을 부조리 패러다임으로까지 보는 리브의 견해가 유별난 것도 아니다. 현대 철학에서는 여전히 의지 부족을 이야기할 때 대표적으로 케이크 한 조각이

나 쿠키를 예로 든다. 예를 들어 토머스 네이글Thomas Nagel은 자신의 논문 「자유 의지」의 서두에서 이렇게 적었다.

구내식당에서 줄을 서서 음식을 담다가 디저트 칸에서 크림이 올라간 커다란 초콜릿케이크 조각과 복숭아 하나 사이에서 고민한다고 해보자. 케이크는 맛있어 보이지만 먹으면 살이 찐다는 걸 알고 있다. 그래도 가져다가 맛있게 먹는다. 다음날 거울을 보거나 체중계 위에 올라가서 생각한다. "그 초콜릿케이크 먹지 말걸. 그냥 복숭아 먹을걸."[49]

복숭아를 먹지 않고 대담하게 초콜릿케이크를 즐기는 것은 때로 우리 자신을 자유롭다고 (그러나 바보 같다고) 여기게 하는 일종의 작은 반란을 떠올릴 때 처음 생각하는 전형적인 예로 사용됐다.[50]

철학자는 아니지만 인지 심리학자인 스티븐 핑커Steven Pinker는 합리성이 더 이상 '기똥차다phat'고 여겨지지 않는 사실을 한탄하며 비슷한 태도를 보인다.[51] 더 나아가 익힌 채소가 아닌 라자냐를 먹는 작은 쾌락을 지금 선택해서 미래에 영원히 날씬한 몸을 누리는 큰 쾌락을 포기하는 비이성적 얼간이들을 꾸짖는다. 이들은 '근시안적 저평가'에 '굴복'했다고 했는데, 단기적 사고를 비판하며 장애인 차별 용어를 사용하고 비만혐오적 예를 들었다.[52]

왜 마른 백인 남성 학자들은 특별히 라자냐에 반감이 심한가? 오랫동안 풀리지 않는 질문이자 학회 저녁 메뉴를 연구할 문제다.

식도락에 대한 철학적 반감은 뚱뚱한 사람은 날씬한 사람보다 더 먹고 더 안 좋은 음식을 먹을 거라는 보편적인 추정과 함께 학계에서 사람들을 대하는 방식에 영향을 준다. 여성성과 뚱뚱함은 특히 끔찍한 조합이다. 뚱뚱한 여성은 의지가 약하다는 오해를 받을 때가 많다. 철학자 친구 한 명은 동료가 일부러 잘 들리는 거리에서 "먹는 법도 훈련하지 못하면서 어떻게 생각하는 법을 훈련할 수 있겠어?"라고 말하는 것을 들었다. 비슷한 맥락에서 심리학 교수인 제프리 밀러Geoffrey Miller도 비슷한 트윗을 올린 일이 있다. "친애하는 비만 박사 지원자들에게, 탄수화물을 끊을 의지가 없다면 논문 쓸 의지도 없을 겁니다. #진실." 밀러는 대학의 징계를 받았다.[53] 하지만 지금도 강단에 선다. 그의 비만혐오는 뻔뻔하기는 해도 드문 경우도 아닌 것 같다. 한 연구에서 심리학 대학원 프로그램에 들어가려는 비만 지원자는 대면 면접을 진행하면 합격하기가 상당히 어려운 것으로 드러났다. 성별을 분석해 보니 이런 결과는 여성에게서만 나타났다.[54]

이런 비만혐오는 때로 신예 학자의 경력 전망에 대한 걱정 비슷한 조롱 형태로 나타난다. 다른 친구는 대학원에서 영문학을 공부하는 동안 날씬한 여자라야 지적으로 보이기 때문에 자기 체형으로는 취직이 힘들 거라는 말을 여러 번 들었다고 털어놓았다. 그녀는 이후 같은 과정을 졸업한 학생들 몇 명에게 이 이야기를 전했는데 이들 역시 동일한 교수들에게 "살을 빼서 더 똑똑하게 보여라."라는 이야기를 들었다고 한다. 이런 의견은 학생의 체형과 관계없이 좋은 의미로 받아들여졌고 여성뿐 아니라 일부 남성에게도 전달된 것으로 보인다. 하지만 학계의 여성은 아무리 똑똑하고 날씬해도 충분하지 않아 보인다.[55]

이러한 억압적인 신체 규범은 편견이 많은 또 다른 영역인 임신과 강력하게 교차한다. 한 교수가 임신한 상태에서 논리학을 가르치던 일을 이야기했다. "학생들은 공개적으로 나를 조롱하고 내가 뒤로 돌면 나를 흉내 내면서 웃음을 유도하고 내 책상에 모욕적인 쪽지를 올려놓고 학기가 끝나자 입을 맞춰 내게 인생 최악의 강의 평가 점수를 안겼다. 학생들은 내가 괴물이고 어릿광대이며 그들의 대학에서 가르칠 권리가 없다고 생각한다는 뜻을 확실히 보여주었다." 이후 학생들의 괴롭힘이 최소한 일부는 신체에 대한 편견에서 나온 것이 드러났다. 사석에서 마주친 학생 한 명이 당시 교수가 임신 중이었다는 사실을 알고 크게 당황한 것이다. 그 학생은 이제야 사과했다. "죄송해요. 우리는 모두 교수님이 원래 그렇게 생긴 줄 알았어요." 원래 그렇다면 또 어떤가?[56]

비만과 여성성은 여전히 불리한 요인이다. 대학원 초반에 사귄 친구 중 한 명이 훌륭하면서 뚱뚱한 여성 교수를 화장이 너무 진하고("체중을 상쇄하려고."라는 게 그의 의견이었다) 사무실에 다이어트 셰이크를 둔다는 이유로 조롱하던 고통스러운 기억이 떠오른다. 이런 비난이 몇 년 후 학회 저녁 식사에서 주최자가 더없이 진지하게 이 훌륭한 여성이 실은 사기꾼인지 투표해 보자고 제안한 것과 관련 있을까? 알 수 없다. 하지만 한 가지 사건으로 차이가 생기지 않는다. 이런 비난은 점증적으로 모여 당연한 상처를 입힌다.

이 일이 일어났을 때 나 역시 꽤 뚱뚱했다. 다음 해 같은 학회에 다시 참석했을 때는 단식과 다이어트약으로 22킬로그램 정도 살을 뺀 상태였다. 그 사이에 철학 교수가 되었고 누구도 대놓고 이야기하지는 않았지만 지적 권위자로 나를 드러내기 전 살을 빼야 한다는 압박감이 상당했다. 나는 줄어들지 않으면 과소평가당한다는 메시지를 내면화했다.

뚱뚱한 사람을 향한 지적 편견은 철학과 학계 전반을 훨씬 뛰어넘는다. 이미 살펴본 것처럼 교육계에 만연할 뿐 아니라 이른바 생각하는 직업에도 뻗어 있다. 그리고 뚱뚱한 사람들에 대한 문화적 묘사에서도 분명히 드러난다. 호머 심슨Homer Simpson부터 피터 그리핀Peter Griffin*, 미스 피기Miss Piggy**, 팻 에이

---

* 한 가족의 삶을 코믹하게 그린 성인 애니메이션 〈패밀리 가이Family Guy〉의 가장
** 미국의 인형극 코미디 프로그램 〈머펫 쇼The Muppet Show〉에 등장하는 허세와 유머가 있는 돼지 캐릭터

미 Fat Amy*, 제리 게르기치 Jerry Gergich**, 랠프 크람덴 Ralph Kramden***
까지 뚱뚱한 사람이 멍청하고 부주의하고 무능하다는 고정 관
념은 어디든 존재한다.[57]

우리는 종종 우리가 어떻게 생겼는지 모를 정도로 무지한
존재로 표현된다. 나는 〈심슨 가족〉을 보며 자랐는데, 마지가
아들 바트의 무절제한 생활을 고치지 않으면 아들이 어떤 어
른이 될지 불안한 마음으로 상상하는 유명한 장면이 있다. 그
녀는 아들이 싸구려 나이트클럽에서 담배를 입에 물고 가짜
총 두 개를 소품으로 흔들어 대는 지저분한 남자 스트립 댄서
'빵빵 바트 Bang Bang Bart'가 되는 모습을 상상한다. 뱃살은 권총
집 위로 흘러내린다. "넌 뚱뚱해." 자신도 작은 체구가 아닌 한
여자 손님이 불만을 제기한다. "사랑이 많아서 그래, 자기야."
어리숙한 바트가 흐리멍덩한 눈으로 대답한다. 여자들은 야유
를 보내며 무대 위로 물건을 던지기 시작하고 급기야 바트를
넘어뜨린다. "불쌍한 우리 아이!" 잠시 악몽 같은 생각에 빠졌
다가 돌아온 마지가 소리친다. 마지는 아들의 미래, 또는 아이
를 제대로 벌주지 않을 때 나타날 자연스러운 결과에 대해 이
보다 끔찍한 상상은 하기 힘들다.[58]

- 미국 뮤지컬 코미디 영화 〈피치 퍼펙트 Pitch Perfect〉의 등장인물
- 미국 TV 시리즈 〈팍스 앤 레크리에이션 Parks and Recreation〉의 등장인물
- 1950년대 미국의 인기 시트콤 〈허니무너스 Honeymooners〉의 등장인물

이 비슷한 전개를 비평가들의 찬사를 받은 HBO의 최근 코미디 시리즈 〈나의 직장상사는 코미디언 Hacks〉에서도 볼 수 있다. 할리우드 매니저 지미의 비서로 일하는 케일라는 뚱뚱한 여성이다. 그래서 지미에게 치근덕거리는 행동을 재미있게, 그리고 한심하게 표현한다. 지미가 (그럴 만해서) 케일라를 성희롱으로 고소하자 그녀는 이 갈등이 둘 사이에 성적 긴장감이 끓어오르면서 생긴 일이라고 변명한다. 물론 조롱할 대상은 케일라다. 날씬하고 잘생긴 남자 상사가 케일라에게 매력을 느낀다는 생각 자체가 재미있기도 하지만 우리는 케일라가 '스스로 얼마나 뚱뚱한지 모른다'는 사실을 함께 비웃어야 한다.

〈아이 필 프리티 I Feel Pretty〉에서 에이미 슈머 Amy Schumer가 연기한 르네 베넷은 경계성 뚱보로 영화에서 상당 부분 자신감이 넘친다. 이유가 뭘까? 머리를 세게 부딪혀서 신체적 약점을 전혀 알아채지 못하는 뇌 손상을 입었기 때문이다.[59]

최근 영화 〈더 웨일 The Whale〉에서 브랜던 프레이저 Brendan Fraser가 연기한 찰리는 자신의 뚱뚱함을 너무 잘 알고 있다. 프레이저는 뚱뚱한 분장 의상을 입고 일부 그런 몸으로 사는 것을 견디지 못하겠다는 이유로 일찍 무덤에 들어가려고 폭식하는 270킬로그램의 남자를 연기한다. 그는 혈압이 치솟는데도 죽고 싶다는 생각으로 병원에 가기를 거부한다. 프레이저가 노골적으로 뚱보 의상을 구속복에 비유하기도 했지만, 찰리는 지독한 비만혐오에 빠진 의료계와 적대적인 사회의 구속이 아니라 자신의 뚱뚱함이라는 감옥에 갇혀 있다. 두 시간에 이르는 러닝 타임 내내 비만혐오에 관한 사회적 문제의식은 지나칠 정도로 드러나지 않는다. 그리고 찰리의 삶에 그래도 좋은 점도 있을 가능성은 영화감독 대런 애러노프스키Darren Aronofsky나 영화뿐 아니라 영화의 바탕이 된 연극 대본까지 쓴 새뮤얼 헌터Samuel Hunter에게는 떠오르지 않았던 것 같다.

〈더 웨일〉은 여러 면에서 비만혐오를 보인다. 제목부터 심하게 경멸적이고 뚱보 의상은 뚱뚱함을 코스튬으로 전락시킨다. 찰리의 식습관은 도덕화뿐 아니라 공포심까지 자아낸다. 우리는 그가 단순히 몸을 움직이려고 하거나 도입부에서 게이 포르노물을 보며 특히 외설스럽고 불편한 순간에 자위하려는 장면을 넋 놓고 바라보도록 유도된다. 하지만 무엇보다도 이런 몸을 가진 남자가 기민하고 섬세한 마음을 지니고 있어서 온라인 대학에서 논술 교수로 일하는 게 놀랍고 심지어 기적 같다고 전제한다는 게 이 영화의 가장 끔찍한 점이다. (그는 아무도 자신을 보지 못하게 카메라를 끄고 수업하는데, 이는 영화의 폐소공포증적 관음증 느낌을 강화한다.)

"찰리는 늘 앉아서 지내는 뚱보라서 성격도 아둔하고 어두울 거라고 생각하기 쉽다." 영화 평론자 오언 글라이버먼Owen Gleiberman이 비만혐오에 따른 전제를 솜씨 좋게 감추며 이렇게 적었다. "하지만 프레이저는 이 인물을 무겁고 침울하고 비관적으로 연기하지 않았다. 그는 부드럽고 활발하며 성마른 성격으로 가벼운 구석까지 있어 보인다. 그래서 우리는 처음부터 뚱뚱함 속에 묻힌 남자를 볼 수 있다."[60] 놀랍다. 우리는 이 뚱뚱한 몸에 사는 뛰어난 정신에 감탄하고 애러노프스키의 감상적인 공감 풍자물을 통해 이를 알아챈 자신을 축하해야 하나 보다.

가장 뛰어난 정신은 마른 남자의 몸에 주로 산다는 생각은 전혀 당연하지 않다. 재능 있는 작가일 뿐 아니라 스스로를 뚱뚱한 여성으로 규정하는 카먼 마리아 마차도Carmen Maria Machado가 보여주듯 우리는 다른 비유를 고를 수도 있다. 풍만하고 넓고 깊고 탁 트이고 풍부하고 아이디어가 넘쳐흐르는 정신을 축하할 수 있다. 그리고 좋은 것을 뚱뚱하다고도 말할 수 있다. 마차도는 어린 시절 〈인어 공주〉에 등장하는 우르슬라의 생동감 넘치는 악행과 당당한 주체성, 그리고 완전한 뚱뚱함을 존경했다고 말한다. 이어서 "그리고 날씬해질 힘(체중 감량 산업에서 영혼을 팔아서라도 가져가려고 했을 진정한 마법의 힘)이 있었으면서도 우르슬라의 뚱뚱한 마음은 뚱뚱한 몸을 선택했다."라고 말했다.[61] 우르슬라의 정신이 보여주는 그 풍부함과 대범함과 정복을 향한 당당한 열정은 부러움의 대상이다.[62] 그리고 소냐 르네 테일러Sonya Renee Taylor의 문장을 인용해 말하자면 그녀는 자기 몸을 미안해할 필요도 개선할 필요도 없음을 알고 있다.[63]

날씬한 백인 남성 두 명이 쓴 〈더 웨일〉 같은 영화가 제작된 이유를 어떻게 설명할 수 있을까?[64] 이 주제에 대한 통찰을 얻으려면 이 영화를 보라고 어떻게 관객에게 설명할 수 있을까? 애시 니슉이 지적하듯 아주 뚱뚱한 몸에 사는 창작자들은 그들 내면의 본질에 더 많은 조명을 비출 수 있다. 니슉은 2018년 인터뷰에서 "수많은 뚱보가 진짜 이야기를 쓰고 만들고 전하고 있습니다."라고 말했다. "그저 들어줄 사람들이 필요할 뿐이죠."[65] 우리가 듣지 않은 이유는 철학자 미란다 프리커Miranda Fricker가 탐구한 개념, 증언적 부정의testimonial injustice의 결과다.[66] 뚱뚱한 사람이 자신의 경험을 이야기하고 증언하면 우리는 앞서 말한 대로 이들의 역량과 통찰력이 부족하다는 사회적 고정관념 때문에 별로 믿지 않는다. 때로는 철학자 크리스티 닷슨Kristie Dotson이 증언적 침묵화testimonial quieting 개념을 통해 탐구한 것처럼 우리는 애초에 이들의 말을 듣지도 않는다.[67]

니슉은 이 부정의를 바로잡기 위해 (뚱뚱한 사람들에 의한, 이들에 관한, 이들을 위한 방송이라고 묘사한) '팻 립'이라는 팟캐스트를 만들었다.[68] 그녀는 여기에서 자신의 삶을 주로 망가뜨린 것은 뚱뚱한 몸이 아니라 사회가 자신과 같은 몸을 폄하하고 지우고 조직적으로 착취하는 방식이라고 설명한다. 그녀는 대체로 행복하게 잘 사는 사람이다. 비만을 혐오하는 세상을 헤쳐 나가야 하지만 그래도 "즐거움과 다정함이 가득하고, 사랑하는 사람들, 수영, 개들이 함께하고, 친구들과 웃으며 즐겁게… 이 거친 세상을 살아간다."라고 최근 자기 삶을 묘사했다.[69] 물론 비행기를 탈 때처럼 장거리 여행 시에는 때로 이동 보조가 필요하다. 하지만 이는 장애 활동가들이 오랫동안 우리에게 가르쳐 준 대로 판단이나 두려움이나 동정의 근거가 되지 않는다.[70] 물론 샤워나 식사 준비처럼 일상적인 활동을 할 때 서 있기보다 앉아 있는 것을 선호하긴 하지만 다행히 의자가 있다.[71] 물론 넉넉한 크기의 의자가 있어야 하지만 이는 실행 문제이지 실존적 문제는 아니며 세상이 걱정할 문제이지 그녀의 몸이 문제는 아니다.[72]

니슈은 자신이 만든 #무한뚱보라는 해시태그를 붙인 그녀의 사진을 인스타그램에서 보고 캐스팅 담당자가 공연한 이메일을 보낸 일을 회상한다. 그 사람은 니슈이 TLC 방송의 리얼리티쇼 〈600파운드의 삶〉에 출연하고 싶은지 알고 싶어 했다. 재미를 위해, 또 보는 사람들이 자기는 '그' 정도로 뚱뚱하지는 않다고 안심하게 해주려고 니슈과 같은 사람들의 몸을 볼거리로 제공하는 프로그램이다. (냉소적인 사람이라면 〈더 웨일〉은 그저 〈600파운드의 삶〉을 도덕적 열망이 있고 자의식 강한 자유주의자 관객을 위해 변형한 거라고 말할 수도 있다.) 이 프로그램은 또한 성행하는 수익성 좋은 산업이면서 출연자들이 대부분 받게 되는 체중 감량 수술을 효과적으로 홍보하기도 한다. 니슈은 다음과 같은 감동적인 글을 적었다.

이 쇼의 제작자들은 시청자들이 가장 끔찍하게 생각할 신체 부위를 심사숙고해서 보여준다. 그들은 출연자들이 기괴하게, 괴물처럼 보이길 원한다. 그 사람의 존재 자체가 최대한 충격적이고 비극적으로 보여야 한다….

하지만 그들은 살기 위해 이렇게 섬뜩한 볼거리가 되고 경고성 이야기가 되어야 한다. 이 동정심 넘치는 영웅들은 이들의 실질적인 인간 존엄이라는 하찮은 값에 그 사람의 생명을 구해 줄 것이다.[73]

인간의, 그리고 신체의 존엄에는 아무 조건이 없고 또 그래야 한다. 이것은 우리의 생득권이다. 누군가가 있는 방향을 한 번 슬쩍 보고 그 사람이 분명 불행하거나 건강하지 않거나 아니면 불쌍할 거라고 추정하지 않는 것이 이러한 존엄에서 가장 중요하다. 뚱뚱한 몸이 정신의 부족함을 나타내는 좋은 증거라고 추정하지 않는 것 역시 마찬가지다.[74]

증언적 부정의와 침묵화의 뒷면에 내가 '인식적 특권epistemic entitlement'이라고 부르는 것이 있다. 사회적으로 지배적인 집단에 있는 사람이 장황한 말을 늘어놓고 자신이 알고 있다고 생각하는 바를 말하고 거들먹거리며 우리에게 설명할 권리가 있다고 생각하는 것을 말한다. 리베카 솔닛Rebecca Solnit이 '맨스플레인mansplaining'[75]이라는 유명해진 말도 만들었듯이 주로 남자들이 여자들에게 이렇게 한다. 백인이 주로 비백인에게 이렇게 하고 이는 '화이트스플레인whitesplaining'이 될 것이다. 마른 사람들이 주로 뚱뚱한 사람들이 이렇게 하고 이는 '신스플레인thinsplaining'이라고 하면 적절할 것이다. (식단 조절이나 운동 해봤어요? 아니요, 저는 동굴에 사는 뚱뚱한 화성인이어서 그런 개념 은 전혀 몰라요.)

특정 생명 윤리학자의 연구에 그런 신스플레인이 어느 곳 보다 분명하다. 이들은 인간과 다른 생명의 신체에 관한 권리 와 책임 문제에 답해야 하는 윤리학자들이다. 오스트레일리 아 철학자 피터 싱어Peter Singer는 「무거우면 더 내라」라는 글에 서 뚱뚱한 사람은 항공 요금을 더 내야 한다는 의견을 펼쳤다. 싱어는 공항에서 주변을 둘러보며 마주치는 사람들의 몸에 혐 오감을 느끼는 남자의 입장에서 글을 썼다. 서두에서 "멜버른 이 점점 뚱뚱해지고 있다. 오스트레일리아, 미국, 그 밖의 많은 나라는 사람들이 너무 뚱뚱해서 걷지 않고 뒤뚱거리는 걸 보 는 일이 흔해졌다."라고 적었다. 싱어는 가냘픈 아시아 여성이 (인종은 완전히 무관한 문제인데도 굳이 언급했다) 40킬로그램은 돼 보이는 짐 가방에 추가 요금을 내는 것을 관찰한다. 하지만 그 여자 뒤에 서 있는 남자는 싱어가 볼 때 앞의 여자보다 40킬로 그램은 더 나가는 것 같은데 자기 자신이라는 초과 수하물에 왜 요금을 내지 않는가? 싱어는 "비행기의 연료 소모로 보면 초과 중량이 짐이거나 체지방이거나 모두 똑같다."라고 지적 한다. 뚱뚱한 사람은 노골적으로 지구와 의료계와 다른 사람 에게 부담을 준다고 이론화된다. "비만은 윤리적인 문제다. 일 부가 체중이 증가하면 다른 사람들이 비용을 내기 때문이다."

싱어가 단순히 무거운 사람들, 이를테면 키가 크거나 근육질인 사람이 아니라 뚱뚱한 사람을 겨냥한 것을 주목하자. 이는 뚱뚱한 사람들이 죄를 지었거나 이렇게 되도록 선택했다는 이유로 벌을 주려는 생각에 공식적으로 반대한다는 그의 입장과 맞지 않는다. 그는 이렇게 말했다. "짐이든 사람이든 추가 하중에 부과되는 할증 요금은 단죄가 목적이 아니다. 목적지까지 가는 데 드는 실제 요금을 동료 승객이 아니라 당사자에게 내게 하려는 것이다."[76]

사실 이런 금액은 아주 적다. 살펴보았듯이 뚱뚱한 사람 중 많은 이들이 이미 자기 한 사람 타려고 돈을 더 내고 두 자리를 산다. 심지어 더 멀리 떨어져서 편안함을 누리려고 돈을 더 많이 내고 일등석을 사는 사람들도 있다. 게다가 한 조종사가 자세하게 계산한 바에 따르면 A320 항공기로 승객 한 명을 한 시간에 1킬로미터 나르는 데 드는 비용은 빈 좌석으로 갈 때와 비교해 대략 1센트가 더 든다. 그러므로 싱어가 기사에서 가냘픈 여성과 비교해 겨냥한 뚱뚱한 남자가 멜버른에서 다윈까지 다섯 시간 이동하는 데 드는 추가 요금은 순전히 체중으로만 계산했을 때 대략 2달러 정도일 것이다.[77] 항공사가 추가 수하물에 (40킬로그램당 수백 달러 정도의) 추가 요금을 매기는 것은 그렇게 해야 하기 때문이 아니라 그렇게 할 수 있기 때문이다. 이들의 가격 모델은 푯값을 최소로 줄이고 음식, 와이파이, 다리를 뻗을 공간 등 사람들이 추가로 원할 만한 모든 것에 엄청난 할증 요금을 매기는 식이다.

우리가 다른 사람들에게 지우는 부담에 요금을 내야 한다는 생각 역시 그냥 넘어가기 힘들다. 앞서 논의한 내용을 떠올리면 의문이 생길 수 있다. 수색과 구조가 필요한 모험심 강한 산악인에게 요금을 부과해야 하는가? 과도한 업무로 스트레스를 받아 증상이 더 심해진 만성 질환자에게 세금을 걷어야 하는가? 사람들을 이런 식으로 단속해서는 안 된다. 대체로 그렇게 하지도 않는다. 그래서 뚱뚱한 몸에 초점을 맞추는 것이 두드러지며 차별적이라고 보는 것은 타당하다.

싱어가 뚱뚱한 사람에게 물어봤다면 뚱뚱한 사람들이 비행기 요금을 더 내지 않아야 하는 가장 명확하고 중요한 이유가 낙인이라는 걸 알고 놀랐을 수 있다. 아니, 이런 적절한 제안을 들은 친구들이 이미 반대했다고 적은 걸 보면 아닐 수도 있다. 싱어는 비행은 의료 서비스와 달리 인권이 아니라는 한 문장으로 이 우려를 일축한다. 그럴지도 모르지만 뚱뚱한 사람들에게 비행기를 탈 일이 많은 두 가지, 즉 가족 방문과 직장 생활을 누릴 권리가 없다는 생각은 의아함을 자아낸다. 뚱뚱한 사람들 역시 다른 사람들과 마찬가지로 나라를 가로지르거나 가끔 휴가를 떠날 권리도 있을 수 있다.

싱어의 주장이 놀라운 것은 단지 비인간적이어서가 아니라 그다지 영리하지 못해서다. 그는 분명히 잘못된 가정을 내리고 잘못된 비유를 들며 분명한 반대 의견을 놓치고 핵심적인 반대 이유를 인정하지만 곧바로 무시한다. 싱어는 (논란의 여지는 있지만) 세계적으로 인정받는 윤리학자다. 하지만 뚱뚱한 사람을 향한 그의 편견은 비이성적이거나 최소한 이성적으로 실망스럽다.[78]

싱어가 뚱뚱한 사람들에 대해 이야기하고 우리의 증언이 지닌 의미를 무시한다면 다른 철학자들은 우리와 직접적으로 맞선다. 생명 윤리학자 대니얼 캘러핸Daniel Callahan은 「비만: 파악하기 어려운 전염병 추적하기」라는 논문에서 뚱뚱함의 잠정적 문제와 싸우려면 더 신랄하게 모욕을 주는(그는 '가벼운 낙인찍기'라고 표현했다) 전략이 필요하다고 주장한다. 우리는 "온건한 교육이나 저자세의 달래기를 넘어 뚱뚱한 몸의 개인에게 사회적 압력을 가할 방법을 찾아야 한다. 우선 (뚱뚱한 사람들에게) 그들 자신과 이웃을 위해 좋은 식단과 운동을 찾아야 하며 둘째로 과도한 체중과 심각한 비만이 더 이상 사회적으로 용인되지 않는다고 반드시 설득해야 한다."[79] (언제는 용인했나? 지난 세기에?) 우리 뚱뚱한 사람들은 뚱뚱함에 안주하게 됐기 때문에 '인식 충격'이 필요하다고 캘러핸은 말한다.[80] 그는 계속해서 "비만은 사람들이 자기 몸을 돌보는 방식에 관대하고 문제를 키우는 요소들을 대부분은 아니더라도 다수 받아들이는 우리 문화를 크게 반영한다."라고 주장했다.[81] 캘러핸은 여기에 자동차, 엘리베이터, 에스컬레이터, 전기 깡통 따개 같은 문명의 이기가 포함된다고 보았다.[82]

나는 전기 깡통 따개가 이른바 비만 유행병에 책임이 있지
는 않다고 어느 정도 확신한다.[83] 캘러핸이 문제라는 것들에
이렇게 타당하지 않은 진단을 내리고 이런 잔혹한 해법을 제
안한 것만도 충분히 끔찍하다. 하지만 뚱뚱한 사람들에 대해
서 이야기하는 걸로 모자라 우리에게 다음과 같은 질문에 답
하라고 직접 말한 것은 더 끔찍하다.

* 과체중이거나 비만이라면 자기 모습에 만족합니까?
* 불어난 체중 때문에 계단 오르기 같은 일상적인 활동이 힘들어진
  것이 행복합니까?
* 심장병과 당뇨병 위험을 낮추고 싶습니까?
* 일단 체중이 많이 불어나면 체중을 줄이고 유지하기 힘들다는 것
  을 알고 있습니까?
* 비만 자녀가 학교에서 뚱보라고 불리거나 괴롭힘을 당하는 것이
  좋습니까?
* 공정하든 아니든 많은 사람이 지나친 과체중이나 비만인 사람을
  무시하고 실제로 차별하거나 놀리고 게으르고 자제력이 부족하다
  고 말하는 경우가 많은 것을 알고 있습니까?[84]

가장 불쾌한 신스플레인이다. 그 내용도 불필요하거나 잘
못된 생각이다.

우리 뚱뚱한 사람들은 체중 때문에 무시당하는 것을 너무
나 잘 알고 낙인은 우리를 줄이기는커녕 체중 증가로 이어지

는 경우가 많다는 것도 안다.

또 우리는 뚱뚱한 몸으로 살기 힘들 수 있어도 가장 힘든 일은 뚱뚱함이 아니라 비만혐오인 것도 안다.

우리는 뚱뚱함이 사형 선고가 아니며 다이어트로 인해 일상적으로 무언가를 박탈당하는 것이 사소한 일이 아님을 알고 있다.

우리는 뚱뚱한 사람들이 자제력이 없지 않으며 오히려 극도로 뛰어난 경우가 많고 평생 다이어트하는 일부의 의지는 '강철'과도 같음을 알고 있다.

우리는 우리를 미워하고 우리가 줄어들기를 원하는 세상에서 강철 같은 의지는 신발 끈 정도의 강도밖에 안 되는 것을 잘 아는 사람들 중 하나다.

마지막으로 우리는 인간 조건의 특정한 측면을 가장 잘 아는 사람들이다. 예를 들어 우리는 신체가 합리적이라는 환상, 즉 이성의 통제를 받고 숙달이라는 의심스러운 정체를 통해 복종하도록 단련할 수 있다는 생각을 깨는 데 도움을 줄 수 있다.

신체는 합리적이지 않다. 굽고 늘어지고 부러진다. 뚱뚱해지고 늙고 아프다. 장애를 입는다. 몸은 결국 죽고 우리도 그 몸과 함께 죽는다. 물론 무섭다. (메리 올리버 시인은 말한다. "결국 모든 것이 죽지 않는가? 그것도 너무 빨리?")

하지만 페미니즘에서 이야기하듯 우리 몸은 우리 자신이다. 플라톤에게는 미안하지만 우리는 몸과 분리되지 않고, 우리 몸은 사멸하는 혼의 더 좋은 부분과 더 나쁜 부분으로 나눠지지도 않는다. 그리고 욕구에 있어서 우리는 결국 모두 야생적이다. 그러니 우리는 영광스럽고 격렬한 취약성과 비타협성을 지닌 육체적 자아와 함께, 그리고 그 안에서 살아가는 법을 배워야 한다. 체중 감량에 대한 신체의 저항은 그 시작일 뿐이다.

7장 가스등의 쇼

여러분은 이미 다이어트가 소용없다는 걸 알고 있다. 다이어트하는 사람들 대부분이 처음에는 체중이 줄었다가 몇 년 안에 다시 늘어난다. 처음보다 더 무거워지는 사람들도 많다. 그리고 다이어트, 또는 체중을 줄이고 회복하는 과정은 여러 신체 체계에 명확한 손해를 입힌다. 다이어트는 장기적으로 건강에 도움이 되지 않을 가능성이 상당히 높다. 날씬해지는 데 도움이 되지 않는 것도 아주 잘 알려져 있다.[1]

그런데도 미국은 계속해서 다이어트를 하고 있다. 매해 미국인 4,500만 명이 이런 식으로 체중 감량에 돌입하고[2] 체중 감량 제품과 프로그램에 연 500억 달러 이상을 소비한다.[3] 그 과정에서 우리는 배고프고 약해지고 화가 난다. 아프거나 더 뚱뚱해질 때도 많다. 왜일까? 왜 우리는 알면서도, 아니 알아야 하는 데도 이런 짓을 스스로에게 계속하는 걸까?

나는 우리가 가스라이팅당한다고 생각한다.

패트릭 해밀턴Patrick Hamilton이 쓴 1938년 연극 〈가스등Gas Light〉에서 벨라 매닝햄이라는 젊은 주부는 매일 밤 침실에서 깜빡거리는 가스등을 바라본다. 그녀는 이 일이 일어나는 것을 알고 그게 어떤 의미인지도 안다. 집안 어딘가에서 다른 가스등이 켜졌고 한쪽의 가스압이 다른 쪽의 압력을 빨아들인 것이다. 또 이 행동을 하는 것으로 강하게 의심이 가는 사람도 있다(아직 왜 그러는지는 모른다). 그녀는 남편이 저녁 산책을 나가는 척하면서 위층 다락에 살그머니 기어 올라간다고 생각한다. 또 남편이 밖에서 돌아오는 척하기 직전에 다시 가스등이 잘 켜지고 위층의 가스등이 다시 꺼졌다는 것을 알 수 있다는 사실에 의심은 더욱 강해진다. (흥미롭게도 곧 밝혀질 비도덕적인 목적으로 다락의 전등을 켜면 아내의 침실 전등에 영향을 준다는 사실을 매닝햄 씨가 한 번이라도 생각해 봤다는 암시는 없다.)

연극 속 이런 설정은 가스등이 깜빡인다는 부인의 말을 남편이 실제로 부정하는 영화보다 더 미묘하다. 연극에서 여자는 자신이 무엇을 보는지 알고, 그게 어떤 의미인지도 최소한 마음 깊은 곳에서, 또는 어느 정도까지는 알고 있다. 그 뒤에

누가 있는지도 의심한다. 이는 중요한 차이다. 최근 영화를 패러디한 〈새터데이 나이트 라이브Saturday Night Live〉 촌극에서 남편 그레고리는 부인 폴라에게 실제로는 파인애플을 주면서 스테이크를 맛있게 먹으라고 한다. 폴라는 건조하게 말한다. "이봐, 내가 얼마나 미쳤는지는 상관없어. 이건 파인애플이잖아." "아니에요, 부인. 이분이 먹는 것과 똑같은 등심이에요." 그레고리의 공모자인 하녀가 대답한다. "먹어요!" "알았어. 아무래도 나를 미치게 할 작정인 것 같군." 분한 폴라가 대답한다. 그녀는 급기야 그레고리가 쓴 『부인을 가스라이팅하는 법』이라는 책을 찾아 든다.[4]

이 극의 요점은 적어도 처음에는 가스라이팅하려는 사람의 터무니없는 주장에도 엄격한 제한이 있다는 것이다. 보통은 바보 같은 이야기를 대놓고 하면서 가스라이팅을 시작할 수 없다. 그렇게 하면 목표물은 자신이 망상에 빠졌거나 문제가 있다고 의심하기보다는 상대방의 말을 믿을 수 없다고 생각할 것이다. 하지만 〈가스등〉 연극에서 벨라의 믿음은 남편의 미묘한 지배 전술로 약해진다. 그리고 벨라는 혼란과 불안, 그리고 남편에 대한 철저한 두려움 때문에 자신에게조차 의심을 명확하게 표현하지 못한다. 두 사람의 결혼생활에 점점 문제가 많아지는 것도 자기 탓 같아 무섭다. 남편이 그녀에게 괜한 일을 상상하고, 정신을 회복하려고 노력하지 않고, 정신을 차리지 않고 나아질 생각을 하지 않는다고 비난하기 때문이다.[5] (사실 그는 부인을 정신병원에 보내려는 생각으로 물건을 집안 곳곳에 숨긴 후 부인에게 분실에 대한 책임을 묻는 등 여러 가지로 부인을 조종하려 한다.)

결국 예고 없이 찾아온 형사 덕분에 그녀는 남편의 비밀을 알아낸다. 남편은 약 15년 전 루비를 훔치려고 이 집의 전 주인이던 앨리스 발로우의 목을 그은 살인마, 시드니 파워였다. 하지만 루비를 찾지 못한 그는 벨라에게 이 집을 사라고 설득한 후 매일 저녁 다락에서 보석을 수색했다. 다음 대화를 보면 벨라가 매일 저녁 남편이 이유는 모르지만 무엇을 하고 있었는지는 어느 정도 알았음을 확실히 알 수 있다.

벨라 매닝햄 모두 정말 놀라운 이야기예요. 하지만… 내가 밤에 혼자 있을 때, 누군가 걸어 다닌다는 생각이 들었어요. 남편이 외출하고 없는 밤에 침실에 있으면 위에서 소음이 들렸지만 너무 무서워서 일어날 수가….

러프 형사 남편에게 그 문제를 이야기한 적 있어요?

벨라 매닝햄 아니요, 무서워서요. 화를 내니까요. 제가 있지도 않은 일을 상상한다고 하거든요.

러프 형사 남편이 위에서 돌아다니는 소리일지도 모른다는 생각은 전혀 안 들었어요?

벨라 매닝햄 아니에요, 그런 생각도 했어요. 하지만 내가 미쳤다고 생각했죠. 어떻게 된 건지 말씀해 주세요.

러프 형사 부인이 먼저 어떻게 아셨는지 말씀해 주시면 어떨까요, 매닝햄 부인?

벨라 매닝햄 그럼 사실이군요! 사실이었어요. 알고 있었어요. 정말 알고 있었어요![6]

하지만 내가 『남성 특권』에 썼듯이 벨라는 확실한 의혹이 있었고 이를 인지했으면서도, 심지어 알고 있었으면서도 정신적으로 감히 거기까지 가지 않았다. 그녀는 자신의 실수와 죄라는 것들을 교정하려고 애쓰느라 바빠서, 그리고 남편의 전적인 지배에 꽉 잡혀서 그의 동기는 고사하고 움직임에도 의문을 제기하지 않았다.[7] 그녀의 의심은 거의 너무 늦었을 때까지도 드러나지 않다가 용맹한 형사가 개입한 후에야 나타난다.

이는 벨라가 자신의 판단을 믿어서는 안 되고 마음이 자신을 속이고 있다는 말을 은근히 혹은 노골적으로 들어왔기 때문이다. 그녀는 자신이 우유부단하고 비이성적이고 약하다는 말을 이번에도 은근히 혹은 노골적으로 들었다. 또 아파서 약을 먹어야 하며 몸이 회복되지 않으면 여러 의사를 찾아가야 한다는 말을 들었다. 기력이 없고 매력이 떨어지며 남편의 건방진 하녀와 굴욕적으로 마주한 자리에서 불리하게 비교당했다. 그중 품성이 의심스럽고 해롭고 사악하며 무책임하고 무력하다는 말이 가장 고통스러웠을 것이다(집안에서 물건을 훔치고 숨겼으며 일부는 잃어버리기도 했다는 이유였다). 마지막으로 벨라의 자아상에 치명적인 타격을 입힌 말은 다른 사람들을 해친다는 말이었다. 그녀의 남편은 벨라가 끔찍이 아끼는 애완견을 고의로 다치게 했다고 주장한다. 강아지가 앞발을 다친 것은 순전히 벨라의 실수 때문이다.[8] 그녀는 그 수많은 실수와 죄를 인정하지 않으면 정신병원에 갇혀 쓸쓸히 죽어갈 거라는 시대를 초월한 경고를 들었다.

가스라이팅의 희생자는 안전한 곳을 찾아 버둥거린다. 이들은 합리성, 지능, 건강, 아름다움, 도덕성 등 인간이 구현하고자 하는 크고 작은 가치에 대해 비난받을 수 있다. 그 결과 가스라이팅당한 사람은 지배적인 서사나 권위적인 인물이 틀렸다는 걸 알더라도 의문을 표하거나 이의를 제기할 수단과 자신감이 부족할 수 있다. 이들은 방향을 잃고 혼란에 빠진다. 종종 우울하고 불안하다. 이들은 망상에 빠지거나 미치지 않았으며, 어쨌거나 처음부터 그러지는 않았다.[9] 이들은 자신이 아는 바가 사실은 맞다는 것을 마음 깊이 알고 있으면서도 이를 주장할 자원을 조직적으로 빼앗긴다. 하지만 아는 바에 따라 행동하고 그들이 마주한 파괴적인 힘에 효과적으로 저항할 용기를 내기 위해 분투한다.

우리의 목적을 위해서는 가스라이팅이 우리를 미친 사람으로 묘사하거나 미치게 하려는 것이 아님을 알아야 한다. 오히려 우리가 실제로는 가질 권리가 있는 신념, 생각, 느낌, 욕망, 식욕을 갖추기에는 어떻게 해서든 결함이 있다고 여기게 하려는 조직적 과정으로 이해해야 한다.[10] 우리는 이러한 정신 상태를 유지하는 것에 죄의식, 수치심을 느끼고 비이성적이고 과민하며 피해망상에 빠졌을 뿐 아니라 완전히 미쳤다고까지 느끼게 된다. 가스라이팅은 한 사람의 정신적 자유와 독립적 사고 능력을 공격한다. 가스라이팅이 성공하면 희생자는 정신 적으로 지배당한다.

목표물이나 희생자에게 이런 효과가 나타나기 위해 가해 자가 꼭 사악해야 하거나 심지어는 개별적인 가해자가 꼭 있 어야 하는 건 아니라는 점도 주목하자.[11] 여러 저자들이 주장 하듯이 가스라이팅은 대인관계에서 발생하는 미묘한 사례뿐 아니라 순전히 구조적이고 집단적인 경우도 포함할 수 있다.[12] 방 안에 매닝햄 씨가 없어도, 심지어 밖에 없어도 가스라이팅 은 가능하다. 널리 퍼진 문화적 힘, 관행, 제도, 사회에서 지배 적인 위치에 있는 사람들 전체가 사람들의 정신을 무력화하는 가스라이팅에 개입할 수 있다.

강간 문화를 예로 들면 이해하는 데 도움이 될 것이다. 희 생자들은 보통 히스테리를 일으키고 불안과 혼란을 느끼도록 만들어져서 자신이 겪은 범죄에 대한 믿을 만한 증인이 되지 못한다. 이들은 외모로 공격당한다. 너무 매력적이었다면 범 죄를 부른 것이고 별로 매력이 없었다면 그런 일은 절대 일어 나지 않았다. 어쨌든 모두 그들의 잘못이다. 혼란스러운 신호 를 줬고 잘못된 시간과 장소에 있었고 소리를 지르지 않았고 싸우지 않았고 술을 너무 많이 마셨다. 그리고 옷은 어떤 걸 입고 있었는가?

우리는 다이어트 문화에서도 비슷하게 가스라이팅당한다. 은근히 혹은 노골적으로 우리 몸을 믿어서는 안 되고 식욕은 우리를 잘못된 길로 이끈다는 말을 듣는다. 이를테면 "너는 배고프지 않아, 목마른 거지." "진짜 (나쁜 음식을) 먹고 싶지는 않을걸." "너는 감정적 과식을 하고 있어." 이번에도 은근히 혹은 노골적으로 '이' 다이어트는 효과가 있을 것이고 이번에는 다를 거라는 말을 듣는다. 효과가 없으면 의지가 약하고 비이성적이고 무기력해서 식욕에 굴복했다는 말을 듣는다. 뚱뚱하면 건강할 수 없으므로 정신을 바짝 차리고 체중 감량 노력을 두 배로 늘리지 않으면 비참한 결과를 감당해야 할 거라는 말을 듣는다. 우리는 푹 퍼져서 매력이 없고 이런 모습을 사랑할 사람은 절대 없을 거라는 말을 듣는다. 도덕적으로 느슨하다는 말과 이 모든 게 우리 잘못이라는 말을 듣는다. 아이들을 해치고 사회에 부담을 준다는 말을 듣는다. 수많은 경고성 사례처럼 끝장날 거라는 말을 듣는다.

이 중 상당 부분은 거창하고 통일된 음모가 아니라 기득권을 가진 자본가들의 이해관계와 그에 따른 단편적인 이윤 추구에서 나온 결과다. 그렇다고 무죄가 되지는 않는다. 대인관계에서 나타나는 가스라이팅 사례와 비슷하게 다이어트 문화에 희생된 사람은 자신의 주체성과 생각, 느낌, 욕구, 그리고 신체 가치와 행복감 같은 더 확장된 정신적 상태 사이에 흘러야 하는 신뢰의 끈이 끊어지는 경험을 한다. 우리는 점점 다이어트를 하거나 자신을 줄이려는 어리석은 생각에서 벗어난다. 하지만 가스라이팅으로 인해 다이어트를 거부하는 것에 죄책감, 창피함을 느끼고 자신이 건강하지 않고 못생겼으며, 당연히 (중립적 기술이 아닌 경멸적 의미로) 뚱뚱하다고 여기게 된다. 우리는 어떻게 하라는 말만 듣지 않는다. 단순하게 공모하기만 하지도 않는다. 우리를 억압하는 생활 방식에 적극적으로 고용되어 대리인 역할을 한다.

다이어트 문화는 좀 더 미묘한 방식으로도 우리를 가스라이팅 한다. 이 뻥튀기 과자는 정말 포만감이 들어. 맛있지만 기름진 이 음식은 사실 끔찍하고 역겨워. 마른 것만큼 맛있는 것도 없지(마르기가 쉽지 않을 뿐 아니라 아무 맛도 없음에도 불구하고). 이 영양제 하나만 더 먹으면 돼. 이 밀키트 서비스만 받으면 돼. 이 턱없이 비싼 운동 기구 하나만 두면 돼. 우리는 실패했지만 다른 사람들은 성공했어.

(구체적인 결과는 없다). 이건 다이어트가 아니라 생활 습관이야. 아니면 청소나 해독이라고 해도 돼. (우리 몸은 그대로 두면 더러워지고 오염된다는 의미를 내포하고 있다.) 이건 다이어트가 아니라 '웰빙'이야. 날씬해지라는 게 아니라 '튼튼해지고' (작은 목소리로) 새로 만든 잔근육을 보여줄 정도로 빼라는 거야. 그냥

건강이 아니라 정신 건강까지 챙겨야지. 자신을 돌봐야 해. 이건 '너'를 위한 거야.

모두 거짓말이다.

하지만 알면서도 이런 메시지에 굴복하는 것을 적어도 어느 정도는 이해할 수 있다. 사방에서 끊임없이 들려오기 때문이다. 이런 메시지는 종종 의료계 사람들을 비롯한 강력한 권위자들이 이야기하거나 뒷받침한다. 앞에서 살펴보았듯이 뚱뚱한 사람들은 이런저런 건강 문제로 병원에 가도 그저 살을 빼라는 말만 듣는다(때로는 진짜 문제가 밝혀지지 않아 비극적인 결과를 맞기도 한다). 뚱뚱하면서 건강한 사람이 병원에 가면 모든 측정치가 정상이어도 이렇게 건강할 리 없다는 말을 듣는다. 뚱뚱하면서 활동적인 사람은 주로 앉아 있을 거라고 가정하고 그렇지 않은 사람은 누워 있을 거라고 가정한다. (한편 날씬하면서 주로 앉아서 생활하는 사람은 건강하고 활동적이며 대체로 튼튼하고 마음도 따뜻할 거라고 가정한다.) 뚱뚱한 사람이 이유 없이 급격하게 살이 빠지면 심각한 질병의 징후일 때도 칭찬과 축하의 말을 듣고 착한 뚱보 취급을 받는다. 뚜렷한 이유 없이 살이 찌는 사람은 습관에 변화가 없다고 말해도 과식하거나 운동하지 않는 사람 취급을 받는다.

뚱뚱한 사람이 워낙 신뢰를 얻지 못하다 보니 영국과 뉴질랜드의 몇몇 진취적인 과학자들이 최근 뉴질랜드 오타고 대학교에서 자석을 주문 제작해 우리 입을 강제로 다물게 하는 장치를 제작했다. 이 장치를 씌우면 입을 2밀리미터 정도로 아주 조금밖에 벌릴 수 없어 액체, 호흡, 말만 통과시킬 수 있다. 이름도 기분 나쁘게 덴탈슬림 다이어트 컨트롤DentalSlim Diet Control 이다. 이들은 우리가 너무 식사를 조절하지 못해서 이 21세기 고문 기구로 액체 다이어트를 해야 한다고 판단했다.[13]

이러한 메시지는 나아가 주수용자인 아이들이 충분한 교육 제도를 누리고 이들에게 의문을 가질 만큼 나이가 들기 전부터 많은 가정에서 울려 퍼진다. 아이들은 신체적으로 성숙하기 훨씬 전부터 다이어트를 하고 살을 빼야 한다는 말을 부모와 교사에게 거의 노골적으로 듣는다. 웨이트 워처스Weight Watchers•는 최근 재정 문제를 겪으면서 커보Kurbo라는 소름 끼치는 이름이 붙은 다이어트 앱••을 8~17세 아이들에게 팔아 그룹을 재정비하고자 했다.[14] 심리학자 리사 뒤 브레이Lisa Du Breuil 가 지적하듯 어린 여자아이들에게 음식 섭취를 제한하고 허기를 믿지 말라고 말하는 데에는 교활한 의도가 숨어 있다. 브레이는 버지니아 솔스미스와 다음과 같은 대화를 나누었다.

다이어트 문화에서 아이들에게, 특히 여자아이들에게 자신의 배와 본능을 믿지 말고 몸에 귀를 기울이지 말라는 것은 아주

•   체중 감시자라는 의미의 다이어트 기업
••   'curb'는 구속, 억제라는 뜻이 있다.

나쁜 메시지입니다. 그렇게 되면 본능에 주의를 기울여야 하는 다른 방식에도 영향을 미칩니다.[15]

사실이다. 학교에서 건강한 식사와 활동이 이루어지도록 권장하는 미셸 오바마Michelle Obama 캠페인처럼 아이들의 체중을 겨냥하는 일부 방식은 표면적으로는 친절하고 분명 좋은 의도를 가지고 있다. 하지만 그중 일부는 의도적으로 수치심을 준다. 우리 가운데 많은 사람들이 체육 선생님에게 학대당한 끔찍한 기억이 있다. 우리는 일방적으로 모진 말을 들었고 토할 때까지 운동장을 뛰어야 했고 억지로 옷을 벗은 채 살을 쿡쿡 찌르고 치수를 재는 걸 견뎠다.

2020년 2월 고등학교 농구 코치 애런 토머스Aaron Thomas가 로드아일랜드에서 '올해의 남학교 코치'로 선정됐다. 하지만 그의 경력은 1년 후 끝이 났다. 학생들과 일대일로 가까이 붙어서 캘리퍼스로 지방 측정을 진행한 사실이 드러났기 때문이다. 학생들은 발가벗고 있을 때도 많았다. "코치님과 저 둘만 있었어요. 코치님이 제 키와 신체 길이를 재고 체지방을 측정한 다음 무릎을 꿇고 대퇴근을 만지면서 편안하냐고 묻더니… 부끄럽지 않으면 팬티를 벗어도 된다고 했어요. 징그러울 정도로 가까이 있어서 제 그곳을 옆으로 치워야 했어요."

• 자로 재기 힘든 물체의 두께, 둘레 등을 재는 기구

당시 그 학교의 선수였던 학생이 최근 《보스턴 글로브The Boston Globe》에서 전한 말이다.[16] 지방 측정은 뻔뻔한 성적 학대를 위한 구실이었는데도 이 같은 변명이 먹힌 것은 우리 문화의 소아 비만혐오 때문이다.

다숀 L. 해리슨 역시 소매치기로 유죄를 선고받고 사우스다코타의 병영 캠프로 보내진 열네 살 소녀, 지나 스코어의 마음 아픈 이야기를 적었다. 103킬로그램이었던 스코어는 4.3킬로미터를 강제로 뛰다가 열사병으로 쓰러졌다. 강사들은 모두 스코어가 꾀병을 부린다고 생각해 이후 3시간 동안 햇볕에 방치했다. 이들은 탄산음료를 마시며 아이를 조롱했다. 그러는 동안 스코어는 발작을 일으키며 오줌을 지렸고 결국 장기 부전으로 사망했다. 스코어의 죽음은 끔찍한 아동 학대와 잔인함, 그리고 많은 뚱뚱한 아이들이 어느 정도 경험하는 방치의 결과다.[17] 해리슨은 다음과 같이 적었다.

(스코어는) 적어도 어느 정도는 뚱뚱해서 방치됐다. 강사들이 스코어가 4킬로미터 넘는 거리를 강제로 달리게 한 것, 운동을 안하려고 죽음에 이른 고통을 가장했다고 생각한 것, 아이를 햇볕 아래 내버려둔 채 뚱뚱한 사람들의 음료라고 오랫동안 조롱받던 탄산음료를 마시고 있었다는 점 모두 그녀의 뚱뚱함을 겨냥한 대응이었다. 이것이 스코어를 죽였다. 건강, 그 자체의 명령에 따라 뚱뚱한 사람을 벌하도록 고안된 문화에게 살해됐다.[18]

해리슨은 이어서 살을 빼라는 어머니의 말에 따라 쓰레기 봉투를 쓰고 동네를 돌아야 했던 뚱뚱한 어린 시절을 이야기했다. 해리슨은 천식이 있어서 숨이 차면 호흡이 곤란할 때가 많았다.[19] 그러나 의사의 말을 들으려고 했을 뿐인 어머니를 비난하지는 않는다. 어머니는 그 정도로 가혹한 개입이 없으면 뚱뚱한 자식이 죽을까 봐 두려웠을 것이다.[20]

하지만 어떤 부모는 실제로 잔인하다. 한 여성은 열 살 때 어머니가 자신을 앉혀놓고 따지듯이 "이제 네 엉덩이가 내 엉덩이보다 큰 거 알기나 하니?"라고 묻고 어떻게 체중을 관리해야 하는지 한바탕 잔소리를 펼친 것을 기억한다. 다시 말하지만 이 아이는 열 살이었다. 반전이 있다면? 잔소리에 곁들여 딸에게 끊어야 한다고 말한 간식인 감자칩 한 봉지를 준 것이다. 이 행동을 묘사할 수 있는 단어는 오직 하나, '심리 조종'이다.[21]

결론은, 우리는 아는 것을 이야기하지 못하고 욕구에 대응하지 못하고 배고픔을 해소할 수단을 갖지도 못하도록 가스라이팅당한다. 단지 타인과 사회 전체에게만 이렇게 당하지 않는다. 때로 백인 지상주의자, 장애인 차별주의자, 노인 차별주의자, 비만혐오에 빠진 가부장제의 명령에 따르지 않는 자신의 신념, 욕구, 감정 같은 정신적 삶에 결함이 있다고 여기면서 우리 자신을 가스라이팅한다. 이제는 새로운 다이어트가 답이 될 수 없다고 여기는 자신이 실패했다고 느낀다. 더는 살을 빼고 싶다는 마음조차 들지 않는 자신이 패배자 같다. 인간의 정상적인 식욕을 느껴도 탐욕스럽고 뚱뚱한 식충이가 된 것 같다.

나 역시 오랫동안 이런 가스라이팅을 겪었다. 몸이 무엇을 원하고 필요로 하는지에 대한 나만의 감각을 듣지 못했고 듣기를 거부했다. 여러 다이어트를 차례로 거치는 동안 내 배고픔이 내는 소리를 듣지 못했고 듣기를 거부했다. 심지어 다이어트 약으로 배고픔을 잠재우려고까지 했다.

나는 이십 대 중반부터 약 10년 동안 하이드록시컷Hydroxy-cut이라는 이름도 흉측하고 요오드와 유황 냄새가 나는 보조제를 GNC* 매장에서 은밀히 사들여 끝없이 먹었다. 식욕을 억제한다고 알려진 광귤이라고 주장하는 약을 의심스러운 아마존 제3자 판매자에게 샀다. 하버드에서 박사 후 연구원으로 있으면서 정이 듬뿍 든 내 작은 다락방 사무실 속 옷장은 빈 병으로 채워졌다. 이런 약은 한마디로 아무 효과도 없었다. 그러다 각성제인 애더럴을 처방받아 복용했다.

시작은 한동안 복용하던 항우울제 이야기를 하려고 하버드의 정신과 의사를 찾아가면서부터였다. 나는 약이 더 이상 효과가 있는지 알 수 없다고 말했다. 여러 우울증 증상이 있었지만 특히 쉽게 산만해지고 집중력을 유지하기 어려웠다.

---

* 비타민, 영양 보충제, 미네랄 등을 생산, 판매하는 기업

의사가 이런저런 질문을 던졌는데 놀랍게도 내가 주의력결핍
과잉행동장애인지 알아보려는 것이었다. 나는 의심스러우면
서도 진단을 받아들였다. 잠시 후 동그랗고 조그마한 밝은 분
홍색 약의 처방전이 내 손에 들어왔고 나는 곧 이 약에 의존
하게 됐다.

애더럴에 강력한 식욕 억제 작용이 있다고 들었는데 다만
나에게 얼마나 효과가 강력할지는 미처 몰랐다. 며칠씩 밥을
먹지 않아도 괜찮았다. 갑자기 쉴 틈 없이 일했고 체중이 급격
하게 줄었다. 하늘로 솟아오르는 것 같았다.

그러다 당연하게도 이 놀라운 약이 더 이상 놀라운 효과를
내지 않게 됐다. 아래쪽 등 근육이 너무 단단하게 뭉치고 손으
로 잡으면 너무 아파서 마사지사가 이 정도로 뭉친 근육은 처
음 본다고 했다. 흉곽 바로 밑의 통증이 너무 심해서 마사지사
가 거의 만지지도 못했다. 그해 여름 가끔 약을 먹지 않을 때는
극도로 무기력했다. 점점 짜증이 늘었고 평소답지 않게 자주
싸웠다. 일은 깊은 굴속으로 파고드는 듯했고 결혼생활도 힘
들었다. 약을 끊어야 했다.

하지만 오히려 처방량을 늘렸다.

늘리고, 늘리고 또 늘렸다. 뉴욕 이타카로 이사하면서 의사
들도 바뀌었는데 이들은 내 진단에 의문을 품지 않았고 내가
용량을 훨씬 늘려달라고 해도 눈 하나 깜빡하지 않았다. 나는
강의, 토론, 회의 등 사회 불안 장애가 나타날 수 있는 상황에

서는 약을 피하려고 조심했지만 혼자 있을 때는 늘 복용했다. 이 시기는 점점 어두워졌다. 사무실에서 밤새워 일하며 정리되지 않은 글을 맹렬하게 써댔지만 이런 글은 절대 빛을 보지 못했다. 그즈음 작업을 요약하는 1천 단어짜리 블로그 글을 쓰려고 하고 있었다. 지금 같으면 한 시간이면 끝낼 수 있는 일이다. 하지만 애더럴 때문에 불안하고 정신이 없고 분노가 치밀어 일을 할 수 없었다. 몇 시간 동안 이 생각 저 생각으로 미친 듯이 헛돌았다. 괜찮은 날에도 겨우 찾을 수 있었던 통제력을 잃고 말았다.

나는 처음 느꼈던 마법 같은 생산성을 되찾기 위해, 아니 사실을 말하자면 살을 빼기 위해 총 5년 동안 부정기적으로 애더럴을 복용했다. 체중 감량 효과는 오래가지 않았고 마지막에는 과거 어느 때보다 뚱뚱해져 있었다. 말할 수 없이 피곤했고 부신 피로*라는 것을 겪기도 했다. 기회가 될 때마다 16시간씩 잠을 잤다. 우울감이 깊었고 환영을 쫓았다.

분명히 말해두지만, 애더럴과 그 비슷한 약물은 필요한 사람이 적정량을 복용할 경우 생명을 구할 수 있다. 하지만 나처럼 여러 문제 중 특히 불안증을 치료하지 않은 사람들에게는 파멸을 초래할 수 있다. 나는 즉시 알아차려야 했다. 알려지지

• 콩팥 위 호르몬을 분비하는 부신의 기능 이상으로 스트레스와 피로를 느끼는 증상

않은 효과를 얻고 어느 때보다 날씬해지겠다는 몽상을 버렸어야 했다. 하지만 나는 어떻게든 애더럴이 문제가 아니고 오히려 문제는 내 마음이고 무엇보다 내 몸이라고 믿도록 나를 가스라이팅했다.

가스라이팅은 채찍뿐 아니라 당근으로도 나타난다. 〈가스등〉의 도입부에서 매닝햄 씨는 벨라가 최근 들어 착하게 군다고 칭찬하며 바람도 쐬고 자신에게서 벗어날 수 있게 극장에 데리고 가겠다고 한다.[22] 벨라는 외출한다는 생각에 신이 난다. 그녀는 남편이 의도적으로 친구와 친척을 못 만나게 하기도 해서 사실상 갇혀 살고 있었다. 벨라는 남편의 제안에 더 기분이 좋아져서 말한다. "오, 잭, 더 나아질게요. 더 나아지도록 진짜 노력할 수 있어요. … 나를 벗어날 기회가 조금만 더 있으면 좋겠어요." 그녀의 남편은 곧바로 벨라가 병을 진지하게 받아들이지 않는 것 같다고 의심한다. 벨라가 서둘러 변명하자 ("저는 지난주에도 상태가 좋았어요. … 당신이 집에 있으면서 저에게 잘해줘서요.") 그는 의심스러운 태도로, 정신 상태가 좋아진 것은 강제로 먹인 지독한 약 때문이라고 말한다.[23] 그래도 희극이 좋은지 비극이 좋은지 골라보라고 한다. ("그런 건 하나도 중요하지 않아요!" 벨라가 탄식하듯 말한다.)[24]

그러다 모든 것이 사라진다. 아니, 다 뺏긴다고 해야 할 것이다. 매닝햄 씨는 그들 뒤의 벽에 시선을 고정하며 침착하고 위협적인 어조로 말한다. "방금 심하게 잘못된 것을 깨달았어. 내가 안 보는 동안 즉시 저것을 바로잡아 주겠어? 그럼 전혀 일어나지 않은 일로 치지."[25] 벽에 걸려 있던 그림이 사라졌고 이는 벨라의 책임이 된다. 이후 끔찍한 장면이 펼쳐진다. 하인들이 불려 와 그림을 치우지 않았다고 성경에 대고 맹세하고 벨라는 남편의 속임수에 그림이 계단 뒤에 있다고 추측한다(전에도 그런 적이 두 번 있었다). 이는 그녀가 그림을 가져갔다는 증거로 이용된다. 벨라는 히스테리를 부리고, 남편이 극장에 가지 않겠다고 하자 더욱 광분한다. 남편이 화가 나서 씩씩댄다. "자신을 통제하던가 결과를 받아들이는 건 당신 몫이야. … 우리가 서로 적이 되면 당신은 행복할 수 없어."[26] (물론 모두 함정이었다. 벨라에게 혼란을 주기 위해 그림을 떼어서 숨긴 사람은 남편이다.)

이 장면은 흔한 학대 방식을 숨 막히게 그려낸다. 희생자는 잠시 자신감을 느끼고 감정적, 물질적 보상을 약속받지만 곧 모든 것이 다시 무너진다. 그녀는 자신을 탓하고 불안정한 행동을 통제할 수 있어야 한다는 말을 듣는다.

다이어트에는 우리를 해치려는 폭력적인 개인은 없지만 역학 관계는 비슷하다. 체중이 약간 줄면 자랑스럽고 더 나은 사람이 된 것 같고 낙관적인 기분이 든다. 우리는 스키니 진이 몸에 맞을 날을 고대하고 다른 사람들에게 칭찬을 듣는다. 다른 여성의 몸을 단속하거나 단지 다이어트 문화에 참여함으로써 막대한 해를 입히는 여자들도 마찬가지로 우리를 칭찬한다. "너희들 표정을 보기 전까지는 내가 얼마나 쪘는지 몰랐던 것 같아." 2008년 개봉한 〈섹스 앤 더 시티 Sex and the City(영화)〉에서 서맨사가 친구들에게 한 말이다. 그녀는 쉰이 다 된 나이에 5킬로그램 정도 살이 찐다. "괜찮다는 말은 애정으로 하는 말인데 어떻게 그걸 모를 수 있어?" 캐리가 믿지 못하겠다는 듯 서맨사에게 묻는다.[27]

발전이라고 할 만한 변화는 우리가 알기도 전에 사라진다. 우리는 다시 살이 찌고 이는 온전히 자신의 책임이며 의지가 부족해서 실패했다는 말을 듣는다. 우리는 자신을 다스려야 한다. 식욕을 통제하는 법을 배워야 한다. 우리는 종종 수치심과 자책감으로 가득한 내면의 목소리를 통해 이런 메시지를 듣는다.

많은 사람이 이런 식으로 다이어트라는 멈추지 않는 러닝머신 위에서 주기적으로 떨어지지만 늘 다시 돌아온다. 어쩌면 우리는 길게 보면 다이어트로 날씬해질 수 없다는 규칙의 예외가 되기를 바라는지도 모른다.

그리고 이는 그 자체적으로는 비이성적인 생각이 아니다. 다이어트의 높은 실패율을 보면 다이어트 성공을 바라지 않는 편이 낫다. 에베레스트산 오르기, 베스트셀러 출간하기, 또는 철학과 종신 교수 되기 등 삶에는 성공 확률이 아주 낮더라도 시도하는 것들이 있다.

하지만 성공 확률이 낮은 이런 노력은 최종적으로 목표를 이루지 못하더라도 삶이 나아질 수 있다는 차이가 있다. 산에 오르는 사람은 튼튼해지고 기술이 좋아지며 놀라운 풍경을 감상할 수 있다. 글을 쓰는 사람은 최소한 작품을 마칠 수 있고 베스트셀러 목록에 오르지는 못하더라도 책을 출판해 일부 독자를 만날 수 있다. 학자금을 지원받아 박사 학위 과정을 시작하는 철학과 학생은 관련 직업을 얻지 못하더라도 지적 열정을 좇고 학문에 대한 깊은 애정을 키울 수 있다. 그리고 이런 소박한 목표도 실패하거나 그 과정에서 사람들이 불행해진다면 면밀하게 검토해 폐기할 수 있다.

다이어트는 대다수가 장기적으로 효과를 보지 못하더라도 어느 정도 혜택을 얻을 수 있는 습관일까? 그렇지 않다. 다이어트를 하면 배고프고 화가 난다. 그리고 더 이상 즐기지 못하거나 극도로 제한해야 하는 음식에 집착하게 된다. 많은 사람이 다이어트로 인해 불안감, 우울증, 심각한 식이 장애 같은 정신 건강 문제를 겪는다.[28] 다이어트에 따른 모든 건강 문제는 뚱뚱함 그 자체가 아니라 체중 순환과 관련되어 나타난다. 다이어트는 우리를 목표에 가까이 데려가지 않고 장기적으로 더 뚱뚱해지게 만든다. 또한 창의적이고 이타적인 활동을 포함한 다른 일에 헌신할 수 있는 소중한 기회를 잃게 한다. 특정한 모임을 피해야 하고 참여하더라도 음식을 피하는 데 정신이 팔리기 때문에 사회 활동이 어려워진다. 솔직하게 말해서 다이어트하는 사람은 지루하다. (똑같이 다이어트하는 사람이 아니라면 새로운 식사 계획이나 당알코올*의 위험에 대해 듣고 싶은 사람은 아무도 없다.)

그리고 살을 빼고 유지하는 사람, 즉 업계의 표준에 따라 성공했다고 여겨지는 사람들도 새 체형을 유지하기 위해 어마어마한 노력을 들여야 한다. 25킬로그램을 감량해 11년째 유지하고 있는 한 여성은 현재 하루 1,800칼로리를 섭취하고 탄수화물 섭취를 제한하고 매일 11~14킬로그램의 중량을 조끼와 발목에 묶고 운동한다. 이렇게 족쇄를 차고 50분짜리 운동 영상을 두 배 속도로 따라 한다. (원래는 한 시간씩 달렸는데 발을 다쳐서 그만둬야 했다.) 그녀는 거슬리는 생각과 음식에 대한 집착이라는 증상에 끝없이 시달린다고 말한다. 그리고 체중을 유지하려는 노력을 생활 방식이 아닌 일이라고 묘사한다. 대단한 보상이 있는 것도 아니면서 진이 빠지게 하는 일이다.[29]

체중을 유지하기 위한 이런 전쟁 같은 이야기는 흔하다. 뚱뚱하거나 뚱뚱했던 많은 사람들은 매일 의무적으로 체중을 재고 여기에 따라 자신을 조금 좋게 또는 나쁘게 느끼며 아침 체중에서 파생된 자아에 따라 위계를 세운다. 한 체중감량 전문의사가 전한 성공 사례에는 항상 자신의 몸무게를 잴 뿐 아니라 먹는

• 당에서 유기된 화합물로 단맛을 내는 감미료로 알코올은 함유되어 있지 않다.

모든 음식의 무게를 재는 남자 이야기가 있었다.[30] 〈도전! FAT 제로〉에 참가해서 45킬로그램 이상을 감량한 후 현재는 퇴역 군인을 대상으로 비만의학전문의로 일하는 여성도 있다. 그녀는 살이 약간 다시 찐 후 이제는 철두철미한 다이어트를 고수한다고 말한다. 매일 도시락을 싸서 출근하고 앱으로 칼로리를 계산하고 임신했을 때도 너무 체중이 늘지 않게 조심했다. 또한 집에 초콜릿이나 디저트를 절대 들이지 않는다. "제가 먹는 모든 음식에 극도로 주의하면서 적극적으로 노력합니다." 10일 중 9일은 격렬하게 운동한다. 그런데도 체중은 들쭉날쭉해서 가드를 내릴 때마다 사라졌던 살이 돌아온다. 그녀는 기자에게 절대 쉬워지는 법이 없다고 이야기했다.[31]

다른 체중감량 전문의사는 왜 어떤 사람들은 특정 다이어트를 통해 일시적으로라도 성공하는데 다른 사람은 반복적으로 실패하냐는 질문을 들었다. 의사는 쾌활하게 "저도 몰라요!"라고 답했다. 정말 어려운 질문이다.[32]

그리고 이 질문에 대답하지 않는 것은 이제는 웰빙이라고 부르는 다이어트 산업 거물들의 이익에도 부합한다. 2007년 한 연구에서는 웨이트워처스에서 가장 성공한 평생회원 중에서도 오직 16퍼센트만이 5년 넘게 목표 체중을 유지했다. (웨이트워처스가 지원한 연구였기 때문에 이 기업의 프로그램을 좋게 말할 가능성이 있었다.) 웨이트워처스의 전 재무 담당 이사 리처드 샘버Richard Samber는 이를 보고 좋은 결과라고 생각했다. "84퍼센

트는 돌아와서 다시 우리 프로그램을 이용해야 하므로 성공적이죠. 그렇게 사업이 굴러가는 겁니다."³³

웨이트워처스의 모든 임직원이 태평스럽게 돈 벌 궁리나 하는 샘버의 의견에 동의하지는 않았다. 당시 최고 과학 책임자였던 캐런 밀러코바치Karen Miller-Kovach는 데이터를 좀 더 긍정적으로 보려고 시도했다. "실패를 기반으로 사업을 유지할 수는 없어요. 우리가 50년 동안 살아남은 데는 이유가 있습니다. … 사람들이 만성적인 체중 관리 문제를 도와달라고 반복적으로 우리를 찾아오기 때문이죠." 해석하기 나름이다. 다이어트와 체중 감량은 지속 가능해서는 안 된다. 오히려 무기한으로 지속되어야 한다. 가장 성공한 회원들 가운데 오직 16퍼센트만이 목표 체중에 도달하고 이를 유지한 것에 대해 밀러코바치가 이의를 제기했다. "이것이 우리가 원하는 전부일까요? 그렇지 않습니다. 하지만 그렇다고 대안은 무엇인가요? 대안은 아무것도 안 하는 겁니다."³⁴ 흠, 맞는 말이다.

한편 옥스퍼드 대학교 근거 중심 의학센터의 칼 헤니건Carl Heneghan 이사는 이 같은 결과를 통렬하게 비판했다. "그러니까 최고의 평생회원조차 몸부림쳐야 하고 대부분은 장기적인 목표 체중을 이루지 못합니다. 40년이 지났는데… 이 사람들은 대체 언제 깨어나서 이게 답이 아니라고 말할까요?"³⁵

알 수 없다. 우리는 가스라이팅으로 명료함을 뺏기고 오락가락하는 체중이 깜빡이는 가스등처럼 심각한 문제가 발생했다고 경고하는데도 움직이는 시늉을 계속한다.

〈가스등〉의 마지막 장에서 매닝햄 씨는 부인에게 이렇게 말한다. "당신이 방에서 걸어 다니면 무슨 생각이 나는지 알아, 벨라? … 몽유병 환자가 떠올라. 그런 사람 본 적 있어? (당신의) 마음은 우습고 멍한 표정으로 방황하고 몸은 이끌어 줄 영혼 없이 돌아다니고 있어."[36]

하지만 매닝햄 씨의 관점과 달리 가스라이팅당하는 사람의 문제는 몸이 통제가 안 되거나 이성이 사라진 것이 아니다. 오히려 극심한 통제를 받는 마음이 다른 무엇보다 만성적인 배고픔에서 벗어나려는 몸의 노력을 방해한다.

내 딸은 20개월 정도 됐을 때 배꼽에 푹 빠졌다. 기회만 생기면 티셔츠를 들어 올려 웃으며 배꼽을 가리켰다. 얼마 안 가 엄마와 아빠 역시 배꼽이 있다고 추론하고 탐험을 시작했다. 하지만 아이가 내 셔츠를 들어 올릴 때 나는 본능적으로 배를 쏙 집어넣었다. 수치심을 느꼈고 내 수치심이 수치스러웠다. 그때 퍼뜩 생각했다. 딸을 위해 내 몸에 관한 생각들을 정리해야겠다고.[1]

이런 깨달음은 내가 지금껏 가장 극단적인 다이어트를 한 직후 찾아왔다. 슬프지만 딸도 이 모든 과정을 지켜봤다. 나는 팬데믹이 시작되고 얼마 후 한 번 더 저탄수화물 다이어트를 시작했는데, 6개월 동안 전혀 진전이 없었다. 그래서 큰 결심도 없이 먹기를 멈췄다. 이후 한 달 동안 먹지 않은 날이 먹은 날보다 많았다.

나는 페미니스트이자 비만 수용 활동가라고 할 수 있으면서도 보통의 출산한 여자들이 하는 일을 해야 한다는 막연한 의무감을 느꼈다. 우리 여성들은 아기를 낳은 후 다시 몸을 줄인다. 내 체중은 임신하기 전부터 체질량 지수 차트에서 고도 비만을 가리켰다. 임신을 시도하기 전 애더럴을 완전히 끊으니, 체중은 재깍 돌아왔다. 임신 기간에 체중이 크게 늘지 않았는데도 이후 몸이 더 물렁물렁해진 것 같았다. 형태가 사라진 거대 조직처럼 느껴졌다. 나는 다시 착해지고 싶고 순종적인 사람으로 보이고 싶었다. 근육과 힘줄과 탄탄함과 푹 들어간 몸을 원했다.

그러자 나는 내 몸뿐 아니라 배고픔과 식욕까지 증오하게 됐다.

나만 이런 것이 아니다. 비만을 두려워하는 사회에서 우리는 모두 너무도 자주 배고픔을 적으로 본다. 만성적으로 배고픔을 느낄 정도로 다이어트를 해야 한다는 생각은 도처에 있다. 간헐적 단식은 거의 현재 다이어트 문화의 좌우명이 됐다. 2021년 1970년대 TV쇼를 리메이크한 폭스 TV의 〈판타지 아일랜드Fantasy Island〉 첫 화에서 크리스틴이라는 아침 뉴스 앵커는 소원이 이루어질 수 있는 섬에 묵기 위해 상당한 돈을 낸다. 그녀의 판타지는 먹어도(먹고 먹고 또 먹어도) 살이 1그램도 찌지 않는 것이다. 방송 일을 하는 내내 배고팠기 때문이다. (이화의 제목은 '배고픈 크리스틴'이다.) 그리고 그녀는 전형적인 다른 여자들과 비슷하게 엄격하지만 분별 있는 식이 제한에서 벗어나 짧고 거칠고 마법 같은 시기를 즐긴 후 결국 가벼운 식인 풍습에 빠진다.[2]

우리는 만성적인 배고픔과 함께 사는 법을 배워야 한다는 생각에 문제를 제기할 수 있고 또 그래야 한다. 이 책에서 앞서 살펴보았듯이 우리에게는 체중을 뺄 의무가 없고 이러한 가짜 의무를 사실로 받아들여 우리에게 부과하는 다이어트 문화의 지시는 심각하게 비도덕적이다. 다이어트 문화는 우리를 끝없이 배고프게 만들고 신체적으로 불편하게 만들며 때로는 괴롭게 만든다. 우리는 아무 목적에도 부합하지 않는 이런 의무에서 자유로워질 권리가 있다.

나는 내 첫 윤리학개론 수업을 단순한 판단으로 시작한다. '아픔과 고통은 나쁘고, 도덕이라는 이름으로 예방하거나 가능하면 끝내야 한다. 더 나아가 기쁨과 즐거움은 분명 좋은 것이며 그 과정에 다치는 사람이 없다면 촉진하고 육성해야 한다.'

이러한 생각은 단순하지만 최초의 체계적 윤리 이론 중 하나인 공리주의의 기초가 된다. 제러미 벤담Jeremy Bentham과 존 스튜어트 밀John Stuart Mill이 개발한 이 사상에 따르면 우리는 어떤 행동을 그것이 초래할 아픔과 고통의 양, 그리고 그것이 세상 모두에게 가져올 기쁨과 즐거움의 양을 고려해 평가해야 한다. 이에 따라 예상되는 기쁨에서 예상되는 고통을 뺀 '순 효용'이라는 측정값을 모든 행동에 부여한다. 공리주의에 따르면 우리는 도덕 공동체의 인간과 비인간 모두의 순 효용을 최대화하도록 행동해야 한다. 다시 말해 우리 자신을 포함한 모든 사람의 기쁨과 고통을 고려하여 기쁨을 극대화하고 고통을 최소화하도록 행동해야 한다.

그러나 이제 공리주의가 윤리학적 진리의 전부라고 믿는 철학자는 거의 없다. 앞서 살펴보았듯이 공리주의적 접근은 더 많은 사람을 살리기 위해 태연하게 한 사람을 희생시키라고 명령하는 트롤리 문제의 뚱뚱한 남자 변형판처럼 직관에 반하고 잔인하기까지 한 암시를 내포하는 것도 잘 알려져 있다.[3] 그러나 제대로 포착하지는 못했지만 공리주의의 기본적인 생각에는 여전히 부인할 수 없는 매력이 있다. 앞서 설득력도 빈약하고 극도로 비인간적인 주장을 펼친 피터 싱어는 현재 세상에서 가장 널리 쓰이고 칭송받는 윤리학 논문 「기근, 풍요, 도덕Famine, Affluence, and Morality」에서도 공리주의적 생각을 시도했다. 이 논문에서 그는 고통 예방 원칙을 제안했는데 이 원칙에 따르면 도덕적으로 중요한 것을 희생시키지 않고 통증, 괴로움, 배고픔 같은 나쁜 결과를 예방할 힘이 있다면 우리는 도덕적으로 그렇게 해야 한다는 것이다.[4] 싱어는 이 원칙을 이용해 부유하다고 추정되는 사람들이 관례상 주는 것보다 훨씬 많은 수입을 자선 단체에 기부해서 전 세계 궁핍한 사람들의 배고픔을 해결할 의무가 있다고 주장한다. 싱어는 또한 비슷한 배려가 채식주의에 강력한 도덕적 근거를 제시한다고도 주장했다. 고기를 먹는 행위는 우리 식탁에 오르기 위해 도살될 뿐 아니라 그 과정에서 공장식 축산 등으로 지독한 학대를 당하는 모든 동물의 고통과 괴로움에 기여하기 때문이다.[5]

이러한 구체적인 주장을 어떻게 생각하든 심각한 고통과 괴로움을 일으키고 특별한 장점이 없는 사회적 관행은 도덕적으로 문제가 된다는 데에 동의할 수밖에 없다. 하지만 이 문제가 또 다른 흔한 사회적 관행인 다이어트와도 밀접한 관계가 있다는 점은 이상하게 주목을 끌지 않는다.

다이어트가 정말 괴로움을 유발할까? 내 경험에 비춰볼 때 확실히 그렇다. 살을 빼려면 그저 단 음식을 끊거나 과식을 피하면 된다는 희망적인 생각과 달리 나는 체중이 바뀌는 걸 보려면 거의 먹지 않아야 하는 많은 사람 중 하나다.[6]

그래서 때로 무엇이 됐든 아무것도 먹지 않게 됐다. 처음에는 하루만 먹지 않아도 몸이 차가워지고 좀 멍했다. 물론 배가 고프고 음식 생각에 사로잡혔다. 하지만 아직 첫날이라서 그래도 머리가 맑았다. 그게 이틀이 되고 사흘이 되자 생각을 할 수 없었고 다시 음식을 먹겠다는 결정을 내릴 수 없었다. 나흘, 닷새가 되자 아예 생각이 사라졌다. 나는 행동할 힘을 잃었다.

어떤 면에서는 내내 기능을 유지했다. 기본적인 직업적 의무를 다하고 딸을 돌보고 급한 이메일을 보냈다. 하지만 점점 몸이 차가워지고 효율성이 떨어졌다. 마치 강력한 탄닌산을 흡입한 것처럼 입이 마르고 주름이 잡혔다. 위가 비어서 거의 아플 정도로 울렁거렸다. 잠을 잘 때 유일하게 쉴 수 있었지만 너무 배가 고파서 그것도 힘들었다. 배고픔이 가차 없이 나를 갉아먹었다. 배고픔은 공허가 아니라 적극적으로 나를 무너뜨리는 명령 같았다. 몸은 먹으라고 말하고 있었지만 나는 무례하게 그 말을 무시했다. 그러다 어떤 말도 들을 수 없게 됐다.

이런 상태가 끝없이 계속됐다. 내가 빠져든 돌림노래에서 나를 꺼내겠다는 생각을 하기가 힘들어졌다. 사흘째 머리에 끼기 시작한 안개가 짙은 먹구름이 되어 내 주변의 모든 사물과 사람을 뒤덮었다. 급기야 나를 찾는 어린 딸과도 완전히 끊긴 기분이 들었고 다급한 목소리로 괜찮은지 물어보는 남편도 마찬가지였다.

물론 괜찮지 않았다. 하지만 나는 내가 어느 정도로 굶고 있었는지 남편은 물론 모든 사람에게 숨겼다. 어쩔 수 없었다. 다른 사람들에게 도움을 요청할 수 없었다. 말 그대로 불가능했다. 더 이상 에너지가 없었다.

나는 최악의 상황에서 나를 도와주지 않은 의사 덕분에 깨어났다. 후속 진료 예약 날짜가 되어 찾아간 의사의 진료실이 덥고 답답했다. 나는 마스크를 이중으로 쓰고 있었고(팬데믹 상황이 그 정도로 심각할 때였다) 언제 중단해야겠다는 구체적인 계획도 없이 7일째 단식 중이었다. 그동안 내내 열량만 없는 게 아니라 어떤 특별한 맛도 들어가지 않은 탄산수만 마셨다. 이렇게 오래 단식하기는 처음이었다. 너무 굳어서 놀랄 힘도 없었다.

진찰대에 앉아 힘없이 진료 기록지를 바라보고 있는데 시야의 가장자리가 흐려지기 시작하더니 갈색으로 변했다가 검은색으로 변했다. 곧 기절할 것 같았다. 무엇보다 창피했고 넘어지기 전 의사에게 먼저 알려야겠다고 생각했다. 의사는 이중으로 쓴 마스크 때문에 힘들어한다고 짐작했는지 "걱정하지 마세요."라고 친절하게 말했다. "어차피 곧 끝날 거예요." 그는 가볍게 손을 내젓고는 나를 내버려두고 떠났다.

앞서 그 의사는 내가 급격하게 살을 뺐다고 칭찬해 주었다.

그날 나를 깨운 것은 분노였다. 그는 내가 괜찮은지 물어볼 수 있었고 그래야 했다. 이상적인 상황이라면 내가 제대로 먹고 있는지, 그러니까 충분히 먹고 있는지 물어보았을 것이다. 생명을 유지할 정도로 충분히 먹는가? 어떻게 살을 뺐는가? 배고프지 않은가? 그런 기본적인 질문을 던지는 것은 하나도 어렵지 않았을 것이다. 하지만 나에게 돌아온 것은 인정과 침묵과 부재였다. 그래서 나는 귀하고 분명한 내 분노를 안고 집으로 와서 먹었다. 간단한 식사는 눈물 날 정도로, 마음이 아플 정도로 맛있었다. 당이 혈류에 흘러들자 고통스러울 정도로 명확한 순간이 찾아왔다. 더 이상 이렇게 살 수 없었다. 내 배고픔을 무시할 수 없었다.

일부 철학자들은 고통을 감각이 아닌 명령, 즉 내면에서 들리는 '멈추게 하라'는 지시로 해석한다.[7] 이 이론에 따르면 고통은 우리의 귓가에 "손 떼! 넌 다쳤어."라고 속삭이고 소리친다. 배고픔도 마찬가지로 특유의 물어뜯고 싶은 욕망을 해소하기 위해 우리에게 먹으라고 명령한다. "먹어! 어서!"라고 강력히 촉구한다.

나는 이러한 고통, 배고픔, 궁핍 상태를 오래전부터 '신체적 명령bodily imperative'이라고 이론화했다. 이 명령은 예를 들어 우리에게 잠을 자거나 갈증을 풀라고 이야기한다. 불에서 손을 떼라고 하고 산소가 부족할 때 숨을 들이마시라고 말한다. 거의 있는 그대로 전달한다.

내가 볼 때 신체적 명령은 가장 중요한 '도덕적' 명령을 구성하며 우리가 타인, 생명체, 그리고 주체로 여겨지는 우리 자신에게 해야 할 일을 알려준다.[8]

그럼 이 신체적 명령의 한계는 무엇인가? 우리가 가진 모든 욕구가 이 범주에 들어간다고 생각하지는 않는다. 신체적 명령은 몇 가지 주요 특징으로 구분된다. 우선 보편적이거나 거의 그런 경우가 많다. 거의 모든 사람이 배고픔이나 이와 같은 상태를 경험하며 일시적으로 그렇지 않은 사람이 있다면 그것은 보통 신체에 다른 문제가 생겼다는 뜻이다. 심각한 질병이나 식욕을 앗아가는 비통함 때문일 수 있다.[9] 두 번째로 신체적 명령은 특정 방식으로 아주 '깊다.' 새 아이폰을 사고 싶다는 단순한 욕망이 강력할 수 있지만 이를테면 무인도에 버려진 사람이 첫째로 원하는 소망일 수는 없을 것이다. 유명한 매슬로우의 욕구 단계 이론처럼 산소, 음식, 물, 잠, 따뜻함에 대한 열망과 추가로 주변에 대한 약간의 통제와 어느 정도의 사회적 존엄 등의 신체적 명령은 우리 삶의 가장 기본적인 우선순위 일부를 제공한다. 그래서 고문하는 자들은 이런 요소를 어떻게 이용해 희생자들을 괴롭혀야 하는지 너무 잘 안다. 사람은 신체가 저항할 때 무너질 수 있기 때문이다.[10]

마지막으로 신체적 명령은 중요한 의미에서 우리에게 달리지 않았다. 새 아이폰을 사고 싶은 욕망은 노력하면 줄일 수 있고 애초에 그런 소비 지상주의에 따른 욕구를 갖지 않을 수도 있지만 배고픔은 우리가 직접적으로 통제할 수 있거나 장기적으로 주의를 분산할 수 있는 종류가 아니다. 물론 무시할 수 있고 실제로 종종 무시하기도 한다. 하지만 보통은 자신도 모르게 느낄 수밖에 없다.[11]

신체적 명령을 도덕적 명령으로 보는 생각에는 타당한 윤리적 함의가 들어 있다. 숨 쉬려고 버둥거리는 사람을 생각해보자. 신체가 공기를 찾아 울부짖고 진짜 숨이 막히는 사람이다. 그런 상태는 우리 모두에게 이 사람을 돕고 그런 신체적 결핍과 공포가 일어나지 않도록 처음부터 예방의 필요성을 느끼게 한다. 그리고 이 추상적인 도덕적 명령에서 더 구체적인 윤리 의무와 금지 규정이 나온다.[12] 이는 사람을 목 졸라 살해하는 행위가 얼마나 중대한 윤리적 잘못인지 설명하는 데 도움이 된다. 의도적으로 다른 사람이 마실 공기를 차단하는 것은 사람에게 할 수 있는 가장 악독한 행동이다. 매우 위험하고 본질적으로 지배적 행위일 뿐 아니라 고문의 한 형태이기도 하다.[13]

우리는 또한 이런 명령에 따라 코로나19처럼 심각할 수 있는 호흡기 질환이 퍼지는 것을 막기 위해 마스크를 쓰고 백신을 맞는 등 할 수 있는 일을 한다. 이 때문에 위험을 무릅쓰고 이 환자들을 돌보는 의료진이 더욱 훌륭한 것이다. 이들은 생명을 살리고 장기적 건강 문제를 방지하기만 하는 게 아니라 호흡 곤란에 따르는 끔찍한 고통을 완화하는 데 도움을 준다.[14]

만성적으로 매우 배고픈 것은 그 자체로 고통이며, 비록 강력한 사회적 영향 때문이기는 하나 많은 이들이 스스로 부과하는 고통이다. 이 책에서 반복적으로 보여주었듯이 비만혐오의 억압적인 힘은 계속 극단적인 다이어트를 해야 한다는 잘못된 의무감을 강제적으로 심는다. 이것이 다이어트 문화의 핵심이다. 신체적 명령의 도덕적 의의에 대한 내 생각이 맞다면 본능적인 결핍 상태를 무시하고 자신에게 심각한 고통을 가하라고 말하는 이러한 가짜 의무는 사실 도덕적으로 해롭다.

어쩌면 아직 의심이 들 수도 있다. 그럼 최대한 잠에 저항해야 한다고 말하는 관습을 상상해 보자. (현재 이런 관습에 근접하는 '그라인드 문화'*라는 게 있기는 하다.[15]) 낮잠은 당연히 안 된다. 필요하더라도 하루 일고여덟 시간, 또는 아홉 시간 자는 것도 안 된다. 며칠 밤낮을 자려는 욕구에 아예 굴복하지 않고 버티는 것이 가장 이상적이다. 이런 관념에 간헐적 불면이라는 멋진 이름을 붙일 수도 있을 것이다. 이런 방식으로 살면 정신적 명쾌함, 더 깨끗한 피부, 수명 연장, 신체적 매력 같은 많은 혜택이 있다고 거짓을 말할 수도 있다. 더 피곤해지고 휴식을 간절히 원하게 될 뿐이라는 실증적 증거가 충분한데도 말이다. 몸은 자라고 말하지만 우리는 무시하라고 말한다.

이제 몇 가지 사실을 더해보자. 이 시스템은 일부 사람들을 특히 더 겨냥한다. (소녀와 여성, 그리고 유색인이 그들이다. 낮잠부 Nap Ministry라는 조직을 만든 트리시아 허시Tricia Hersey의 작업이 잘 보여주듯 그라인드 문화에서는 이런 관습이 현실일 수 있다.[16]) 정기적으로 잠을 자지 않기 위해 약과 수술 등 점점 더 극단적인 수단을 추구하므로 돈도 많이 들 것이다.

이 시스템의 도덕성을 어떻게 생각하는가? 반대한다면 다이어트 문화는 어떻게 다른지 자문해 보기 바란다.

나는 왜 내 극단적인 다이어트 이야기를 여기에 적었을까?

---

* 뼈를 갈 듯 열심히 일하는 현재 직장인들의 문화

그저 과시하려는 걸까? 이 일을 겪고 이 장을 쓰기 시작하면서 자랑이 맞겠다는 결론을 내렸다. 뚱뚱한 건 사실이지만 순종적으로 몸을 줄이기 위해 누구보다 열심히 노력한 착한 뚱보 역할을 은근히 연기하는 것 같았기 때문이다.

그래서 글쓰기를 멈췄다.

그러다 좀 더 최근에 다시 시도했다. 내가 얼마나 틀렸는지 독자에게 이야기해야겠다고 생각했다. 가부장적 구속에 저항한다는 거창한 이야기들을 늘어놓으면서도 다이어트 문화에 얼마나 연루되어 있었는지 말해야 했다. 하지만 결국은 내가 아니라 내가 사는 세계에서 완벽하게 예측 가능한 결과로 나타난 죄를 고백하는 것 같았다. 자기 연민과 날카로운 사회 비판이 필요한 상황에서 죄를 인정하는 것처럼 느껴졌다.

그러다 지금까지의 이야기를 쓰기 시작했다. 다이어트 문화에 가스라이팅당하는 것이 얼마나 쉬운지, 얼마나 슬프고 나쁘고 위험한 결과가 나올 수 있는지 사람들에게 경고하는 마음으로 썼다. 이제 내 노력이 그렇게 강하지도 약하지도 않았다는 것이 보인다. 나는 그저 수많은 사람들, 특히 취약한 사람들에게 서서히 해를 입히는 사회적 힘에 붙들려 있었다. 때로 그 힘은 우리를 죽이기도 한다. 다이어트는 상당히 많은 사람에게 식이 장애로 가는 문이 되기 때문이다.

한 중요한 메타 분석에서 평범하게 다이어트하는 사람으로 분류된 사람들의 3분의 1 이상이 건강하지 않은 것으로 입증된 제한적 식습관으로 인해 2년 이내에 병적으로 다이어트 하는 사람이 된 것을 보여주었다. 게다가 병적으로 다이어트 하는 사람의 약 4분의 1이 같은 기간 부분적 또는 전체적 식이 장애에 걸렸다.[17] 다이어트가 식이 장애를 초래한다기보다는 초기의 경고 신호나 징후일 가능성이 있으므로 상관관계를 인과 관계와 혼동하지 않도록 조심해야 하지만 이러한 연구 결과는 시사하는 바가 있다. 이 연구들은 평범하고 건강한 다이어트를 그렇지 않은 식사 또는 완전한 식이 장애와 깔끔하게 구분하려는 시도가 상당히 많은 사람들에게 불가능까지는 아니더라도 아주 어렵다는 점을 보여준다. 많은 사람에게 다이어트는 언제나 위험했고 혹은 결국 위험해진다. 모든 정신 질환 가운데 거식증 같은 식이 장애가 사망률이 가장 높다는 점을 기억해야 한다.[18] 그리고 물론 이런 질병은 그 자체로도 끔찍한 고통을 수반한다.

지금 생각하면 나는 비정형 거식증이라는 질환에 거의 걸릴 뻔했다. 정형 거식증보다 훨씬 환자가 많은 걸 생각하면 아주 부적절한 이름이 붙은 이 비정형 거식증은 식이 장애에 가장 취약한 인구에 충격적일 정도로 많이 퍼져 있고 한 대표 연구에 따르면 사춘기 소녀와 젊은 여성의 거의 3퍼센트에서 발생한다.[19] 이른바 비정형 거식증의 특징은 체중에 대한 과도한 집착, 왜곡된 신체 이미지, 체중 증가에 대한 강렬한 공포심, 장기적인 식사 거부, 명확한 사고와 집중의 어려움 등으로 거식증과 같지만 한 가지 중요한 차이가 있다. 이 환자들은 저체중이 아니다. 그런 이유로 이들은 엄청난 심신의 고통을 겪는데도 병이 감지되지 않거나 의심조차 사지 않을 때가 많다. 피부가 누레지고 종이처럼 얇고 건조해지며 복부 통증과 피를 토하는 등 위장 질환이 나타나고 면역 체계가 약해지고 말할 기운이 없어진다. 기립성 저혈압이라고 알려진 증상 때문에 똑바로 서기가 어렵거나 앉아 있다가 일어설 때 기절할 수도 있다.[20] 이런 증상을 겪는 사람의 3분의 1이 무월경을 경험하고 4분의 1이 느린 심장 박동의 서맥을 보이며 최소 40퍼센트가 입원 치료를 받아야 한다.[21] 나는 다행히 이런 최악의 상황을 겪지 않았지만 이제는 내가 위험했다는 걸 안다.

의사는 특히 우리 뚱뚱한 사람들에게 이런 증상을 겪고 있는지 혹은 경고 신호를 감지하지 않았는지 질문하지 않는다. 한 달 동안 극적인 체중 감량을 보인 후 진료실에서 거의 기절하다시피 해도 관련 질문을 하나도 받지 않는다면 이런 질환을 진단받으려면 얼마나 힘들게 싸워야 하겠는가?

수사적인 질문이 아니다. 식이 장애 연구원 에린 하롭Erin Harrop의 연구가 이 문제의 핵심을 밝혀준다. 연구에 따르면 비정형 거식증 환자는 앞서 말한 모든 생리적 증상과 심각한 심리적 스트레스를 보여도 식이 장애를 앓기에는 너무 뚱뚱하다는 이유로 일상적으로 진료를 거부당한다. 이들은 발병 후 진단을 받기까지 평균 10년 넘게 고통받는다.[22]

나는 만성적으로 배가 고픈 극단적인 형태의 다이어트를 했다. 하지만 체중을 줄이려는 목적으로 특정 음식을 제한하거나 이런 음식을 매우 적게 섭취하는 덜 극단적인 방식은 어떨까?

여기서 조심해야 할 것이 있다. 전부는 아니더라도 많은 사람이 음식을 제한한다. 나는 분명히 멋대로 먹지 않는다고 해서 꼭 다이어트 문화의 희생자라고 주장하지는 않는다. 사람들은 병에 걸리고, 음식 알레르기나 음식 과민증을 겪는 사람들도 있다. 미래의 고통과 괴로움을 피하는 데 필요한 영양소를 비롯해 특별한 영양 공급이 필요한 사람도 있다. 예산이 빠듯할 수도 있고 음식을 준비할 시간이나 에너지가 부족할 수도 있다. 종교나 양심상의 이유로 특정 식품군을 단독으로 또는 결합하여 먹지 않을 수도 있다.[23] 이른바 식품 사막에 살 수도 있다. 가난하거나 식량 불안정에 놓여 있는 상황일 수도 있다. 다른 우선순위가 있을 수도 있고 살기 위해 먹는 사람일 수도 있다. 그 밖의 모든 이유로 인해 구속받지 않고 음식을 즐기는 대식가는 그렇게 많지 않다.

하지만 특별히 체중 감량을 목적으로 음식 섭취를 제한하지 않는 경우도 있다. 그리고 많은 사람들이, 나처럼, 음식에서 기쁨과 위안과 즐거움을 찾으라고 권하는 직관적 식사를 실천하며 찾은 반反다이어트 문화에는 가치가 있다.[24] 때에 따라서는 상당한 가치가 있다. 버터를 듬뿍 바른 토스트, 소금을 적당히 뿌려 더 군침 도는 수박 한 조각, 김이 모락모락 나는 쌀밥과 그 위에 끼얹은 뜨거운 소스. 주장하건대 여기에서 위안은 즐거움만큼이나 중요하다. 팬데믹 기간에 많은 사람들이 좋은 음식만큼 우리 성인들을 달래는 건 거의 없다는 걸 발견했다. 좋은 음식은 많은 요리책 저자와 음식 작가들이 오랫동안 가르쳐 온 대로 비싸거나 공들인 음식이 아니어도 된다.

흔히 식사가 기본적인 영양을 갖춘다면 얼마나 만족스럽고 미각을 기쁘게 하는지는 별로 상관없다고 생각한다. 일부에게는 그렇겠지만 어떤 사람들에게는 틀린 말일 수도 있다. 맛있는 식사가 오늘 주는 작은 쾌락보다 미래에 날씬한 몸을 갖는 쾌락이 더 크니 익힌 채소가 아니라 라자냐를 선호하는 것은 비이성적이라는 스티븐 핑커의 통명스러운 발언을 떠올려 보자.[25] 나는 궁금하다. 그는 저지방 음식을 매일 먹는 일상이 얼마나 단조로운지 생각해 봤을까? 익힌 채소를 계속 먹으면 얼마나 지겨운지? 사람들이 날씬해지거나 날씬함을 유지하기 위해 지독하게 우울한 그런 선택을 얼마나 많이 내리는지? 우리가 라자냐를 얼마나 갈망하는지?

다이어트 문화에는 또한 일상에서 혹은 특별한 축하 자리에서 음식을 나누는 기쁨을 최소화하는 개인주의적이라 할 수 있는 가정이 작용한다. 하지만 하루 약 세 번 종종 사랑하는 사람들과 배고픔을 해소하며 세상, 우리 몸, 그리고 서로

와 이어지는 일상에는 대단한 가치가 있다. 우리는 이런 방식으로 다이어트 문화가 낳은 신체 소외에 저항하고 우리를 보호할 수 있다.[26] 그리고 가족이나 문화에서 또 종교적으로 단순한 영양 이상의 의미가 있는 음식을 함께 먹는 특별한 연회 또한 비슷하게 가치 있다. 다이어트 문화는 이 모든 것을 금하거나 최소한 방해한다.

끝으로 다이어트가 우리 자신에게는 고통이 아닌 약간의 모호한 박탈감만 준다고 하더라도 다른 사람들, 특히 우리 아이들에게는 위험을 끼칠 수 있다. 미국에서는 3~6세 여자아이의 거의 절반이 뚱뚱해질까 걱정하고[27] 10세 여자아이의 약 80퍼센트는 벌써 다이어트를 하고 있다.[28] 최근 메타 분석에 따르면 전 세계적으로 조사 아동의 20퍼센트 이상이 식이 장애를 보이고 이 중에는 여자아이들의 비율이 훨씬 높다.[29] 게다가 6~8세 여자아이들 사이의 신체 불만족을 예측하는 주요 변수는 어머니의 신체에 대한 불만족을 인식하는 것이며 이러한 불만족은 실제로 어머니의 다이어트로 입증될 것이다.[30] 그리고 아버지의 자리를 빼면 안 되니 이야기하자면, 다른 연구에 따르면 아버지가 몸에 만족하지 않고 날씬해지려는 욕구가 있을 때(역시 다이어트 행동과 밀접한 관련이 있다)도 걱정스럽다. 이런 아버지는 사춘기 이전 딸이 식이 장애의 조기 징후를 보이는 데 영향을 미치는 핵심 위험 인자로 나타났다.[31]

의문이 생길 것이다. 하지만 과식도 큰 문제 아닌가? 이는 '과식'을 어떻게 정의하느냐에 따라 다르다. 허기를 채우려고 과도한 열량을 섭취하는 것을 말한다면 나는 그 같은 정의에 이의를 제기할 것이다. 그건 그냥 '먹는' 것이다. 이렇게 먹으면 사회적으로 용인되는 정도보다 뚱뚱해지겠지만 정상적이고 가치 있는 인간의 다양성으로 수용해야 한다. 반면에 과식이 포만감을 넘어서 불편하고 메스꺼울 때까지 먹는 것을 의미한다면 이는 신체에 고통을 주고 특별한 날의 선택(예를 들어 추수감사절에 파이가 맛있어서 과식하기)이 아니라는 점에서 문제가 된다는 데 동의할 것이다. 여기서 펼치는 내 쾌락주의적 주장으로도 그 자체로 기쁨보다는 고통을 수반하는 이런 습관을 옹호하지는 않을 것이다. 이런 의미에서 과식 현상을 이론화하는 것은 이 장의 범위를 훨씬 넘어선다.[32] 하지만 내게는 오랫동안 거부당하고 무시당하는 데 익숙한 사람들의 몸이 이들에게 먹기만 할 뿐 아니라 외치고 심지어 소리까지 지르라고, 그리고 배를 채운 후에도 그만두지 말라고 말하는 것이 세상에서 가장 이해할 수 있는 일로 보인다고만 덧붙이겠다. 우리 몸은 끝없이 위협받을 때 박탈을 두려워한다.

이 책이 지금까지 충분히 증명한 것과 같이 체중 감량의 목표가 무엇이든 다이어트로는 그 목표를 이룰 수 없다. 그러므로 다이어트는 표면적으로는 온화한 형태라도 진정한 보상도 없으면서 즐거움을 줄이고 고통을 키운다. 따라서 도덕적 파탄을 부르는 방법이다. 하지만 체중 감소를 유도하는 것으로 입증되었고 더 효과적이라는 주장도 있는 특정 방식은 어떨까? 이 같은 예로 배고픔 신호와 포만감을 느끼기 위해 음식을 먹는 능력을 빼앗아 다양한 방식으로 효과를 내는 두 가지 가능성, 즉 비만 대사 수술과 식욕 억제제를 생각할 수 있다.

비만 대사 수술은 많이 먹으면 통증과 고통이 따라오기 때문에 사실상 한 번에 아주 소량 이상은 먹지 못하게 신체적 명령을 부과하는 방식으로 일부 작동한다. 이 명령을 지키지 않으면 복부 통증, 위경련, 복부 팽창, 메스꺼움, 구토, 설사, 그리고 이름도 적절한 덤핑 효과가 나타날 수 있다(먹은 음식이 위에서 소장으로 너무 빠르게 넘어가서 앞에 말한 증상에 어지러움, 두통, 때에 따라 심박수 증가가 나타난다). 비만 대사 수술은 적어도 단기적으로는 배고픔을 줄여주고 아직 완전히 알 수 없는 대사 및 호르몬 변화를 일으킨다. 미국 대사 및 비만수술학회American Society for Metabolic and Bariatric Surgery에 따르면 일반적으로 이 모든 효과가 함께 급격한 체중 감소를 일으키고 평균적으로 이른바 과도한 체중의 약 절반이 빠져나가게 된다.[33] 분명 다이어트보다는 훨씬 명확한 효과가 나타난다.

하지만 비만 대사 수술에는 많은 문제점이 있다. 좀 더 극단적인 수술 방식에서는 사실상 정상적으로 기능하는 위의 상당 부분(80퍼센트까지)을 잘라낸다.[34] 최근 도입된 만큼 개입의 장기적 효과가 아직 밝혀지지 않아서, 규모가 점점 커지고 있는 이 치료법은 현재 진행 중인 인체 실험이라고 할 수 있다. 미국에서 연간 실시되는 비만 대사 수술 수는 2011년부터 2020년 사이에 50퍼센트 넘게 증가했다.[35] 이 같은 증가는 무엇보다 비만 대사 수술이 이 나라에 상당한 수익을 가져다준다는 사실과 관련이 있는 것으로 추정된다.

수술 그 자체도 위험할 수 있다. 환자 200명 중 한 명이 가장 흔한 비만 대사 수술인 위 우회술[36] 후 출혈, 감염, 혈전 등의 합병증으로 사망한다고 추정된다.[37] 업계 내부에서는 이 정도 사망률을 담낭 수술 같은 다른 수술과 비교해 호의적으로 평가하지만 선택적 수술치고는 위험이 상당히 큰 편이다.[38]

비만 대사 수술은 위험, 고통, 비용(때로 건강 보험으로 보장이 되지만 항상 그런 것은 아니다)이 따를 뿐 아니라 많은 환자가 수술 후 심각한 문제를 겪는다. 오피오이드 중독은 흔한 문제다.[39] 심각한 결과가 나타나기 때문에 음식을 먹거나 즐기기 어려울 때가 많다. 그리고 많은 사람이 수술 이후 빈혈과 괴혈병을 비롯한 영양 결핍, 담석[40], 탈장, 장 누수[41], 장폐색[42], 심각한 골감소증을 경험한다.[43] 약 3분의 1 정도 되는 많은 이들이 체중을 상당히 회복한다.[44] 심지어 일부 체중 감량 전문의는 따라서 위를 반으로 잘라내는 것이 비만으로 나타날 문제를 해결하는 '이상적인 해법이 아니다'라고 기꺼이 인정한다.[45]

비만 대사 수술은 또한 추가 수술과 입원을 비롯한 후속 조치가 필요한 경우가 상당히 많다. 약 3분의 1이 첫 수술을 받은 지 5년 이내에 이런 조치를 받아야 한다.[46]

아마도 가장 충격적인 것은 비만 대사 수술을 받는 사람이 그렇지 않은 사람보다 자살 확률이 최소 두 배 높다는 연구 결과일 것이다.[47] 물론 상관관계는 인과 관계가 아니고 여기에서 인과 방향성을 추정하는 것은 조심해야 한다. 하지만 이 같은 연구 결과는 매우 우려스러우며 수술을 받으려는 사람은 이런 설명을 들어야 한다. 심리학자 케이시 굿페스터Kasey Goodpaster가 말한 것처럼 "많은 환자에게 비만 대사 수술은 '마지막 수단'으로 여겨지기 때문에 삶의 질이 향상되는 결과가 나타나지 않으면 절망으로 이어질 수 있다."[48]

분명히 말하지만 나는 끝없이 다이어트하는 사람들에게 공감하는 것과 마찬가지로 신체를 세상에 맞추기 위해 비만 대사 수술을 받는 사람들에게 깊이 공감한다. 내가 이 책에서 앞서 펼친 주장에 따르면 개인은 이런 방식으로 체중을 줄이려는 시도에 따르는 건강상의 위험을 감당할 권리가 있고 이는 뚱뚱할 것을 선택할 권리가 있는 것과 마찬가지이다. 하지만 내가 이 책에서 주로 비판하려고 하는 사회적 관행의 수준에서는 우려할 여지가 아주 크다. 체중 감량 수술 산업은 취약한 사람들이 종종 설득력 있는 의학적 타당성도 없이 이런 위험한 수단을 선택할 권리뿐 아니라 의무도 있다고 느끼게 해서 이들을 잡아먹는다. 그런 의무는 없다. 더욱이 비만 수용 활동가이자 작가인 래건 채스테인Ragen Chastain의 다음과 같은 주장처럼 세상에 비만혐오가 이토록 심하지 않았다면 많은 뚱뚱한 사람들이 이런 수술을 원하지 않았을 것이다.

뚱뚱한 사람들이 날씬해지기 위해 소화 기관을 훼손하고 죽음을 감수해야 한다는 생각을 우리가 받아들이는 것을 보면 우리 문화에서 체중 낙인이 얼마나 지독한지를 비롯한 몇 가지를 확실하게 알 수 있다. 나는 날씬한 사람들이 만약 단지 편견이 심한 사람뿐 아니라 이들을 받아들이지 않고 날씬하다고 비난하는 세상에서 이토록 일상적으로 열악한 대우를 받는다면, 잘하면 삶을 바꿔주고 최악의 경우 목숨을 앗아가는 방식으로 건강하고 필수적인 장기를 절제할 생각이 있을지 궁금하다. 우리는 현대 사회에 체중 기반 낙인이 너무도 끔찍해서 의사들이 수술적 개입을 권유한다는 사실을 깊이 이해해야 한다. 잠시 생각해보기 바란다. 우리는 이제 불량배에게 점심 먹을 돈을 뺏기는 게 아니라 완벽하게 건강한 위를 바치고 있다.[49]

비만 대사 수술이 사회적으로 증가하면서 비만 낙인을 악화하고 실제로는 아무 문제 없는 많은 신체에 유혹적인 해결책을 제시한다는 채스테인의 우려에 공감한다. 나는 모든 신체가 받아들여지는 세상을 꿈꾸고 이런 세상을 우리가 도덕적으로 또 정치적으로 요구해야 한다고 믿는다. 또 아무도 체중 감량을 비롯한 어떤 이유로도 굶주리지 않는 세상을 꿈꾼다.

우리 중 일부는 배고픔을 무시하고 어렵게 배고픔을 해소할 뿐 아니라 잠재우려고 한다. 그래서 다이어트 약, 구체적으로 말하면 식욕 억제제를 먹는다. 앞 장에서 살펴본 것처럼 나 역시 그랬다. 너무도 부끄럽지만 자주, 그리고 적극적으로 약을 먹었다.

처방전 없이 살 수 있는 이런 약은 대부분 엉터리다. 효과가 있는 약도 일부 있지만 너무 위험해서 시장에서 퇴출당했다. 처방 약인 펜펜fen-phen*과 리덕스Redux**는 현재까지는 치료가 어려운 심각한 심장 판막증을 일으켰다.[50] 그리고 수만 명이 폐의 모세혈관이 두꺼워져 호흡이 점점 힘들어지고 결국 심부전이 발생하는 원발성 폐동맥 고혈압에 걸렸다.[51] 언론인 알리시아 먼디Alicia Mundy는 최악의 경우 "서서히 목이 졸려 사망한다."고 묘사했다.[52]

각성제인 펜터민은 여전히 단독으로 복용할 수 있다. 이 약은 일반적으로 고혈압, 가슴 두근거림, 호흡 곤란, 가슴 통증, 불면증을 비롯한 여러 가지 흔한 부작용이라는 더할 나위 없

---

* 펜플루라민에 펜터민을 더한 것
** 종종 펜터민과 함께 처방되는 덱스펜플루라민

이 값싼 대가로 약간의 체중 감소 효과를 낸다.[53] 애더럴 등 다른 각성제도 체중 감소를 유도할 수 있다. 지정된 용도 외에 체중 감량 목적으로 처방되는 일이 거의 없어서 관련 효과에 관한 좋은 자료를 구하기는 어렵지만 내 경험으로 볼 때 체중 감량 효과가 있었다.

이 약을 먹었을 때는 불안하고 미칠 것 같았고 잠을 잘 수 없었다. 그리고 잠시나마 자살을 생각했다. 약을 먹은 게 잘못이라고 말한다면 상황을 대단히 과소평가한 것이다. 게다가 이때는 체중이 무자비하게 돌아오기도 전이었다.

내가 한 행동이 충격적이라는 사람도 있겠지만 이런 일은 흔하다. 한 연구에서는 대학생 중 거의 5퍼센트가 체중 감량이라는 명확한 목적을 위해 리탈린Ritalin과 애더럴 같은 각성제를 불법으로 처방받았다고 보고했다.[54] (특히 믿을 만한 주의력결핍 과잉행동장애 진단 없이 부도덕한 의사들에게 비교적 쉽게 처방전을 받은 학생들은 이 결과에 포함되지 않았다.) 또 다른 연구에서는 약물을 사용하는 여자 대학생 중에서 15퍼센트 이상이 살을 빼기 위해 불법 물질을 복용하며 주로 코카인, 암페타민, 메타암페타민, 엑스터시 같은 각성제를 찾는 것으로 나타났다. 연구원들은 "좀 더 극단적인 체중 감량 행동을 보이는 여성이 체중 관련 이유로 불법 각성제 사용을 시작하거나 유지할 위험이 높다."고 덧붙였다.[55]

이러한 약물은 심각한 부작용이 따르고 정신 건강 증상으

로는 불안, 공황, 편집증, 정신병 등이 포함된다. 우울증 역시
흔하고 특히 복용 중단 후에는 더 그렇다. 구강 건조, 메스꺼
움, 복통, 구토가 나타날 수 있고 어떤 사람들은 과장되게 행
동하거나 무서울 게 없다는 식으로 구는데, 짜증스러울 뿐 아
니라 자신과 타인 모두에게 위험할 수 있다. 이런 약물은 불안
정한 수면이나 수면 장애, 두통, 떨림을 유발하고 뇌졸중, 심장
마비 같은 극심한 심혈관 질환과도 관련이 있다. 각성제 남용
은 때로 치명적인 결과를 가져온다.[56]

　반복해서 보듯 우리는 날씬해지는 대가로 배고픔, 혹은 극
심한 산소 결핍이라는 형태로 기본적인 신체적 명령을 위반한
다. 또는 잠이나 평화, 아니면 잠깐의 휴식을 희생하기도 한다.

　그리고 우리 몸에는 우리가 배고프다고 느끼는 것과 상관
없이 영양이 필요하다는 단순한 사실이 남는다. 무엇보다 이
점에 비춰볼 때 식욕 억제제는 너무 쉽게 위험한 영역으로 가
는 방법이다. 그러니 내 견해와 반대로 체중 감량에 가치가 있
다고 생각하더라도 체중 감량 수술과 다이어트 약이라는 현대
의 두 가지 주요한 다이어트 대안은 관련 산업이 절박한 사람
들을 악용하고 착취하며 초래하는 심각한 위험을 감수할 가치
가 없다. 이 결말을 생각해 보기 바란다. 현재 뚱뚱한 사람을
확실하게 날씬하게 만들면서 도덕적으로 적절한 방식은 없다.
나와 달리 당신이 누군가의 뚱뚱함을 걱정한다고 해도 윤리
범위 안에서 그들에게 추천할 만한 것은 아무것도 없다.

그러나 사고 실험을 해볼 수 있다. 간단하고, 고통이나 부작용도 없으면서 뚱뚱한 사람을 날씬하게 만들 방법이 있다면? 일부에서 당뇨병 약 세마글루타이드를 위시한 차세대 체중 감량 약물(위고비Wegovy와 오젬픽Ozempic으로 팔리며 주 1회 주사한다)이 도움이 된다고 광고하고 있다. 이런 주장은 효능이 부풀려졌을 수 있고 부작용이 없다는 것도 오해일 수 있다. (이런 약은 갑상샘암을 유발할 수 있다고 박스 경고boxed warning•에서 밝히고 있다.[57] 약을 주사한 많은 사람이 메스꺼움, 구토, 소화 불량을 보이고, 보험 적용이 되지 않으면 월 1,000달러가 훌쩍 넘을 정도로 값이 비싸다. 이 글을 쓰는 시점에는 보험이 적용되지 않는 경우가 많다.[58]) 하지만 우리는 효과가 훨씬 좋고 원하는 사람은 무료로 가져갈 수 있는 약을 상상할 수 있다. 그런 약이 있다면 어떨까? 그런 약을 복용하는 사회적 관습이 있다면 우리는 어떻게 생각해야 할까?

이 지점에서 주저하는 독자들이 많을 것이다. 비유해서 어두운 피부를 창백하게 만들어 주는 미백 크림이나 유대인 티를 최소화하기 위한 코 성형 수술(내 코도 그렇다), 또는 주름진 피부를 펴주는 보톡스를 생각해 보자. 이런 개입이 전적으로 안전하고 비용도 들지 않고 고통도 없더라도(현재는 전혀 그렇지 않지만) 나는 여전히 사회적 분석 차원에서 이에 반대할 것

• 미국 식품의약국 FDA는 약에 심각한 부작용 위험이 있을 경우 경고문에 테두리를 치도록 하고 있다.

이다. 가치 있게 여겨야 한다고 믿는 신체적 다양성이라는 차이를 뭉개버리기 때문이다. 차이를 무작위로 뭉개는 것도 아니고 백인 지상주의자, 반유대주의, 여성혐오, 노인 차별적 미의 기준을 옹호하는 방식으로 그렇게 한다.[59] 이런 관행이 널리 퍼진 만큼 유감스러운 일이 일어나고 있다. 그리고 나는 이런 행태가, 말하자면, 한 마디로 소름 끼친다.[60]

나는 뚱뚱한 몸이 똑같이 가치 있는 인간적 신체 다양성의 일부라고 생각한다. 나는 뚱뚱한 사람들이 존중받고 존엄한 대우를 받고 적절한 의료 서비스를 받아야 한다고만 생각하지 않는다. 나는 우리의 뚱뚱함에 존재할 만한 가치가 있다고 믿는다. 우리의 크기와 형태와 존재 자체가 세상에 뭔가를 보탠다. 록산 게이는 이렇게 말했다. "나는 존재한다. … 나는 공간을 차지한다. 나는 위협한다."[61]

물론 뚱뚱함은 아름다울 수 있다. 하지만 그건 아주 작은 요소라고 생각한다. 뚱뚱함은 시선을 사로잡고 도발하고 위안을 주고 보호하는 느낌을 줄 수 있으며 대단히 반문화적일 수 있다. 흥미로운 예술과 창조적인 가능성을 위한 거대한 백지가 될 수 있다. 뚱뚱함은 눈부신 풍자적 연기를 끌어내고 패션에서는 극적인 디자인에 기여한다.[62] "뚱뚱한 몸은 틀에 넣고 들고 움직여 환상적인 형태를 창조하고 파격적인 실루엣을 만들 수 있다. 작업할 재료가 더 많기 때문이다." '@isocrime'이라는 계정의 한 트위터 사용자가 최근 남긴 말이다.[63]

뚱뚱함은 임신 중에 영양을 공급함으로써 모유 수유와 자녀 성장을 지원할 수 있다. 뚱뚱함은 아이들의 탐스러운 손목(때로는 '뚱뚱 팔찌'라고도 한다)과 둥글고 작은 배에도 있다. 뚱뚱함은 황홀하게 굽이치는 오페라 가수의 배에, 니콜 바이어Nicole Byer*의 아름다운 비키니 포즈에 있다. 뚱뚱함은 넉넉하고 부드럽고 감미롭고 활기차다. 사랑, 경이, 숭배를 부른다. 신체의 크기와 형태가 모두 달라도 연대감, 공통의 취약성, 공통의 운명 감각을 불어넣는다. 뚱뚱함은 두려움을 일으킬 수 있고, 제멋대로인 살을 참지 못하는, 멀리해야 할 사람들을 물리칠 수 있게 한다. 린디 웨스트Lindy West가 쓴 것처럼 특히 여성의 뚱뚱함은 감히 '여성이 자신들의 소비를 위해 존재한다고 추정하는 보잘것없고 냉소적인 남자들을 멀리하고, 여성의 실제 몸처럼 말 그대로 근본적인 것 앞에서 움찔하는 비겁함을 발가벗기는 데' 도움이 된다.[64]

뚱뚱함은 다시 말해 소중하게 여겨야 하는 가치이다. 뚱뚱한 사람이 대부분 혹은 모두 우리가 상상하는 마법의 다이어트약을 먹는다면 중요한 것이 사라질 것이다. 한 번 더 '@isocrime'의 말을 인용하면 우리는 '말랑말랑함과 풍부함이라는 사치, 공간을 차지할 자유… 사람들의 기대를 넘어서고 살의 중력과 물질성에 둘러싸이는 삶'을 잃게 될 것이다.[65] 뚱뚱

• 　미국의 여성 코미디언이자 배우

함이 사라지거나 희귀한 것으로 여겨지면 우리는 집단적으로 축소될 것이다.

하지만 마법 약의 사회적 해악을 인정하더라도 한 사람의 외로운 뚱보인 당신은 여전히 궁금할 것이다. '나라면' 그 약을 먹어야 할까?

아까와 마찬가지로 두 가지 질문을 구분해야 한다. 그것을 먹을 권리가 있는가? 아니면 그 약을 먹을 의무가 있는가? 나는 지독하게 무모한 행동(헬멧을 쓰지 않고 오토바이 타기, 살 빼려고 암페타민 먹기 등)이 아니고 다른 사람에게 직접적인 해(실내에 아이와 함께 있을 때 흡연하기)를 입히지 않는다면 자기 몸에 어떤 것이든 할 권리가 있다고 생각한다. 결국은 자기 몸이다. 그리고 몸을 줄이고 싶거나 피부를 환히 밝히고 싶거나 콧날을 깎고 싶거나 찡그린 얼굴을 부드럽게 펴고 싶다면 그럴 권리가 있다고 믿는다. 인생은 힘들다. 그리고 세상의 인종 차별, 유색인 차별, 반유대주의, 성차별, 여성혐오, 노인 혐오, 비만혐오 같은 심한 편견으로 낙인이 찍힌 채 사는 건 더 힘들다. 좀 더 쉬운 길을 선택한다고 해서, 또는 삶을 견디기 위해, 때로는 그저 살기 위해 필요한 일을 한다고 비난, 모욕, 비판을 감당해야 한다고 생각하지 않는다.

하지만 이런 선택을 내릴 의무도 없다는 걸 알기 바란다. 특히 다른 사람이나 사회, 심지어 외모에 대한 내적 기준을 충족하기 위해 줄어들어야 할 의무는 없다. 우리가 상상하는 알

약이 (의료적 또는 재정적) 대가 없이 몸을 날씬하게 해준다는 사실이 반대 이유를 줄여줄 수 있다. 하지만 찬성 이유가 결정적일 필요는 없으며 찬성 이유가 확실하다고 할 수도 없다.

사실 더 말할 수도 있다. 우리가 상상하는 마법의 체중 감량 약을 먹을 권리가 누구에게나 있지만 그걸 거부하는 데에도 뭔가 좋은(냉정하고 대담하고 감탄스러운) 면이 있을 것이다.[66] (또한 사회적 압박이 있어도 피부를 하얗게 하거나 수술이나 보톡스로 얼굴을 바꾸기를 거부하는 것도 마찬가지라고 생각한다.[67]) 그렇게 함으로써 자기 몸으로 좁게는 뚱뚱함을 대표하고 넓게는 신체 다양성을 주장하게 될 것이다. 편협할 뿐 아니라 파시스트적이기까지 한 신체 규범과 이상과 가치에 저항하는 사람으로 보일 것이다. 뚱뚱함 때문에 소외되고 구석으로 몰린 사람들과 함께할 것이다. 괴롭힘당하던 어린 나와 함께할 것이다. 조롱당하던 오브리 고든과 함께할 것이다. 천식을 앓던 뚱뚱한 어린 시절에 쓰레기봉투를 쓰고 숨이 막히도록 동네를 돌던 다숀 L. 해리슨과 함께할 것이다.

그리고 비만혐오에 빠져 있지만 우리가 힘을 모아 훨씬 나은 곳으로 만들 수 있는 이 세상에서 자신의 이야기를 아직 들려주지 않았거나 이야기가 아직 펼쳐지지 않아 침묵하는 수많은 사람과 함께할 것이다.

이 중 어떤 것도 의무는 아니다. 하지만 실천한다면 자신에게 좋을 것이다. 그리고 결국 우리 모두에게 좋을 것이다.

물론 지금 당장 마법의 약을 거부하거나 내가 이야기한 연대와 비만혐오에 대한 저항을 증명할 수 없다. 이런 약이 아직은 존재하지 않는다. 앞으로도 절대 없을 것이다. 하지만 다이어트나 오젬픽 투약은 거부할 수 있다. 재정적, 심리적, 사회적 특권과 수단을 가진 우리는 배고픔과 좀 더 구체적인 식욕까지도 존중하며 이 욕망과 우리 몸에 권한을 부여할 수 있다. 그렇게 우리는 부당하고 자본주의적이고 가스라이팅까지 하는 악몽 같은 다이어트 문화에 맞설 수 있다. 그렇게 우리는 현재 미국에서 가장 많이 보이는 몸으로 살아가면서도 그로 인해 죄책감과 수치심과 자기혐오를 수시로 느껴야 하는 외로움을 줄일 수 있다. 그렇게 우리는 다양한 사회적 혐오 및 차별과 강력하게 교차하는 비만혐오에 저항할 수 있다. 그렇게 우리는 하나 이상의 방식으로 줄어들지 않을 수 있고 당당하고 용감하고 우아하게 공간을 되찾을 수 있다.

그래서 요즘의 나는 대부분 다이어트 문화를 향해 '꺼져'라고 말할 수 있다. 나는 배고플 때 먹는다. 맛있어 보이는 걸 먹는다. 때로는, 심지어 자주, 빌어먹을 라자냐를 먹는다. 딸과 함께 먹는다. 딸이 나를 보며 모든 걸 받아들이는 걸 나는 알고 있다.

2022년 5월 16일 《스포츠 일러스트레이티드Sports Illustrated》
가 매년 발행하는 수영복 특집판의 커버가 발표됐다. 여기에
확 파인 검정 끈 원피스 수영복을 입은 플러스 모델 누Nu가 실
렸다. 누는 전통적인 미의 기준에 부합하지만 딱 두 가지는 아
니다. 첫째 백인이 아니고(아시아계 미국인이다), 둘째 날씬하지
않다(비록 '작은 뚱보'일 뿐이지만).

그녀를 두고 반동주의적 캐나다 심리학자 조던 B. 피터슨Jor-
dan B. Peterson이 트위터에서 한마디 했다. "미안하지만 아름답지
않다. 아무리 권위주의적인 인내심을 발휘해도 이게 바뀌지는

않을 것이다."[1] 그의 의견은 많은 동의를 얻었지만 열띤 비판도 나왔고 피터슨은 소셜미디어에서 물러나야 했다. 약 5분 동안.

한 달 후 피터슨이 다른 사진을 리트윗했다. 《맥심》이 선정하는 '맥심 핫 100 Maxim Hot 100'에서 살아 있는 가장 섹시한 여성으로 뽑힌 페이지 스피래닉Paige Spiranac에 관한 《뉴욕 포스트》 기사였다. 날씬한 백인 금발 여성인 스피래닉이 하이힐과 비키니 차림에 셔츠를 풀어 가슴골을 보여주는 세 컷 사진에 그는 호색한처럼 이렇게 적었다.

좋다, 이건 아름다울 수도 있다 :)[2]

그는 그런 스피래닉이 몇 달 후 아주 살짝 살이 쪘다고 인스타그램에서 조롱을 당한 후 타블로이드지 제1면에 실렸을 때는 끼어들지 않았다.[3]

이들이 보이는 이런 태도와 관행은 물론 괴로울 정도로 흔하다. 그리고 피터슨이 목소리를 내는 방식은 자신도 모르게 드러난다. 그는 먼저 '미안하지만'이라고 말하지만 당연히 미안하지 않다. 그의 고압적인 어조는 개인적인 제안을 거절하는 인상을 풍긴다. 그저 자신에게 맞지 않는다는 의미가 아니다. 그를 위한 것이지만 명확하고 까다로운 자기 기준에 맞지 않는다는 뜻이다. 아름다움에 관한 문제에서 그는 결정권자이며 그의 즐거움이 척도이다. 그리고 슬프게도 세상은 그런 특권층 남성에게 이런 잘못된 권위를 주는 데 동의한다.

책이 다 끝나가는 지금은 내가 내 몸을 어떻게 느끼는지 궁금할 것이다. 크게 성공적인 결론을 이야기하기는 어려울 것 같다. 내 이야기가 아직 쓰이고 있기 때문이기도 하고 또 나는 신체를 향한 자기애가 아니라 오히려 관점을 바꾼 데서 자유를 찾았기 때문이기도 하다.

이 모든 문제를 탐험하며 나는 '내 몸은 나를 위한 것'이라는 생각에 가장 도움을 받았다. 여러분의 몸은 여러분을 위한 것이다. 내 몸은 장식이 아니고 당신의 몸도 장식이 아니다.[4] 어떤 슬로건이 말하듯 우리 몸은 우리 집이다.

남들이 내 몸을 보고 반응을 보일 수 있음은 당연하다. 그 반응은 긍정적일 수도 있고 부정적일 수도 있고 중립일 수도 있다. 또 좋을 수도 있고 나쁠 수도 있으며 불쾌할 수도 있고 아닐 수도 있다. 피터슨과 그 동류가 의도할 만한 것과 반대로 다른 사람의 몸을 향한 태도를 무례하거나 불쾌하다고까지 인식하는 것은 권위주의가 아니다. 누구나 의견을 가질 권리가 있다. 그러나 나는 그런 의견을 밝힌 사람이 '왕재수'라고 생각할 권리가 있고 아무도 물어보지 않았는데 그런 말을 할 때는 두 배로 권리가 있다.

물론 복잡한 문제다. 내가 원하는 신체 표현 방식은 나를 둘러싼 문화와 내가 세상에서 인식되고 받아들여지는 규범에 복합적으로 영향을 받을 수밖에 없다. 그리고 나는 내 관점에 동의하고 진심으로 즐기는 다른 사람들과, 그리고 그 사람들에게 무언가를 하고 싶을 수 있다. 그래도 마찬가지다. 그 모든 이유에도 내 몸은 나를 위한 것이다. 그리고 당신의 몸은 당신을 위한 것이다.

이런 개념을 나는 '신체 성찰body reflexivity'이라고 부른다. 이는 신체 긍정주의나 신체 중립주의와는 다르다.[5] 한 사람의 형태에 특정한 평가를 내리지 않기 때문이다. 이 관점은 자신을 아름답거나 섹시하다고, 또는 경우에 따라 그렇지 않다고 하는 관점과 양립할 수 있다. 아예 외모에 대한 생각이 별로 없을 수도 있다. 신체 성찰은 우리가 세상에서 누구를 위해 존재하는지 근본적으로 의문을 갖고 재평가하게 만든다. 그리고 그 답은 다른 누구도 아닌 자기 자신이다. 우리는 다른 사람을 기쁘게 할 의무가 없다.

이에 따라 내 몸에 대한 다른 사람의 반응은 내 문제가 아니며, 중요한 것도 구원도 아니라는 결론이 자연스럽게 내려진다. 신체는 교정, 지배, 소비의 대상이 아니다. 누군가 내 몸에 아무 감흥을 느끼지 않고 부족하다고 느끼더라도 미안하지만 나는 미안하지 않다.

피터슨은 따분할 정도로 뻔한 성적 취향을 상세히 보여준 앞의 두 트윗으로는 만족하지 않았다. 세 번째 트윗은 성소수자 자긍심의 달 Pride Month*이 한창이던 2022년 6월 20일에 나왔다. 그는 그 얼마 전에 텍사스주 댈러스에서 열린 드래그 퀸 행사 영상을 올리며 못마땅하다는 글을 덧붙였다. "미안하지만 아름답지 않다. 그리고 지독할 정도로 병적이다."[6] 그의 언어는 거의 옛스러울 정도였고, 그의 정서는 해로웠다.

원본 영상에 첨부한 글에는 이런 내용도 있었다. "내가 스트립쇼에 어린아이를 데리고 간다면 즉시 체포되고 내 아이는 아동보호 서비스에서 데려갈 것이다. 과도하게 선정적인 쇼는 아이들이 갈 만한 장소가 아니다."[7] 화면에는 사람들 앞에서 하얀 보디 슈트를 입고 다리를 찢는 드래그 퀸 한 명과 다소 선정적인 춤을 추는 뚱뚱한 사람들이 약간 짜릿함을 전할 뿐이었다. 아이는 단 두 명이 보였고 한 명은 아직 뭐가 뭔지 모르는 아기였다. 그리고 아이를 어떤 자긍심 행사에 데려갈지는 전적으로 두 아이의 부모에게 책임이 있다.

신체적 공황은 도덕적 공황과 마찬가지로 종종 아이들에게 초점을 맞춘다. 아이들의 몸이 그 자체로 도덕적 공황의 근거가 된다면 아마 훨씬 나을 것이다. 현재 이 나라에서는 트랜스젠더 아동이 부모와 함께 공격받고 있다. 텍사스에서는 성별 확정 치료를 받는 아동의 부모가 주의 수사 대상이 되고 아동

---

* 성소수자 자긍심을 기념해 지정되는 특정한 한 달. 보통 스톤월 항쟁을 기념해 6월로 정한다.

학대 혐의를 받을 수 있다. 이 글을 쓰는 시점을 기준으로 아홉 개의 수사가 진행 중이고 그 결과 아이들이 자신을 지지하고 사랑하는 가족과 떨어져야 할 수도 있다.[8]

이런 전개에 앞서 뚱뚱한 아이와 양육자를 향한 공포가 있었다. 이미 살펴보았듯이 뚱뚱한 사람들의 몸은 오랫동안 감시당했고 난자 냉동[9]이나 체외 수정 시술 같은 보조 생식 기술에 대한 접근을 거부당했다.[10] 불임을 겪는 사람들은 살을 빼라는 말을 늘 듣는다. 이른바 비만 여성을 400명 가까이 조사한 최근 연구에 따르면 체중 감소와 임신은 상관이 없었다.[11] 한편 뚱뚱한 아이를 키우는 부모는 아동 보호 시설이나 사회 복지 기관의 실질적인 위협을 받았고 일부는 아이를 빼앗기기도 했다.[12]

미국 소아과학회American Academy of Pediatrics는 현재 트랜스젠더 아동에게 성별 확정 치료를 권장한다.[13] 또한 고도 비만 아동에게는 적게는 열세 살부터 (자체적으로) 비만 대사 수술을 권장한다.[14] 성별 확정 치료는 아동이 행복하게, 그리고 신체적으로 자기 모습 그대로 살 수 있게 해주는 수단이 된다. 그리고 우울증과 자살 위험까지 줄여주는 것으로 나타났다.[15] 그러나 비만 대사 수술을 받는 뚱뚱한 아동은 앞 장에서 살펴본 것처럼 평생 기본적인 영양을 채우지 못하거나, 고통을 감수하지 않고는 배고픔을 해소할 수 없게 된다. 성인 환자를 소아과 환자의 지침으로 삼을 수 있다면 자살 위험도 높아지는 것으로 보인다. 그런데도 트랜스젠더 아동이 성별 확정 치료를 받을 가능성에 대해서만 엄청난 공분이 일어난다. 아동에게 되돌릴 수 없는 수술을 하는 경우(성별 확정 치료가 포함될 수도 있지만 반드시 그런 것은 아니다) 걱정은 매우 선택적으로 편견에 따라 나타난다. 트랜스젠더와 비만을 모두 끔찍해하는 사회에서 으레 그렇듯 이는 현상을 완전히 반대로 이해한 것이다.

우리 사회는 신체가 다양하며 아이들의 몸 역시 예외가 아니라는 사실을 아직 편안하게 받아들이지 못한다. 이 분명한 결론이 뚱뚱함에는 절망적일 정도로 적용되지 않으며, 일부 부모들 사이에서 직관적 식사와 반다이어트 담론이 증가하는 데도 마찬가지다. 사실 비만혐오 논리에 대항하도록 설계된 이런 개념은 오히려 공포심을 미묘하게 강화한다. 아이들의 식습관을 과도하게 제한하지 않고 '나쁜 음식' 대 '좋은 음식'을 강조하지 않으면 아이들이 살찌지 않을 거라는 아주 조용한 주장이 있다. 이는 일부 아동을 포함한 어떤 사람은 그냥 뚱뚱하며 이들에게는 아무 잘못도 없다는 더 근본적이고 유익한 메시지에 반대된다.[16]

버지니아 솔스미스가 주장하듯이 후무스, 당근 스틱, 딸기로 흠잡을 데 없이 구성한 점심 도시락에 M&M 초콜릿을 달랑 세 개 넣어 '#직관적식사' '#반다이어트문화' '#신체긍정'의 인스타그램 태그를 건다고 해도 우리의 소아 비만혐오 문화가 해결되지는 않을 것이다.[17] 무지개가 새겨진 상품을 잔뜩 만든다고 점점 강해지는 파시즘으로부터 신체와 정체성을 보호받아야 하는 트랜스젠더 아동에게 도움이 되지 않을 것이다.

필요한 것은 철저한 정치적 계산과 그에 따른 도덕적 인식이다. 뚱뚱함은 트랜스젠더와 마찬가지로 타당하고 실로 가치 있는 존재 방식이다. 인간의 크기와 모양과 체형의 다양성은 포용해야 할 문제이지 부당한 사회적 차별과 우리 뚱뚱한 사람들이 자신을 벌주고 굶고 크기를 줄여야 한다는 주장의 근거로 쓰여서는 안 된다. 우리는 우리다. 그리고 우리는 무엇도 부끄럽지 않다. 우리는 잘못된 취급을 받는 사람들이지 잘못된 사람들이 아니다.

그래서 나는 팬데믹으로 봉쇄가 극에 달하고 남편의 면역력 저하로 다른 살아 있는 영혼을 거의 보지 못할 때도 핸드폰으로 인스타그램을 열어 딸에게 사람들의 몸을 보여주었다. 뚱뚱한 몸, 흑인과 황인의 몸, 트랜스젠더의 몸, 장애가 있고 팔, 사지, 얼굴이 다른 사람들의 몸을 보여주었다. 내가 무척 존경하고 이 책에도 인용한 뚱뚱한 저자들의 사진을 보여주었다. 지적하거나 심지어 긍정적으로 평가하는 렌즈가 아니라 존중과 친절을 담아 이들이 이 세상에 우리와 함께 존재함을 감사하고 기뻐하는 마음으로 다른 사람들의 몸을 아이에게 보여주었다. 나는 아이에게 이 세상이 한 가지 모습의 사람들로 채워져야 하는 곳이 아님을 보여주었다. 그리고 이런 몸에 사는 이들을 우리가 '사람'이라고 부른다고 가르쳐주었다.

사람들은 벌써 아름다운 내 딸이 나랑 똑같이 생겼다고 말한다. 어떤 때는 나도 그게 보인다. 그럴 때 두려움도 찾아온다.

한 사람의 몸은 다른 사람이 아닌 그 사람을 위한 것이라는 내 말은 무엇을 의미하는가? 우선 그 사람이 유일하게 의도된 그 몸의 수혜자라는 의미이다. 누구의 의도인가? 우리가 정치 집단으로서 적절하게 생각하고 행동한다면 우리의 의도가 될 것이다.

어떤 것에 이런 식으로 누군가를 위한다는 개념 또한 중요한 정치적 함의가 있을 수 있다. 예를 들어 성소수자('LGBTQIA+'로 통용되고 있다)* 행사는 아이들을 '위한' 것이 아니다. 확실히 아이들이 배우고 즐길 거리가 많고, 이런 행사에서 보이는 킹크kink** 에 대한 우려는 일반적으로 보수적인 훈수질에 지나지 않는다. 나는 이러한 걱정에 동의하지 않고 생각해 볼 것도 없이 드래그 퀸이 즐겁게 춤추는 곳에 아이를 데리고 갈 것이다. 많은 백인, 시스젠더, 이성애, 중산층 부모는 자긍심 행사의 목표가 아이들에게 배울 기회를 제공하는 것이라고 잘못 생각한다. 이렇게 불쾌한 부분은 제거하고 자기중

• 　기존의 LGBT에 퀴어queer, 간성intersex, 무성애자asexual가 더해지고 여기에 추가로 더해질 수 있다는 의미로 +가 붙었다.
•• 　일반적인 성행위에서 벗어난 성적 개념, 판타지, 행동

심적으로 자긍심의 달을 해석하는 것은 이 행사를 더 많은 상품을 팔 기회로 보는 기업의 레인보우 워싱rainbow washing•과 다르지 않다. 둘 다 자긍심의 달을 만든 주체이자 대상인 성소수자 공동체 일원을 중심에 두지 못하는 실수를 범한다.

그리고 자긍심 행사의 핵심은 원래 에이즈가 급속하게 확산하고 동성애자에 대한 낙인이 지금보다 훨씬 심할 때 주류 사회가 이 사람들에게 가하는 수치심에 해독제를 제공하는 것이었다. (그러나 유치원부터 초등학교 3학년까지 교실에서 성적 취향이나 성 정체성 논의를 금지하는 '게이 언급 금지법Don't Say Gay'을 플로리다에서 제정한 것은 슬프게도 흐름이 바뀌고 있다는 여러 불길한 징후 가운데 하나로 보인다.[18]) 자긍심은 우리가 어떤 대우를 받더라도 부끄러워할 이유가 없다고 말한다. 우리는 당당하게 고개를 들 수 있다. 자긍심은 혐오하는 사람들에게 분명한 목소리로 꺼지라고 말한다. 킹크는 이에 대한 조롱이 퀴어를 억압하는 데 중요한 역할을 해왔고 지금도 그렇기 때문에 자긍심의 필수적인 부분이다.[19] 이는 '백인의 긍지' 운동과 그 부류가 왜 그렇게 악의적이고 잘못된 것인지 설명한다. 백인들이 아무리 보수적인 목소리를 높여도 백인을 백인이라고 모욕하는 사람은 아무도 없다. 철학자 엘리자베스 반스Elizabeth Barnes는 이렇게 이야기한다.

• 성소수자에게 친화적인 듯 행동하며 이중적인 모습을 보이는 것

자긍심은 사회적 소외라는 맥락에서 소외된 집단이 태생적으로 축복받았거나 특별하다고 인정하라는 요구가 아니다. 대신 축하를 위한 허가라고 생각하면 좋다. 우리는 더 나아졌거나 더 우월해졌다는 생각 없이 그저 축하할 때도 많다. 빨간 머리인 것이나 보드게임을 유별나게 잘하는 것, 만화책을 엄청나게 수집한 것, 10킬로미터 달리기 기록을 세운 것 등을 자랑스러워할 수 있다. 이런 걸 가지지 못한 사람들보다 우리가 뛰어나다고 생각하지 않더라도 충분히 축하할 수 있다. 자긍심은, 그러므로 사회적 소외라는 맥락에서 이렇게 소외된 특징을 축하해도 좋다는 주장이라고 생각할 수 있다. 지배적인 규범에 따르면 부끄럽고 미안한 인종, 성적 지향, 장애 같은 특징은 실은 축하해야 마땅한 것들이다.[20]

뚱뚱하다는 자긍심 역시 장애, 퀴어, 트랜스젠더, 흑인의 자긍심과 마찬가지다. 이러한 활동은 저마다 구체적이며, 일반적인 신체 긍정성 운동으로 축소해서도, 관용 같은 온건한 정서를 주장한다고 미화해서도 안 된다. 뚱보의 자긍심은 뚱뚱한 사람을 위한 것이지 흑인 페미니즘에 뿌리를 둔 신체 긍정 운동을 마음대로 가져갔다고 알려진 마른 백인 여성을 위한 것이 아니다.[21] 뚱보의 자긍심은 신체 사이즈 때문에 밖으로 밀려난 사람들, 그리고 주변부에서 나와 "내 뚱뚱한 몸은 나를 위한 것이다. 나는 당당하게 내 몸을 축하할 것이다."라고 말해야 하는 사람들을 위한 것이다.

　신체 성찰은 자신이나 다른 사람의 몸을 향한 단일한 태도를 요구하지 않는다. 또 나는 획일적으로 자기 신체를 긍정하는 것이 현실적이라고 생각하지 않는다. 예를 들어 신체를 상당히 바꿔야 하거나 그러기를 원하고 그 과정에서 지지와 축하를 받아야 하는 일부 트랜스젠더에게 획일적인 신체 긍정은 절대 가능할 수 없다. 또 고통을 수반하고 일부에게는 중요할 수 있는 특정 기능을 수행하지 못하는 신체가 때로 자신을 배신했다고 여길 수 있는 만성 질환자나 장애인 역시 마찬가지다. 그들은 이런 식의 자기 의심, 두려움, 좌절감을 느낄 수 있다. 우리는 신체를 감시해서도 안 되고, 신체의 자유를 위한 자원에 접근하는 사람을 제한하지 않아야 하는 것과 마찬가지로 이런 생각을 단속하지 말아야 한다.

　최근 이러한 의견과 일치하는 연구가 있었다. 연구원들은 신체 긍정 메시지에 해로운 긍정성 요소가 있을 때 상당한 부작용이 생길 가능성을 연구했다.

　인기 있는 한 심리학에서 사람들이 긍정적인 감정(충족, 감사, 만족, 기쁨 등)을 경험하고 부정적인 감정(스트레스, 의심, 좌절)은 거부해 진정한 괴로움을 무시하거나 약화시켜야 한다는 기대감을 일컫는 '해로운 긍정성'이라는 말을 만들었다. 일반적인 해로운 긍정성과 마찬가지로 우리는 많은 여성이 자기 몸을 수용하고 자신감을 가져야 한다는 기대감과 부담감을 느끼며, 신체 긍정을 획득하지 못하면 나약하다고 여기는 해로운 신체 긍정을 경험한다고 밝혔다.[22]

그래서 연구원들은 신체를 긍정하고 자율성을 지지하는 메시지("행복은 자신이 만든다. 나답게 사는 건 나에게 달렸다.")와 신체를 긍정하고 통제하려는 메시지("자기 몸을 받아들이지 않으면 절대 행복해질 수 없다.")를 분류했다. 각 메시지에는 평균 크기의 몸에 청바지와 하얀 민소매 티셔츠를 입은 모델 사진이 붙어 있었다. 그 결과 통제하려는 메시지보다 자율성을 지지하는 메시지가 참가자들에게 훨씬 높은 자기 평가와 신체적 만족감을 끌어내는 것을 발견했다. 게다가 자율성을 지지하는 메시지를 들은 사람들은 자신의 신체에 대한 모욕과 감시가 상당히 줄어들었고 통제적인 메시지에서는 이런 변화가 나타나지 않았다.[23]

신체를 긍정하라는 일반적인 지시가 어떻게 해야 긍정성을 해로운 것으로 바꾸는 특성을 피해 가는지 알기 어렵다. 물론 개인적인 수준에서 볼 때 그런 긍정성이 반드시 해롭지는 않다. 하지만 신체 긍정이 의무가 되고 사회적으로 강요될 때 해롭게 바뀌는 경향이 문서로 나타난 것은 신체 긍정의 엄연한 문제다. 연구원들은 다음과 같이 말하고 있다.

신체 긍정이 강요나 통제로 느껴지면 주체성과 자율성을 해쳐 부작용이 일어날 수 있다. … 부정적인 감정과 경험을 무시하면 서 긍정성을 강조하면 진정성과 자기 통합, 즉 자신에게 진실하 고 자신과 조화를 느끼고자 하는 욕구가 희생된다.[24]

동시에 자기 몸을 그저 중립적으로 느낀다는 생각은 내가 볼 때 좀 무미건조하다. 가벼운 칭찬도 나쁜데 아예 칭찬을 안 한다면 사기가 꺾인다.

게다가 진정으로 중립적인 태도를 유지하기는 힘들다. 일 부 심리학자는 그게 가능한지조차도 의문을 보이고 다른 학자 들은 아주 희귀하다고 말한다. 그래도 중립적인 정서를 부른 다고 하는 단어들은 매우 가변적이며 '몰라'나 '그저 그래'처럼 부정적 색채가 있어 보인다.[25] 또 '특별한 느낌이 없다' 같은 말 은 자기 몸처럼 걱정하는 주제에 대해 흔히 떠올리기 어려운 공허함을 암시한다. 대체로 신체 중립은 차분하게 쉬지 못하 고 판단을 내리지 못한 채 불안해하는 인상을 준다. 숫자를 모 두 없애야 하는데 긍정적이거나 부정적인 숫자 대신 0을 주는 것과 같다.[26]

신체 성찰은 다른 관점을 제시함으로써 긍정, 부정, 중립이 라는 피곤한 선택을 피하라고 제안한다. 신체 평가 방식을 바 꾸지 않고 평가 자체를 완전히 초월하는 것이다. ("나는 비판적 인 시선으로 당신을 보지 않아." 남편은 나에게 이 말을 자주 한다. 아름답다는 말도 하지만 이 말이 더 의미 있다.) 신체는 일반적인 사람들에게 좋거나 나쁘거나 중립적일 수 없다. 오히려 그 신체에 사는 사람에게 잘 맞거나 아닐 수 있다. 그리고 자기 몸을 보는 그 사람의 관점만이 중요하다.

신체 성찰 개념은 신체 긍정이나 신체 중립과 달리 정치 풍토와 결부된다. 이는 뚱뚱해질 권리와 트랜스젠더, 넌바이너리, 퀴어, 장애인이 될 권리를 입증할 근본적인 자율성의 정치이다.[27] 또한 신체 성찰은 몸을 대하는 특정한 태도를 요구하지 않기 때문에 이를 통해 현재 느끼는 정치적 곤경에 따른 심리적 결과를 인식할 수 있다. 다숀 L. 해리슨이 지적한 바와 같이 우리를 갉아먹도록 설정된 세상에서 불안감을 느끼는 것은 당연하다. 우리가 신체적 차원에서 비규범적인 특징을 지녔다면, 즉 해리슨이 말하는 대로 추하다면 그 모습을 불안하게 느끼도록 '만들어졌기' 때문에 불안한 것이다. 해리슨은 다음과 같이 적었다.

불안감은… 분명 정치적이다. '추함'의 정치화가 한 사람의 사회적, 정치적, 경제적, 심리적 사망을 가져온다면 사람들은 보호와 돌봄을 받지 못하고 자신감이 떨어진다고 느낄 수밖에 없다. 불안감은 그 지점까지 유효하다. 끝없는 비난과 질책에 시달리는 신체에 불안감을 느껴도 괜찮다. 그런 불안감이 반反비만주의 또는 전체적인 추함의 정의와 역할을 현실적으로 바꾸지 않는다. … 우리는 사람들을 영원히 공격할 수 없으며 그들이 계속되는 공격의 효과를 느끼지 못할 거라고 생각해서도 안 된다. 불안은 개인적인 비난이 아니다. 세계에 대한 비난이다.[28]

신체 성찰은 이런 진실을 가릴 필요가 없으며 그러려고도 하지 않는다. 당신의 몸은 당신을 위한 것이고 당신의 몸이 공격당한 방식은 많은 사람과 관행과 구조가 이 기본적인 사실을 망각하고 당신의 몸이 다른 사람들을 기쁘게 하거나 달래거나 그들에게 봉사해야 한다는 거짓말을 끝없이 반복한 데서 비롯한다. 이런 거짓말로 구축된 사회에서 불안감을 느끼는 것은 당연한 일이며 이는 해리슨이 이야기하듯 도덕적 실패도, 개인적 실패도 아니다.[29] 세상은 다시 만들어져야 한다. 당신에게 더 좋은 곳이 되어야 한다. 특히 극히 무의미하지만 널리 퍼진 '미'의 경쟁에 사람들을 자동으로 끌고 들어가는 행태를 중단해야 한다.

뚱뚱함에 대한 억압에 어떻게 저항할지 생각하는 비교적 몇 안 되는 철학자들은 다양한 방식으로 미의 기준을 개혁할 것을 이야기한다. A. W. 이턴은 매력적이고 만족스럽고 아름답게 묘사된 예술 속 뚱뚱한 몸을 묵상하며 신체에 대한 집단적 취향을 바꿔보자고 제안한다.[30] 좀 더 최근에는 셰릴 프레이저 Cheryl Frazier가 '돋보이기는 개뿔fuck flattering' 운동에서 제안한 교훈을 소개했다. 이 운동은 뚱뚱한 패션 블로거들이 프레이저가 말하는 일명 '저항하는 미용 노동'의 한 형태로 펑퍼짐한 실루엣의 옷을 입는 움직임을 말한다. 프레이저는 뚱뚱한 사람들이 이렇게 "아름다움을 재정의하고 다시 상상하며 자신을 비롯한 뚱뚱한 사람들의 공간을 만든다."고 주장한다.[31]

이런 논의는 미묘하면서도 중요하며 지금 얘기할 내 제안은 좀 더 퉁명스럽고 거칠다는 건 인정한다. 미용 문화는 다이어트 문화와 함께 꺼져라. 불타 없어져라. 완전히 부서져라. 트레시 맥밀런 코텀이 미적 규범의 반흑인주의를 논의하며 설득력 있게 주장한 바와 같이 미는 절대 주류의 미적 선호를 반영하기만 하지 않는다. 아름다움은 존재하는 사회 질서를 재생산하는 선호 체계이고[32] 우연이 아니라 이익을 위한 계산에 따라 체형과 피부색에 기반해 사람들을 배제한다. 나는 우리가 이 시스템을 더 공정하게 변경할 수 있다고 믿지 않는다. 불평등이 그 핵심이자 기능이며 존재 이유이기 때문이다. 맥밀런 코텀이 이야기하듯 말이다. "미는 지배하기 위해 배제해야 한다. … 보편적일 수 없다."[33]

그래서 나는 수그러들지 않는 현재의 미인 대회에 더 이상 심판이 없고 참가자조차 한 명도 없는 미래를 희망한다. 집단을 고려한 중립성의 형태로 모두가 우승하거나 참가상을 받는 것이 아니다. 그 장소에 아무것도 없어야 한다. 대회 자체가 없어야 한다. 대회도 심판도 없다고 감탄도 없다는 의미는 아니다. 시간 날 때 밖에 나가 걸어 보자. 등급을 매기지 않고 우월함을 선언하지 않아도 나뭇잎, 일출, 강아지에 감탄할 수 있다. 자신을 표현할 수도 있다. 저마다 가장 자기답다고 느껴지는 구체적인 모습이 있을 수 있다. 특정 종류의 미적 기준이 아니라 현재 상상할 수 있는 자기 모습에 가장 가까워지도록 입고 꾸미자. 이 상상이 늘어나고 파괴적일 수 있음을 알아두자. (아닐 수도 있다. 획일적인 내 검정 스키니 진과 쭉쭉 늘어나는 상의에 나를 묻어주기를 바란다.)

물론 내가 상상하듯 미용과 다이어트 문화에서 완전히 벗어나려면 아직 멀었다. 그전까지는 많은 이들이 계속해서 지배적이고 억압적인 미적 기준에 자기 몸을 맞추려 할 것이다. 그러나 이 책에서 특히 체중 감량과 관련해 살펴보았듯이 심각한 부작용 없이 신체를 변화시키는 데는 한계가 있다. 우리의 몸은 하나뿐이다. 그러므로 의도하지 않은 변화와 계획적인 개조 모두를 통해 이 몸과 함께 사는 법을 배워야 할 것이다. 게다가 변하고 나이 들어가는 몸으로 당당하게 살아갈 때 우리는 정치적 함의를 지닌 개인적 모범이 되고 신체 다양성을 구현하고 그 가치를 입증하는 데 도움을 준다.

그래서 미안하지만 나는 뚱뚱하면서 생각하는 일을 하는 것이, 정확히 말하면 윤리학자인 것이 미안하지 않다.

미안하지만 뚱뚱한 부모가 되어 모든 신체가 평등함을 믿도록 딸을 기르는 것이 미안하지 않다.

미안하지만 내 딸이 식욕을 두려워하지 않고 배고픔을 받아들일 수 있도록 가르치는 것이 미안하지 않다.

미안하지만 20년 만에 처음으로 수영복을 산 것이 미안하지 않다. 딸을 데리고 수영장에 갈 생각이다. 내 몸을 가리지 않을 생각이다. 그 생각을 너무 많이 하지도 않을 것이다.

이런 변화가 작은 기적 같다. 해피엔딩이라고 해도 좋다.

책 한 권을 쓰는 데는 한 마을이 필요하고 이 책도 예외는 아니다. 대단한 책은 아니지만 이 책 역시 거의 공동 노력으로 쓴 기분이어서 내가 빚진 모두에게 감사를 전하지 못할 것 같아 절망스럽기까지 하다.

나는 활발한 뚱셔니스타Fatshionista 커뮤니티와 케이트 하딩의 활기 넘치는 '균형 잡힌 산문Shapely Prose'이라는 웹사이트를 통해 비만 수용 활동을 처음 알게 됐다. 비록 이들의 가르침을 나에게 적용하기까지 20년 가까이 걸렸지만 비만 긍정주의의 씨앗은 내 안에 일찍이, 그리고 기쁘게도 아주 깊이 심어졌다.

좀 더 최근에는 코넬 대학교와 온라인 동호회들을 통해 운 좋게 참여하게 된 철학 및 사회 정의 커뮤니티에서 어마어마한 혜택을 얻었다. 특히 팬데믹으로 고립되던 시기에도 연락을 이어가며 지혜와 용기를 전해준 많은 유쾌한 사람들에게 감사한다. 이 책의 원고에 의견을 보태준 마이클 홉스, 수

전 하타 박사, 그레고리 도델 박사, 에반 로즌 박사, 너태샤 위브, 매슈 데즈먼드, 엘리자베스 반스, 셰리 어윈, 니키 드레이크(7장의 제목을 정하는 데 영감을 주었다), 라츠나 캄테카, W. 스타, 셸 파커에게 고마움을 전한다. 뛰어난 연구 조교로서 폭넓고 예리하게 나를 도와주며 훌륭한 연구에 매진하고 있는 에밀리 파크에게 지극한 고마움을 표한다. 내 서브스택Substack 뉴스레터 '모어투헤이트More to Hate'를 구독하며 특히 이 주제에 대한 글을 읽고 댓글과 응원을 보내준 독자들에게 큰 도움을 받았다.

내 출판 대리인 루시 클리랜드, 나와 내 프로젝트에 보여준 놀라운 직감, 세부 내용에 대한 집중, 따뜻한 믿음 고마워요. 크라운 출판사 편집팀의 어맨다 쿡과 케이티 베리, 두 사람의 날카로운 통찰과 끝없는 인내심과 진정 놀라운 편집자적 선견지명에 깊은 고마움을 전합니다. 또 영국 펭귄 출판사의 편집자 카시아나 이오니타의 너그러움, 재주, 그리고 내가 이 프로젝트의 결실을 낼 거라고 믿어준 것에 대단히 고맙다. 2022년 1월《뉴욕타임스》에 실린 뚱뚱함과 철학에 관한 내 글의 담당 편집자였던 알리시아 위트마이어의 통찰과 섬세한 손질이 없었다면 여기까지 오지 못했을 것이다.

이 프로젝트를 작업하면서 나는 여러 대학교 청중의 의견과 피드백에서 어마어마한 도움을 받았다. 스탠퍼드 대학교, 캘리포니아 대학교 버클리 캠퍼스, 서던캘리포니아 대학교,

페어레이 디킨슨 대학교, 베르겐 커뮤니티 대학교, 럿거스 대학교, 라드바우드 대학교, 틸뷔르흐 대학교, 더 홀리 크로스 대학교, 세인트로렌스 대학교, 캘거리 대학교 인문학연구소, 마이애미 대학교, 일리노이 주립대학교, 아리스토텔레스 학회, 그리고 무엇보다 코넬 대학교에 감사하다. 또한 2020년부터 코넬 대학교에서 이 주제로 몇 차례 세미나를 열며 학생들과 다른 교수진에게 받은 도움을 매우 소중하게 생각한다.

모든 의미에서 내가 될 수 있게 해주고 예민한 감수성, 깊은 사회 정의감, 변함없는 도덕성으로 나와 사랑하는 동생 루시를 키워주신 부모님께 이 책을 바치며 다시 한번 고마움을 전합니다. 내 남편, 내 필수 요소 대니얼, 당신의 사랑은 물론 당신이 나뿐 아니라 다른 사람들을 향해서도 있는 그대로의 모습을 인정해 주는 모습이 없었다면 세상이 나에게 가르쳐 준 자기의식과 자기 주시에서 벗어날 수 없었을 거야. 당신보다 더 좋은 파트너, 친구, 우리 사랑스러운 딸의 공동 부모는 상상할 수 없어. 마지막으로 나는 우리 딸뿐 아니라 다른 모두가 성, 인종, 민족, 계급, 나이, 신경 질환, 장애, 성적 지향, 체형, 신체 크기에 상관없이 행복하고 안전할 수 있는 세상에서 살게 되리라는 희망으로 글을 쓴다. 단순하지만 무서울 정도로 이루기 어려운 꿈이다. 우리는 수많은 타인들과 함께 이 목표를 향해 계속 싸울 것이다.

머리말: 몸무게와 싸우기

1 체질량 지수를 나타내는 BMI(body mass index)는 킬로그램으로 나타낸 체중을 미터로 나타낸 키의 제곱으로 나눈 값으로 정의한다. 방법론적으로 결함이 있고 인종적으로도 문제가 많은(순전히 인종 차별적이라고도 할 수 있는) 이 측정법은 3장에서도 다룰 것이다.

2 뚱뚱함에 대한 결정적인 통찰을 제공하는 중요한 비만 수용 운동가, 페미니즘이나 인종 차별 반대 작가들로는 J 애프릴레오(J Aprileo), 제스 베이커(Jes Baker), 한네 블랭크(Hanne Blank), 수전 보르도(Susan Bordo), 니콜 바이어(Nicole Byer), 소피아 카터칸(Sophia Carter-Kahn), 래건 채스테인(Ragen Chastain), 샬럿 쿠퍼(Charlotte Cooper), 에베트 디온느(Evette Dionne), 리사 뒤 브레이(Lisa Du Breuil), 에이미 어드만 패럴(Amy Erdman Farrell), 로라 프레이저(Laura Fraser), 지닌 A. 게일리(Jeannine A. Gailey), 록산 게이(Roxane Gay), 린다 게르하르트(Linda Gerhardt), 오브리 고든(Aubrey Gordon), 브라이언 거피(Brian Guffey), 소피 헤이건(Sofie Hagen), 케이트 하딩(Kate Harding), 다숀 L. 해리슨(Da'Shaun L. Harrison), 레슬리 킨젤(Lesley Kinzel), 메리앤 커비(Marianne Kirby), 키에스 레이먼(Kiese Laymon), 캐슬린 레베스코(Kathleen LeBesco), 케일럽 루나(Caleb Luna), 트레시 맥밀런 코텀(Tressie McMillan Cottom), 마르키젤 머세이디스(Marquisele Mercedes), 애시 니슉(Ash Nischuk), 수지 오바크(Susie Orbach), 캣 포제(Cat Pausé), 에이프럴 퀴오(April Quioh), 시라 로즌블러스(Shira Rosenbluth), 에스터 로스블룸(Esther Rothblum), 애슐리 섀클퍼드(Ashleigh Shackleford), 제스 심스(Jess Sims), 버지니아 솔스미스(Virginia Sole-Smith), 손드라 솔로베이(Sondra Solovay), 호텐스 J. 스필러스(Hortense J. Spillers), 제사민 스탠리(Jessamyn Stanley), 소냐 르네 테일러(Sonya Renee Taylor), 버지 토바(Virgie Tovar), 조던 언더우드(Jordan Underwood), 리아 버넌(Leah Vernon), 매릴린 완(Marilyn Wann), 린디 웨스트(Lindy West,), 레이철 와일리(Rachel Wiley) 등이 있고 이외에도 많다. 여기 나열한 목록은 전부는 아니다.

3 차이는 있지만 관련 있는 생각으로 세계를 파괴하고 그 너머의 세상—"우리 존재를 해치고 지배하려는 자격 검증, 조건, 꼬리표가 없는 세상"—을 부르는 다숀 L. 해리슨의 뛰어난 최근 저작 *Belly of the Beast: The Politics of Anti-Fatness as Anti-Blackness*(Berkeley, Calif.: North Atlantic Books, 2021), p. 6과 1장 및 7장을 폭넓게 살펴보라.

4 게다가 다른 형태의 노골적인 편견은 극적으로 감소한 데 반해 이 기간 노골적인 반비만주의는 조금밖에 감소하지 않았다. 이러한 연구에 대한 적절한 일반 개요와 의미 및 설명은 Carey Goldberg, "Study: Bias Drops Dramatically for Sexual Orientation and Race—but Not Weight," WBUR, Jan. 11, 2019, www.wbur. org/news/2019/01/11/implicit-bias-gay-black-weight를 보라. 연구 자체는 Tessa E. S. Charlesworth and Mahzarin R. Banaji, "Patterns of Implicit and Explicit Attitudes: I. Long-Term Change and Stability from 2007 to 2016," *Psychological Science* 30, no. 2 (2019): pp. 174~92를 보라. 연구진이 자신들의 분석에 젠더 편견을 포함하지 않았다는 점을 주목하라. 이들이 데이터 자료로 이용한 초기의 프로젝트 임플리싯(Project Implicit)이 웹사이트에 포함되지 않았기 때문이다.

5 예를 들어 National Center for Health Statistics, "Obesity and Overweight," www.cdc.gov/nchs/fastats/obesity-overweight.htm을 보라.

6 미국에서 비만이 다소 증가한 것은 사실이지만 종종 과장되었으며 이는 일부 밀레니엄 직전에 과체중과 비만의 분류 표준이 내려갔기 때문이다. 증가 자체도 여러 가지 복합적인 설명이 있다. 음식 접근성, 구축 환경, 의료 불균형(정신 의료도 포함), 스트레스(억압으로 인한 스트레스도 포함), 미생물군유전체, 심지어 지속적인 다이어트로 인한 체중 증가도 있다. 이 문제는 이후에 길게 다룰 것이다. 추가 논의는 다음을 참고하라. Aubrey Gordon, *You Just Need to Lose Weight: And 19 Other Myths About Fat People* (Boston: Beacon Press, 2023), p. 106.

7 Ash, "Beyond Superfat: Rethinking the Farthest End of the Fat Spectrum," The Fat Lip (blog), Dec. 20, 2016, thefatlip.com/2016/12/20/beyond-super fat-rethinking-the-farthest-end-of-the-fat-spectrum/.

8 이런 용어들의 정의는 다양한 비만 수용 활동 커뮤니티와 공간에 따라 다르다. 그러나 작가이자 활동가인 린다 게르하르트가 쓴 최근 블로그 글에 따르면 '작은 뚱보'는 일부 의류 브랜드에서 사용하는 표준 치수의 위쪽 끝에서 여성 치수 18(XL) 정도일 것이다. (그녀가 말한 대로 '초보 뚱보'라고 생각하라." 애시는 12(L) 정도가 적절한 입문 지점이라고 언급했다, 같은 책.) '중간 뚱보'는 18~24(XL~3X), '큰

뚱보'는 역시 대략 26~32, '무한뚱보'나 '슈퍼뚱보'는(이 개념은 2008년 NOLOSE 콘퍼런스에서 만들어졌다) 보통 32 이상이다. Linda Gerhardt, "Fategories: Understanding the Fat Spectrum," *Fluffy Kitten Party* (blog), June 1, 2021, fluffykittenparty.com/2021/06/01/fategories-understanding-smallfat-fragility-the-fat-spectrum/ 다음을 참고하면 된다. 게르하르트는 이 블로그 글에서 레슬리 킨젤이 만들었고 뚱보 커뮤니티에서 중요한 의미를 지니는 용어 '죽음의 뚱보(death fat)'도 이야기한다. 마지막으로 '레인 브라이언트 뚱보' 개념이 있다. 뚱뚱하기는 하지만 이 유명한 플러스 사이즈 브랜드 옷을 살 정도로 뚱뚱하지는 않은 사람으로 록산 게이가 자신의 저서 *Hunger: A Memoir of (My) Body* (New York: HarperCollins, 2017), p. 111(『헝거: 몸과 허기에 관한 고백』, 노지양 옮김, 사이행성, 2018)에서 만들었다. 인정하건대, 이 모든 범주는 여성 중심적이며 미국에 초점이 맞춰져 있다. 따라서 자체적으로 정의한 대략적인 지표이자 시작점이지 보편적이고 결정적인 측정 기준은 아니다.

9 음식 작가 줄리아 터셴(Julia Turshen)은 최근 감동적인 수필에서 자신이 평생 행복거나 뚱뚱했음을 깨달았다고 썼다. "어느 날 얼굴에 찬물을 끼얹은 것처럼 깨달았다. 나는 평생 두 가지만 느끼며 살았다. 행복거나 아니면 뚱뚱하거나. … '뚱뚱함'을 '전혀 행복하지 않음'과 동일시했을 뿐 아니라 나의 모든 감정을 선명하고 비참한 이진법에 끼워 넣었다." Julia Turshen, "How Writing a Cookbook Helped Me Break Free from Diet Culture," Bon Appétit, March 2, 2021, www.bonappetit.com/story/simply-julia-diet-culture.

10 비만이라는 말은 '뚱뚱해지도록 먹는'이라는 뜻의 라틴어 '오베수스(obesus)'에서 왔으며 이는 잘못 이해될 때가 많음에 유의하라. 앞으로 살펴보겠지만 사람들은 매우 다양한 이유로 혹은 아무 이유 없이 살이 찌거나 그 상태를 유지한다.

11 '비만혐오'라는 용어가 이 언어적 분업의 가능성보다 더 많은 일을 해야 하므로 이 정의가 성차별이나 여성혐오에 대한 내 정의와 비슷한 측면을 포함하는 데 유의하라. 비교를 위해 내 책 *Down Girl: The Logic of Misogyny* (New York: Oxford University Press, 2018) 1~3장(『다운 걸: 여성혐오의 논리』, 서정아 옮김, 글항아리, 2023)을 보라. 그리고 이 분야에서 비슷한 차별화를 들자면 '과학적 비만혐오'와 '징벌적 비만혐오'의 구분이 될 것이다.

12 교차성에 관한 고전적이고 획기적인 다음의 두 글을 참고하라. Kimberlé Crenshaw's "Mapping the Margins: Intersectionality, Identity Politics, and Violence Against Women of Color," *Stanford Law Review* 43, no. 6 (1991): pp. 1241~99와 "Beyond Race and Misogyny: Black Feminism and 2 Live Crew,"

in *Words That Wound*, ed. Mari J. Matsuda et al. (Boulder, Colo.: Westview Press, 1993), pp. 111~32.

13 원래 하딩(Harding)의 '균형 잡힌 산문(Shapely Prose)' 블로그에서 이론화된 착한 뚱보 개념에 관한 논의는 다음을 참고하라. Ragen Chastain, "Good Fatty Bad Fatty BS," *Dances with Fat* (blog), March 15, 2016, danceswithfat.org/2016/03/15/good-fatty-bad-fatty-bs/

14 이런 면에서 비만혐오는 특히 인종 차별과 차이가 있다. 인종 구분은 보통 상당히 안정적이기 때문이다. 물론 일부의 젠더와 계급은 일생에 걸쳐 바뀌기도 하지만 훨씬 많은 사람이 상당한 체중 변화를 겪는다. 다음을 참고하라. Alison Reiheld, "Microaggressions as Disciplinary Technique for Actual and Possible Fat Bodies," in *Microaggressions and Philosophy*, ed. Lauren Freeman and Jeanine Weekes Schroer (New York: Routledge, 2020), p. 221.

15 비만혐오라는 꼬리표가 오해를 부를 위험이 있지만 함축성이 있으며 동성애혐오나 트랜스젠더혐오 같은 용어와 유용한 유사성이 있다고 생각해서 이 용어를 받아들인다. 그러나 이 분야의 일부는 '반(反)비만' '비만 증오(fatmisia, fat hate)' '비만 낙인' '비만주의' '치수주의(sezeism)' 등의 용어를 선호하며 나는 이 용어들이 대략 비슷하다고 본다.

1장: 비만혐오라는 구속복

1 Jen Curran, "My Doctor Prescribed Me Weight Loss—I Actually Had Cancer," *Glamour*, Sept. 11, 2019, www.glamour.com/story/my-doctor-prescribed-me-weight-loss-i-actually-had-cancer.

2 Laura Fraser, "My Sister's Cancer Might Have Been Diagnosed Sooner—If Doctors Could Have Seen Beyond Her Weight," Stat, Aug. 15, 2017, www.statnews.com/2017/08/15/cancer-diagnosis-weight-doctors/.

3 Rebecca M. Puhl et al., "Weight-Based Victimization Toward Overweight Adolescents: Observations and Reactions of Peers," *Journal of School Health* 81 (2011): p. 698.

4 Rebecca M. Puhl and Kelly M. King, "Weight Discrimination and Bullying," *Best Practice and Research Clinical Endocrinology and Metabolism* 27, no. 2 (2013): p. 123.

5 같은 글, p. 119.

6 Sarah Nutter et al., "Weight Bias in Educational Settings: A Systematic Review," *Current Obesity Reports* 8 (2019): p. 194.

7 Rebecca M. Puhl and Joerg Luedicke, "Weight-Based Victimization Among Adolescents in the School Setting: Emotional Reactions and Coping Behaviors," *Journal of Youth and Adolescence* 41 (2012): p. 27~40.

8 Puhl and King, "Weight Discrimination and Bullying," p. 123.

9 이 문제 및 뚱뚱한 아동 학대 관련 문제에 대한 추가적인 논의는 버지니아 솔스미스의 훌륭한 최근 저서를 참고하라. *Fat Talk: Parenting in the Age of Diet Culture* (New York: Henry Holt, 2023)을 보라.

10 E. L. Kenney et al., "The Academic Penalty for Gaining Weight: A Longitudinal, Change-in-Change Analysis of BMI and Perceived Academic Ability in Middle School Students," *International Journal of Obesity* 39 (2015): pp. 1408~9.

11 Puhl and King, "Weight Discrimination and Bullying," p. 119.

12 Christian S. Crandall, "Do Parents Discriminate Against Their Heavyweight Daughters?," *Personality and Social Psychology Bulletin* 21, no. 7 (1995): pp. 724~35. 같은 연구자의 소규모 초반 연구(1991)에서도 같은 패턴이 발견된 것에 유의하라.

13 Katrin Elisabeth Giel et al., "Weight Bias in Work Settings—a Qualitative Review," *Obesity Facts* 3, no. 1 (2010): pp. 33~40.

14 Emma E. Levine and Maurice E. Schweitzer, "The Affective and Interpersonal Consequences of Obesity," *Organizational Behavior and Human Decision Processes* 127 (2015): pp. 66~84.

15 Michelle R. Hebl and Laura M. Mannix, "The Weight of Obesity in Evaluating Others: A Mere Proximity Effect," *Personality and Social Psychology Bulletin* 29 (2003): pp. 28~38. 연구원들의 두 번째 실험이 보여주듯 무거운 여성(대략 22사이즈) 옆에 앉은 남성 지원자들은 여성이 이들의 여자 친구가 아니라 모르는 사람으로 그려지고 이 여성에 대한 긍정적인 정보, 예를 들어 대학에서 명망 있는 상을 받은 경험 등이 있다고 해도 부정적인 평가를 받았다. (안타깝게도 다른 성별 옆에 앉은 지원자의 결과는 비교하지 않았다.) 이에 따라 연구원들은 비만에 대한 편견이 심각한 것으로 드러났다고 묘사했다.

16 예를 들어 다음을 참고하면 된다. Giel et al., "Weight Bias in Work Settings", Lynn K. Bartels and Cynthia R. Nordstrom, "Too Big to Hire: Factors Impact-

ing Weight Discrimination," *Management Research Review* 36, no. 9 (2013): pp. 868~81, Stuart W. Flint et al., "Obesity Discrimination in the Recruitment Process: 'You're Not Hired!,'" *Frontiers in Psychology* 7, art. no. 647 (2016): pp. 1~9.

17 Flint et al., "Obesity Discrimination in the Recruitment Process."

18 각 참가자에게 가능한 성별/체중 결합 한 가지가 무작위로 결합된 이력서가 배정 되었으니 이 결과는 비만이 아닌 남자의 이력서가 우연히 더 뛰어나서는 아니라는 데 유의하라. 이력서 하나가 두드러졌다고 해도 비만 남성, 비만 여성, 비만이 아 닌 남성, 비만이 아닌 여성에게 똑같이 배정되었다. 같은 글, p. 4.

19 우리 뚱뚱한 사람들이 단순히 옷을 입기 위해 추가로 내야 하는 비용에 '비만세' 라는 적절한 용어가 붙었다. 이는 다른 불평등과 불편 중에서도 일부 소매업자들 이 대형 치수에 매기는 높은 가격과 일부 브랜드에서 우리 사이즈를 아예 두지 않 거나 온라인에서만 판매해서 우리가 배송과 반송에 더 많은 돈을 내야 할 때가 많 다는 사실을 둘 다 포함하는 것으로 이해하면 좋을 것이다. 다음을 참고하라. @ marielle.elizabeth's Instagram reel, Oct. 3, 2022, www.instagram.com/reel/ CjQonmJJo8T/?igshid=NmY1MzVkODY%3D.

20 예를 들어 다음의 논의를 참고하라. Josh Eidelson, "Yes, You Can Still Be Fired for Being Fat," *New York State Senate*, March 15, 2022, www.nysenate.gov/ newsroom/in-the-news/brad-hoylman/yes-you-can-still-be-fired-being-fat, Gordon, "*You Just Need to Lose Weight*," pp. 109~10. 뚱뚱한 사람들을 향한 완벽하게 합법적이고 흔한 차별 형태로, 체질량 지수 때문에, 또는 이들에게 주어 진 특정한 체중 감량 목표에 도달하지 못해서 특별 보너스를 받을 자격이 안 된 다는 이유로 고용주가 건강 보험 금액을 30퍼센트 높게 책정하는 것을 들 수 있 다. 다음을 참고하라. Aubrey Gordon and Michael Hobbes, "Workplace Well- ness," Dec. 20, 2022, in Maintenance Phase, podcast, player.fm/series/main tenance-phase/workplace-wellness. 이 팟캐스트 〈유지 단계(Maintenance Phase)〉는 사람들이 처음에 뺀 체중을 유지해야 하는 불가사의하고 허구적인 기 간을 일컬어 지었으며 진행자들은 다른 많은 주제와 함께 다이어트와 웰빙 계획의 정체를 전문적으로 폭로한다. 이 점에 관한 뛰어난 논의를 보여준 내 연구 조교 에 밀리 파크(Emily Park)와 다른 수많은 이들에게 고맙다.

21 Giel et al., "Weight Bias in Work Settings," pp. 35~36.

22 같은 글, p. 36.

23 같은 글.

24 Christian Brown and P. Wesley Routon, "On the Distributional and Evolutionary Nature of the Obesity Wage Penalty," *Economics and Human Biology* 28 (2018): p. 165.

25 같은 글.

26 이에 따라 브라운과 루턴은 다음과 같은 결론을 밝힌다. "비만의 임금 효과는 1997년 집단[1979년부터 1986년 출생자] 일원에게 더 많이 나타난다. … 5번째 [임금] 백분위 수는 2~7퍼센트의 임금 격차와 관련이 있고 중앙값 임금 효과는 4~8퍼센트, 95번째 백분위 수는 13~27퍼센트의 임금 효과와 관련이 있다." 같은 글, p. 166.

27 같은 글, p. 170.

28 더욱이 이 연구에서 매우 날씬한 여성은 체중이 평균인 사람들보다 연 2만 2,000 달러를 더 벌었다. Lesley Kinzel, "New Study Finds That Weight Discrimination in the Workplace Is Just as Horrible and Depressing as Ever," Time, Nov. 28, 2014, time.com/3606031/weight-discrimination-workplace/를 보라. 또한 원저 연구는 Timothy A. Judge and Daniel M. Cable, "When It Comes to Pay, Do the Thin Win? The Effect of Weight on Pay for Men and Women," *Journal of Applied Psychology* 96, no. 1 (2011): pp. 95~112를 보라. 이 연구원들은 브라운과 루턴이 1997년 집단에서 사용한 것과 똑같은 데이터 세트를 이용했다는 점을 유의하라.

29 Brown and Routon, "On the Distributional and Evolutionary Nature of the Obesity Wage Penalty," p. 170.

30 Emily Rella, "'Completely Absurd': The Average US Male Can't Fit into Universal Studio's New 'Blatantly Fatphobic' Mario Kart Ride," *Entrepreneur*, Feb. 6, 2023, www.entrepreneur.com/business-news/universal-studios-under-fire-for-fatphobic-mario-kart-ride/444427.

31 Rachel Moss, "Model Confronts Man for Fat-Shaming Her on Plane," *Huffington Post*, July 3, 2017, www.huffpost.com/archive/au/entry/plus-size-model-natalie-hage-perfectly-calls-out-man-who-fat-shamed-her-on-a-plane_a_23013599.

32 Gina Kolata, "Why Do Obese Patients Get Worse Care? Many Doctors Don't See Past the Fat," *New York Times*, Sept. 25, 2016, www.nytimes.com/2016/09/26/health/obese-patients-health-care.html.

33 Ragen Chastain, "The Fat Misdiagnosis Epidemic," *Glamour*, Aug. 29, 2019,

www.glamour.com/story/weight-stigma-is-keeping-patients-from-getting-
the-care-they-need. 다음 논의에서 그레천(Gretchen)의 이야기를 보라.

34 예를 들어 다양한 크기의 기계 및 일부가 상대적으로 희귀하다는 기본적인 정보
는 다음을 참고하라. "Obese MRI Scans," Newcastle Clinic, newcastleclinic.
co.uk/obese-mri-scans/, for some basic information about machines of dif-
ferent sizes, and their comparative rarity.

35 Laura Sharkey, "Yes, Plan B Has a Weight Limit—Here's What It Means for
You," *Healthline*, Nov. 18, 2020, www.healthline.com/health/healthy-sex/
plan-b-weight-limit#other-factors. 또 다른 선택지는 성관계 후 5일 이내에 구
리 자궁 내 장치(IUD)를 삽입하는 것이다. 하지만 이 방법은 응급 피임약보다
훨씬 몸을 해치고 비싸고 고통스러울 때도 많은 시술이며 플랜 B나 엘라, 그밖
에 때로 사후 피임 목적을 위해 용도 외로 사용되는 다른 약 조합보다 훨씬 접근
이 어렵다. 또한 착상이 아니라 수정을 방지하므로 낙태용이 아니라는 강력한 최
근 증거에도 불구하고 현재 미국에서 공격받고 있는 피임법 가운데 하나다. 다
음을 참고하라. "Study: Copper IUDs Do Not Appear to Prevent Implantation
or Increase HIV Risk," *Relias Media*, July 1, 2020, www.reliasmedia.com/arti
cles/146320-study-copper-iuds-do-not-appear-to-prevent-implantation-or-
increase-hiv-risk.

36 나는 생식권에 대한 이러한 공격과 여성혐오 사이의 관계를 『다운 걸』 3장과 *Enti-
tled: How Male Privilege Hurts Women* (New York: Crown, 2020)(『남성 특권』:
여성혐오는 어디에서 비롯되는가』, 하인혜 옮김, 오월의봄, 2021) 6장에서 다루었
다.

37 예를 들어 2011년 플로리다의 몇몇 산부인과에서 113킬로그램까지 체중 제한을
두었다는 보도가 있다. Mikaela Conley, "Some Ob-Gyns Say Obese Patients
Too High-Risk," *ABC News*, May 17, 2011, abcnews.go.com/Health/poll-
finds-florida-ob-gyns-turn-obese-patients/story?id=13622579. 좀 더 최근 다
른 고위험 분만의 경우에는 체질량 지수 40 이상인 임신부는 제한한 캐나다 병
원 사례 Moira Wyton, "Mom Files Rights Complaint Alleging Hospital 'Fat
Shaming,'" *Tyee*, July 13, 2022, thetyee.ca/News/2022/07/13/Mom-Files-
Rights-Complaint-Hospital-Fat-Shaming/을 보라. 이 문제와 다른 부당한 대
우에 관한 더 많은 증거는 다음을 참고하라. Raina Delisle, "We Need to Stop
Discriminating Against Plus-Size Pregnant Women," *Today's Parent*, Nov.
7, 2017, www.todaysparent.com/pregnancy/pregnancy-health/we-need-to-

stop-discriminating-against-plus-size-pregnant-women/. 2019년 미국 산부인과 학회는 체질량에 근거해 임신부를 외면하는 관행을 비판하는 성명을 발표했다.

38 S. M. Phelan et al., "Impact of Weight Bias and Stigma on Quality of Care and Outcomes for Patients with Obesity," Obesity Review 16, no. 4 (2015): p. 321.

39 Kimberly A. Gudzune et al., "Physicians Build Less Rapport with Obese Patients," Obesity 21, no. 10 (2013): pp. 2146~52.

40 특히 간호사 24퍼센트가 뚱뚱한 환자에게 혐오감을 느꼈고 12퍼센트가 이들을 만지지 않고 싶어 했다. C. R. Bagley et al., "Attitudes of Nurses Toward Obesity and Obese Patients," Perceptual and Motor Skills 68, no. 3 (1989): p. 954. 이 연구가 오래되긴 했지만, 우리는 머리말에서 반비만 편견이 지난 몇십 년 동안 거의 개선되지 않았고 일부 지표에서는 실제로 악화된 증거를 살펴봤다.

41 Phelan et al., "Impact of Weight Bias and Stigma on Quality of Care and Outcomes for Patients with Obesity," p. 321.

42 M. R. Hebl and J. Xu, "Weighing the Care: Physicians' Reactions to the Size of a Patient," International Journal of Obesity 25 (2001): p. 1250.

43 이 연구에서 통계적으로 유의미한 차이가 발견되지 않은 유일한 항목은 '환자 건강의 심각성'에 대한 의사의 평가였다. 같은 글, p. 1249.

44 같은 글, p. 1250.

45 다음을 참고하라. Phelan et al., "Impact of Weight Bias and Stigma on Quality of Care and Outcomes for Patients with Obesity", A. Janet Tomiyama et al., "How and Why Weight Stigma Drives the Obesity 'Epidemic' and Harms Health," BMC Medicine 16, art. no. 123 (2018).

46 Phelan et al., "Impact of Weight Bias and Stigma on Quality of Care and Outcomes for Patients with Obesity," p. 321.

47 "Fat Shaming in the Doctor's Office Can Be Mentally and Physically Harmful," American Psychological Association, Aug. 3, 2017, www.apa.org/news/press/releases/2017/08/fat-shaming.

48 Jess Sims, "Medicine Has a Problem with Fat Phobia—and It Stops People from Getting the Care They Deserve," Well and Good, Nov. 13, 2020, www.wellandgood.com/fat-shaming-medicine/.

49 Allison Shelley, "Women's Heart Health Hindered by Social Stigma About Weight," Medscape, April 3, 2016, www.medscape.com/viewarticle/861382.

50 Christine Aramburu Alegria Drury and Margaret Louis, "Exploring the Association Between Body Weight, Stigma of Obesity, and Health Care Avoidance," *Journal of the American Academy of Nurse Practitioners* 14, no. 12 (Dec. 2002).

51 Janell L. Mensinger et al., "Mechanisms Underlying Weight Status and Healthcare Avoidance in Women: A Study of Weight Stigma, Body-Related Shame and Guilt, and Healthcare Stress," *Body Image* 25 (2018): p. 139~47.

52 Sarah Wells, "Fatphobia and Medical Biases Follow People After Death," *Pop Sci*, Aug. 18, 2022, www.popsci.com/health/medical-fatphobia-body-donations/. 과학계에서 기증된 뚱뚱한 시신을 다루고 싶어 하지 않는 이유 중에는 시신이 너무 무거워서 나르는 데 더 많은 노동력이 든다는 점(극복할 수 없는 문제라고는 볼 수 없다)과 의대 1학년 학생들이 검사하고 해부하며 인체에 대해 배울 때 적합하지 않다는 우려스러운 생각도 있다. "완벽한 세상이라면 이런 목적으로 완벽한 신체를 완벽하게 해부하고 싶을 겁니다."라고 메릴랜드 의과 대학 해부학과의 론 웨이드(Ronn Wade) 교수는 말한다. 이는 물론 의문을 일으킨다. 대체 무엇이 완벽하며 의대생들은 왜 완벽한 신체만 이해하도록 훈련받는가? 더욱이 뚱뚱한 사람들이 사후에 시신을 기증하지 못하는 것은 또 다른 낙인이며 엄청난 충격이 될 수 있다고 웨이드는 인정했다. JoNel Aleccia, "Donating Your Body to Science? Nobody Wants a Chubby Corpse," NBC News, Jan. 9, 2012, www.nbcnews.com/healthmain/donating-your-body-science-nobody-wants-chubby-corpse-1c6436539.

53 이것과 다음 세 단락의 내용은 다른 설명이 없다면 모두 다음의 자료에서 나왔다. Jackson King, "Fat Trans People Are Having Their Lives Put on Hold Because of Devastating Medical Fatphobia," *Pink News*, Nov. 19, 2021, www.pinknews.co.uk/2021/11/19/fat-trans-medical-fatphobia/, unless otherwise stated.

54 Tyler G. Martinson et al., "High Body Mass Index Is a Significant Barrier to Gender-Confirmation Surgery for Transgender and Gender-Nonbinary Individuals," *Endocrinology Practice* 26, no. 1 (2020): p. 7. 나는 이 책 전체에서 트랜스젠더 커뮤니티에서 선호하는 용어인 '성별 확정 수술'을 사용하고 있다.

55 다음을 참고하라. Jody L. Herman et al., "Suicide Thoughts and Attempts Among Transgender Adults," Williams Institute, UCLA School of Law, Sept. 2019, williamsinstitute.law.ucla.edu/publications/suicidality-transgen

der-adults/

56 Martinson et al., "High Body Mass Index Is a Significant Barrier to Gen-der-Confirmation Surgery," pp. 6–15.

57 같은 글, p. 12.

58 같은 글, p. 13.

59 더욱이 뚱뚱한 사람에게 허리나 무릎 수술 등의 필수적인 수술을 해주지 않는 것은 시스젠더나 트랜스젠더 모두에게 널리 퍼진 관행이다. 다음을 참고하라. Kevin Rawlinson and Chris Johnston, "Decision to Deny Surgery to Obese Patients Is Like 'Racial Discrimination,'" *Guardian*, Sept. 3, 2016, www.theguardian.com/society/2016/sep/03/hospitals-to-cut-costs-by-denying-surgery-to-smokers-and-the-obese.

60 추가 논의는 예를 들어 다음을 참고하라. Virginia Sole-Smith, "When You're Told You're Too Fat to Get Pregnant," *New York Times Magazine*, June 18, 2019, www.nytimes.com/2019/06/18/magazine/fertility-weight-obesity-ivf.html.

61 예를 들어 다음 논의를 보라. Emily Friedman, "Obese Face Obstacles in Adoption Process," ABC News, July 31, 2007, abcnews.go.com/Health/story?id=3429655&page=1. 영국의 이러한 장애물에 대한 좀 더 최근 이야기는 다음을 참고하라. 이 책의 결론에서 부모의 권리와 관련한 비만혐오 이야기를 다시 할 것이다. Anonymous, "We Were Turned Down for Adoption for Being Obese," *Metro*, Oct. 23, 2021, metro.co.uk/2021/10/23/we-were-turned-down-for-adoption-for-being-overweight-2-15462005/

62 Denette Wilford, "'Fatphobic' Shelter Worker Refused to Let 'Morbidly Obese' Woman Adopt Dog," *Toronto Sun*, July 26, 2022, torontosun.com/health/diet-fitness/fatphobic-shelter-worker-refused-to-let-morbidly-obese-woman-adopt-dog.

63 Devanshi Patel et al., "Parents of Children with High Weight Are Viewed as Responsible for Child Weight and Thus Stigmatized," *Psychological Science* 34, no. 1 (2023): pp. 35~46.

64 G. M. Eller, "On Fat Oppression," *Kennedy Institute of Ethics Journal* 24, no. 3 (2014): pp. 231~32.

65 Puhl and King, "Weight Discrimination and Bullying," p. 118.

66 Harrison, *Belly of the Beast*, p. 15. 해리슨이 '추함(Ugliness)'이 갖는 정치 구조

적 현실을 인식하기 위해 이 단어에 대문자를 쓴 것에 유의하라(p. 12). 그리고 또한 종종 후광 효과라고 하는 육체적 매력의 편향 효과에 관한 대규모 문헌에서 전통적으로 뛰어난 외모를 선호하는 긍정적인 차별 사례를 살펴보라. 한 사람의 인지된 매력이 학문적 성과 판단에 미치는 영향에 대한 대표적인 방법에 관해 다음을 참고하라. Sean N. Talamas et al., "Blinded by Beauty: Attractiveness Bias and Accurate Perceptions of Academic Performance," PLOS ONE 11, no. 2 (2016): e0148284.

2장: 몸을 줄이는 대가

1   Katherine M. Flegal et al., "Excess Deaths Associated with Underweight, Overweight, and Obesity," Journal of the American Medical Association 293, no. 15 (2005): pp. 1861~67. 플레걸 등이 여기에서 '모든 원인에 의한 사망률'을 고려한 것에 유의하라. 이는 특정 질병이나 다른 이유로 인한 죽음이 아니라 말 그대로 모든 원인에 의한 죽음을 말한다.

2   이 기념비적인 논문(같은 글)에서 플레걸 등은 사실 과체중이나 비만 범위를 합친 것보다 저체중 범위 사람들에게 초과 사망이 더 많은 것(약 3만 4,000명)을 발견했다. 저체중 범위는 조사 인구의 3퍼센트가 안 되고 과체중과 비만을 합친 범위는 반이 넘었는데도 말이다. 또한 예를 들어 이 주제에 관한 후속 연구를 참고하라. Sissi Cao et al., "J-Shapedness: An Often Missed, Often Miscalculated Relation: The Example of Weight and Mortality," Journal of Epidemiology and Community Health 68, no. 7 (2014): pp. 683~90에 대한 간략한 개요는 Alan Mozes, "Underweight Even Deadlier Than Overweight, Study Says: Death Risk Nearly Doubled for Excessively Thin People," HealthDay News, March 28, 2014, consumer.healthday.com/senior-citizen-information-31/misc-death-and-dying-news-172/underweight-even-deadlier-than-overweight-study-says-686240.html.

3   Katherine M. Flegal et al., "Association of All-Cause Mortality with Overweight and Obesity Using Standard Body Mass Index Categories: A Systematic Review and Meta-analysis," Journal of the American Medical Association 309, no. 1 (2013): pp. 71~82. 이 메타 연구에서는 97개의 개별 연구와 거의 300만 명에 달하는 참가자를 조사해 플레걸의 2005년 연구에 강력한 추가 증거를 제공했다.

4   Ali H. Mokdad et al., "Actual Causes of Death in the United States, 2000," *Journal of the American Medical Association* 291, no. 10 (2004): pp. 1238~45.

5   위의 모크다드 등의 연구(사구이는 이를 '죽을 때까지 먹기' 연구라고 부른다)와 플레걸의 연구(이 연구는 '뚱뚱해도 괜찮아'라고 부른다)에 대한 사구이의 비교는 다음을 참고하라. Abigail C. Saguy, *What's Wrong with Fat?* (Oxford: Oxford University Press, 2013), p. 120.

6   다음을 참고하라. Aubrey Gordon and Michael Hobbes, "Is Being Fat Bad for You?," Nov. 16, 2021, in *Maintenance Phase*, podcast, 25:30~27:30, player. fm/series/maintenance-phase/is-being-fat-bad-for-you.

7   Saguy, *What's Wrong with Fat?*, pp. 120~21.

8   같은 책, p. 123~26.

9   더욱이 같은 주요 연구에서 과체중과 경도 비만 범주를 합친 사람들이 이른바 정상 체중 범주에 속하는 사람들과 코로나19에서 사실상 리스크 프로필이 똑같은 것으로 나타났다. Paul Campos, "COVID and the Moral Panic over Obesity," *Lawyers, Guns, and Money*, Sept. 16, 2021, www.lawyersgunsmoneyblog.com/2021/09/covid-and-the-moral-panic-over-obesity를 보라.

10 Rosie Mestel, "Weighty Death Toll Downplayed," *Los Angeles Times*, April 20, 2005, www.latimes.com/archives/la-xpm-2005-apr-20-sci-overweight20-story.html.

11 Amy Crawford, "The Obesity Research That Blew Up," *Boston Globe*, July 16, 2021, www.bostonglobe.com/2021/07/16/opinion/obesity-research-that-blew-up/. 윌렛과 다른 이들이 플레걸의 연구에 대해 밝힌 실질적인 주요 비판은 플레걸이 저체중 범위와 관련한 사망률 위험을 계산할 때 흡연을 한 번이라도 한 사람과 기존 질병이 있는 모든 사람을 배제하지 않았다는 것이다. 하지만 그런 계산이 실제로 적절한가는 차치하고 플레걸과 동료들은 이후 그 방식으로 계산해도 거의 차이가 없음을 보여주었다. Katherine M. Flegal et al., "Impact of Smoking and Pre-existing Illness on Estimates of the Fractions of Deaths Associated with Underweight, Overweight, and Obesity in the US Population," *American Journal of Epidemiology* 166, no. 8 (2007): pp. 975~82.

12 Allison Aubrey, "Research: A Little Extra Fat May Help You Live Longer," NPR, Jan. 2, 2013, www.npr.org/sections/health-shots/2013/01/02/168437030/research-a-little-extra-fat-may-help-you-live-longer. 또 플레걸의 메타 연구 자체는 다음을 참고하라. Flegal et al., "Association of All-Cause Mortality with

Overweight and Obesity".

13 윌렛과 플레걸의 논쟁을 잘 소개한 글로는 다음을 참고하라. Crawford, "The Obesity Research That Blew Up". 좀 더 심도 있는 논의는 다음 논의를 참고하라. Gordon and Hobbes, "Is Being Fat Bad for You?".

14 이 주제를 대표하는 최근 기사로 Glenn A. Gaesser and Steven N. Blair, "The Health Risks of Obesity Have Been Exaggerated," *Medicine and Science in Sports and Exercise* 51, no. 1 (2019): pp. 218~21을 보라. 연구진은 다음 네 가지 사항에 근거해 제목과 같은 결론을 내렸다. "1) 보통에서 높은 수준의 심폐 체력(CRF)은 높은 체질량 지수와 관련한 사망 위험을 약화하거나 제거한다. 2) 신진대사가 좋은 비만(MHO) 표현형(表現型)은 높은 체질량 지수와 관련한 위험을 감소시킨다. 3) 체지방 제거는 심혈관 대사 건강을 개선하지 않는다. 4) 의도적인 체중 감량 및 사망률 데이터는 높은 체질량 지수 자체가 비만 관련 질병의 주요 원인이라는 통념을 뒷받침하지 않는다." (p. 218). 관련 내용이 이 장에서 더 다뤄질 것이다.

15 Flegal et al., "Excess Deaths Associated with Underweight, Overweight, and Obesity."

16 이 장에서 내가 건강이 정확히 무엇인가, 그리고 건강이 어떤 가치가 있는가, 라는 어려운 이론적 질문(예를 들어 건강은 우리의 웰빙에 본질적으로 중요한가, 아니면 그저 도구적으로 중요할 뿐인가)을 고려하지 않음에 유의하라. 이러한 문제에 대한 중요한 관점은 여러 관련 학술 자료 중에서도 다음을 참고하라. Elizabeth Barnes, *Health Problems* (Oxford: Oxford University Press, 2023), Quill Kukla (writing as Rebecca Kukla), "Medicalization, 'Normal Function,' and the Definition of Health," in *The Routledge Companion to Bioethics*, ed. John D. Arras, Elizabeth Fenton, and Kukla (New York: Routledge, 2014), pp. 515~30, 공동 자문화 기술지 작업인 Jennifer A. Lee and Cat J. Pausé, "Stigma in Practice: Barriers to Health for Fat Women," *Frontiers in Psychology* 7, art. no. 2063 (2016): pp. 1~15.

17 이곳과 하단의 인용은 다음을 참고하라. Stuart Wolpert, "Dieting Does Not Work, UCLA Researchers Report," UCLA Newsroom, April 3, 2007, newsroom.ucla.edu/releases/Dieting-Does-Not-Work-UCLA-Researchers-7832 에서 가져왔다. 원저 연구는 Traci Mann et al., "Medicare's Search for Effective Obesity Treatments: Diets Are Not the Answer," *American Psychologist* 62, no. 3 (2007): pp. 220~33.

18 한 연구에서는 실제로 최소 2년 이상 추적한 사람들 가운데 83퍼센트가 감량한 체중보다 더 체중이 늘었음을 보여주었다(Mann et al., "Medicare's Search for Effective Obesity Treatments," p. 221). 또 다른 연구에 따르면 다이어트하는 사람 중 절반이 다이어트를 시작했을 때보다 5년이 지났을 때 5킬로그램 이상 늘었다(같은 글, p. 224). 만은 실제 수치는 더 심각할 것이라고 주장하는데, 이런 연구 일부는 사람들이 체중을 너무 적게 측정하거나 적게 보고하는 경향이 있는 자가 보고 수치에 의존하고 체중이 다시 느는 사람들은 중도 포기하는 비율이 높아 추적 관찰이 어렵기 때문이다. "보고된 연구 결과는 다이어트의 효과에 대한 암울한 그림을 보여주지만 다이어트의 실제 효과가 더 심각한 데는 이유가 있다."고 만은 요약했다. Wolpert, "Dieting Does Not Work."

19 다이어트의 약 95퍼센트가 실패한다고 자주 인용되는 통계는 상당히 오래전 발표된 1959년 연구에서 나온 것으로 보이는데 그럼에도 현재도 여전히 유의미하다. 연구진은 뉴욕 한 병원의 영양 클리닉에서 저칼로리 식단(일일 800~1,500칼로리)을 지키라고 처방받은 환자 100명을 추적했다. 이 중에서 12명만이 9킬로그램 이상을 감량해 초기 성공을 기록했다. 1년 후 이들 중 6명만이 감량한 체중을 유지했고 2년 후에는 그런 사람이 두 명뿐이었다. 나머지는 실패로 분류되었다(연구 도중 빠져나간 상당수 역시 마찬가지였다). 조사 대상 중 한 명만이 18킬로그램 이상, 정확히 말하면 23킬로그램을 감량했다. 그는 다이어트로 심각한 정신 건강 위기를 겪었으며 치료를 받기 전 다이어트를 중단하자 16킬로그램이 늘었다고 보고했다. 추가 논의는 다음을 참고하라. A. Stunkard and M. McLaren-Hume, "The Results of Treatment for Obesity: A Review of the Literature and Report of a Series," *AMA Archives of Internal Medicine* 103, no. 1 (1959): pp. 79~85와 Ragen Chastain, "The Validation and Frustration of Stunkard et al.," *Weight and Healthcare*, Substack, Feb. 11, 2023, weightandhealthcare.substack.com/p/the-validation-and-frustration-of. 1989년 발표한 또 다른 저명한 연구에서는 15주 행동 체중 감량 프로그램을 마친 후 4~5년 동안 이어진 후속 방문에서 치료 후 체중을 유지하거나 그 밑으로 내려야 하는 요구 기준을 맞춘 대상은 3퍼센트 이하였음을 보여주었다. F. M. Kramer et al., "Long-Term Follow-Up of Behavioral Treatment for Obesity: Patterns of Weight Regain Among Men and Women," *International Journal of Obesity* 13, no. 2 (1989): pp. 123~36. 또 중요한 사실은 사람들을 10년 가까이 추적한 2015년 연구에서 비만으로 분류된 사람이 이른바 정상 체중이 될 확률은 거의 없다 싶을 정도로 적다. 예를 들어, 한때 고도 비만 혹은 병적 비만(체질량 지수 40 이상)으로 분류된 나 같은 여성이

정상 체중에 도달할 연간 확률은 677분의 1(약 0.15퍼센트)이다. 비슷한 남성은 더 낮은 1,290분의 1(약 0.078퍼센트)이다. Alison Fildes et al., "Probability of an Obese Person Attaining Normal Body Weight: Cohort Study Using Electronic Health Records," *American Journal of Public Health* 105, no. 9 (2015): e54~e59.

20 J. P. Montani et al., "Weight Cycling During Growth and Beyond as a Risk Factor for Later Cardiovascular Diseases: The 'Repeated Overshoot' Theory," *International Journal of Obesity* 30 (2006): S58~S66. 또한 추가 논의는 다음을 참고하라. Kelley Strohacker et al., "Consequences of Weight Cycling: An Increase in Disease Risk?," *International Journal of Exercise Science* 2, no. 3 (2009): pp. 191~201.

21 Matthew A. Cottam et al., "Links Between Immunologic Memory and Metabolic Cycling," *Journal of Immunology* 200, no. 11 (2018): pp. 3681~89.

22 적절한 일반 개요는 다음을 참고하라. "Weight Fluctuations and Impact on the Immune System," US Pharmacist, Aug. 10, 2022, www.uspharmacist.com/article/weight-fluctuations-and-impact-on-the-immune-system. 원저 연구는 다음을 참고하라. Matthew A. Cottam et al., "Multiomics Reveals Persistence of Obesity-Associated Immune Cell Phenotypes in Adipose Tissue During Weight Loss and Weight Regain in Mice," *Nature Communications* 13, art. no. 2950 (2022).

23 Huajie Zou et al., "Association Between Weight Cycling and Risk of Developing Diabetes in Adults: A Systematic Review and Meta-analysis," *Journal of Diabetes Investigation* 12, no. 4 (2021): pp. 625~32.

24 Wolpert, "Dieting Does Not Work."

25 더욱이 비만 수용 활동가이자 연구원인 래건 채스테인이 언급하듯 "뚱뚱했다가 감량한 체중을 유지한 사람들과 언제나 날씬한 사람을 비교해 건강 상태가 비슷한지 살펴본 연구는 실제로 '없다.'" 이런 연구가 한 번도 이루어지지 않은 것은 일부 뚱뚱했다가 체중을 감량하고 유지한 사람들이 충분하지 않기 때문이다. Ragen Chastain, "Is There a Connection Between Fat and Cancer?," *Dances with Fat* (blog), May 10, 2018, danceswithfat.org/2018/05/10/is-there-a-connection-between-fat-and-cancer/. 채스테인의 지적은 2022년 말 이 글을 쓰는 시점까지 내가 아는 한 여전히 참이다.

26 Long Ge et al., "Comparison of Dietary Macronutrient Patterns of 14 Popu-

lar Named Dietary Programmes for Weight and Cardiovascular Risk Factor Reduction in Adults: Systematic Review and Network Meta-analysis of Randomised Trials," *British Medical Journal* 369 (2020): m696.

27 운동에 체중 감량 효과가 없다는 현재 연구 합의에 대한 적절한 대중적 개요는 다음을 참고하라. Julia Belluz and Christophe Haubursin, "The Science Is In: Exercise Won't Help You Lose Much Weight," *Vox*, Jan. 2, 2019, www.vox.com/2018/1/3/16845438/exercise-weight-loss-myth-burn-calories. 또한 이 주제에 대한 중요한 메타 분석으로는 다음 논의를 참고하라. D. M. Thomas et al., "Why Do Individuals Not Lose More Weight from an Exercise Intervention at a Defined Dose? An Energy Balance Analysis," *Obesity Review* 13, no. 10 (2012): pp. 835~47.

28 A. Janet Tomiyama et al., "Long-Term Effects of Dieting: Is Weight Loss Related to Health?," Social and Personality Psychology Compass 7, no. 12 (2013): pp. 861~77.

29 "Why Do Dieters Regain Weight? Calorie Deprivation Alters Body and Mind, Overwhelming Willpower," *American Psychological Association Science Brief*, May 2018, https://web.archive.org/web/20230226080722/www.apa.org/science/about/psa/2018/05/calorie-deprivation.

30 같은 글. 내가 여기서, 그리고 이 책 전체에서 이 연구자들에 맞춰 '의지'라고 부르는 것은 결심 혹은 인내심이라고 부를 수도 있는 것으로, 우리가 새해 결심을 지키고 힘든 일이 닥쳤을 때 목적을 계속 추구할 수 있게 만드는 힘이다. 철학자들은 대부분 사람들이 (환경에 따라 달라질 수 있는) 이 자질을 얼마나 소유하는가 하는 문제는 자유 의지의 실재에 관한 명망 높은 형이상학적 논의와는 별개라고 생각한다. 자유 의지 논의는 인간의 행동이(결심에 따른 것이든 아니든) 순전히 기존의 인과 요소에 따라 결정되는지(그리고 이것이 또한 자유 의지의 실재와 양립할 수 있는지)에 관한 것이다. 이런 깊은 철학적 질문을 어떻게 생각하든(내가 속한 학계에서는 여전히 논란이 뜨거운 영역이다) 우리는 사람들이 다양한 수준의 의지(역시 결심이나 인내심일 수 있다)를 발휘하며 이는 이들의 체질량과 상관없다는 데에 동의할 수 있다.

31 같은 글.

32 반대로 건강하지만 저체중인 사람들은 많은 연구진이 추측하듯 더 활동적이지는 않은 것으로 나타났다. 오히려 갑상샘 호르몬 수치가 높아 무거운 사람들보다 휴식 대사량이 높다는 의미에서 더 뜨겁게 움직인다고 할 수 있다. 연구에서 식이 문

제를 겪거나 의도적으로 식사를 제한하는 사람을 배제하긴 했지만 사실 이 둘은 모두 이른바 정상 체중인 사람들보다 평균적으로 23퍼센트 덜 활동적이었고 이번에도 평균적으로 12퍼센트 더 적은 열량을 섭취해 배고픔도 덜 느끼는 것으로 나타났다. (아픈 사람과 최근 체중을 감량한 사람들 역시 연구에서 배제됐다.) 이 연구에 관한 유용한 개요는 다음을 참고하라. Aakash Molpariya, "Surprise! Thin People Aren't More Active, They Are Just Less Hungry and 'Run Hotter,'" *Revyuh*, July 14, 2022, www.revyuh.com/news/lifestyle/health-and-fitness/surprise-thin-people-arent-more-active-they-are-just-less-hungry-and-run-hotter.

33 Kathryn Doyle, "6 Years After The Biggest Loser, Metabolism Is Slower and Weight Is Back Up," *Scientific American*, May 11, 2016, www.scientificamerican.com/article/6-years-after-the-biggest-loser-metabolism-is-slower-and-weight-is-back-up/.

34 예를 들어 다음을 참고하라. "Type 2 Diabetes," Mayo Clinic, www.mayoclinic.org/diseases-conditions/type-2-diabetes/symptoms-causes/syc-20351193

35 적절한 일반 개요는 다음 논의를 참고하라. Honor Whiteman, "Could Mouthwash Be Putting You at Risk of Diabetes?" *Medical News Today*, Nov. 28, 2017, www.medicalnewstoday.com/articles/320199. 원저 연구는 다음을 참고하라. Kaumudi J. Joshipura et al., "Over-the-Counter Mouthwash Use and Risk of Pre-diabetes/Diabetes," Nitric Oxide 71 (2017): pp. 14~20을 보라. 또한 이 결과에 대한 후속 리뷰 기사는 다음을 보면 된다. P. M. Preshaw, "Mouthwash Use and Risk of Diabetes," *British Dental Journal* 225, no. 10 (2018): pp. 923~26.

36 이 분야에 종사하는 일부는 '전당뇨병(prediabetes)'이라는 이름이 잘못됐다고 생각한다. 반다이어트 심리학자 알렉시스 코나슨(Alexis Conason)이 지적하듯 이른바 전당뇨병에 걸린 사람 중 당뇨병에 걸리는 사람이 연간 2퍼센트 미만이기 때문이다. 그녀의 책을 참고하면 된다. *Diet-Free Revolution: 10 Steps to Free Yourself from the Diet Cycle with Mindful Eating and Radical Self-Acceptance* (Berkeley, Calif.: North Atlantic Books, 2021), p. 134.

37 예를 들어 다음을 참고하라. P. Mirmiran et al., "Long-Term Effects of Coffee and Caffeine Intake on the Risk of Pre-diabetes and Type 2 Diabetes: Findings from a Population with Low Coffee Consumption," *Nutrition, Metabolism, and Cardiovascular Diseases* 28, no. 12 (2018): pp. 1261~66. 물론 결과

가 통계적으로 중요하다고 해서, 즉 우연이 아닐 확률이 높다고 해서 관련 위험이 반드시 '크다'는 의미는 아니다. 이 경우에는 후속 연구에서 매일 커피 섭취를 1잔 이상 늘리면 (커피 마시는 습관을 바꾸지 않은 사람들과 비교해) 제2형 당뇨병에 걸릴 위험이 11퍼센트 감소한 것과 연관이 있는 것으로 나타났다. 반대로 하루 커피 섭취를 1잔 이상 줄이면 제2형 당뇨병에 걸릴 위험이 17퍼센트 높아지는 것과 연관이 있었다. 커피 섭취가 제2형 당뇨병 위험을 줄이는 인과 관계가 있다는 주장은 다음을 참고하라. Hubert Kolb et al., "Coffee and Lower Risk of Type 2 Diabetes: Arguments for a Causal Relationship," Nutrients 13, no. 4 (2021), art. no. 1144. 하지만 이는 주장일 뿐이다. 이 질병의 발병과 진행에 기여하는 많은 인과적 위험 인자에 대한 연구원들의 지식은 여전히 진화하는 상태이며 가까운 미래에도 그럴 것이다.

38 예를 들어 다음을 참고하라. Massiell German and Juliana Simonetti, "Diabetes and Obesity—Inextricable Diseases," *Metabolic Disorders* 7, art. no. 036 (2020).

39 예를 들어 다음을 참고하라. Natasha Wiebe et al., "Temporal Associations Among Body Mass Index, Fasting Insulin, and Systemic Inflammation: A Systematic Review and Meta-analysis," *JAMA Network Open* 4, no. 3 (2021). 이 종합적인 메타 분석 결과에 대한 적절한 일반 개요는 다음 논의를 참고하라. Bret Scher, "High Insulin Precedes Obesity, a New Study Suggests," Diet Doctor, March 16, 2021, www.dietdoctor.com/high-insulin-precedes-obesity-a-new-study-suggests. 또한 이 가설에 대한 초기 논의는 Peter Attia's TED Talk, "Is the Obesity Crisis Hiding a Bigger Problem?," TED Media, 2013, www.ted.com/talks/peter_attia_is_the_obesity_crisis_hiding_a_bigger_problem/transcript를 보라.

40 예를 들어 다음을 참고하라. Jennifer L. Shea et al., "The Prevalence of Metabolically Healthy Obese Subjects Defined by BMI and Dual-Energy X-Ray Absorptiometry," *Obesity* 19, no. 3 (2011): pp. 624~30. 이들의 연구에 따르면 정교한 기술로 체지방률을 측정하면 비만으로 분류된 참가자 가운데 약 절반이 신진대사가 건강한 것으로 나타났다.

41 Look AHEAD Research Group, "Eight-Year Weight Losses with an Intensive Lifestyle Intervention: The Look AHEAD Study," *Obesity* 22, no. 1 (2014): p. 5~13.

42 수치는 5퍼센트 이상 체중 감량이 50.3퍼센트(ILI) 대 35.7퍼센트(DSE), 10퍼센

트 이상 체중 감량이 26.9퍼센트(ILI) 대 17.2퍼센트(DSE)였다. 그러나 연구진은 "생활 습관 개입으로 얻은 효과는 ILI 참가자의 32퍼센트가 첫해에는 처음 체중의 최소 5퍼센트도 감량하지 못했고 이들 가운데 34.5퍼센트만이 8년째에 이 목표를 달성했다는 사실로 상쇄된다"고 지적했다. 같은 글, p. 8, 강조는 내가 했다.

43 이 연구는 장기 혈당 조절 면에서도 매우 실망스러운 결과를 나타냈다. ILI 참가자들에게 나타난 초반 개선은 평균 8년 후 기준치로 돌아가거나 이를 초과했다. (하지만 DSE 참가자들보다는 다소 나은 수준을 유지했다.) Look AHEAD Research Group, "Cardiovascular Effects of Intensive Lifestyle Intervention in Type 2 Diabetes," *New England Journal of Medicine* 369, no. 2 (2013): p. 149, fig. 1D 를 보라. 다른 연구들도 비슷한 경향을 보였다. 한 메타 분석에서는 제2형 당뇨를 앓는 사람 중 체중을 줄이려고 한 사람들은 초반에 감량한 체중을 그대로 유지한 드문 경우에도 대부분 6~9개월 이내에 혈당이 처음 수준으로 돌아왔다. D. Ciliska et al., "A Review of Weight Loss Interventions for Obese People with Non-insulin Dependent Diabetes Mellitus," *Canadian Journal of Diabetes Care* 19 (1995): pp, 10~15.

44 Look AHEAD Research Group, "Cardiovascular Effects of Intensive Lifestyle Intervention in Type 2 Diabetes," p. 152.

45 질병통제센터(CDC)에 따르면 당뇨병이 있는 사람은 그렇지 않은 사람보다 심장 질환이나 심장 발작을 일으킬 확률이 두 배 높다. "Diabetes and Your Heart," Centers for Disease Control, www.cdc.gov/diabetes/library/features/diabetes-and-heart.html를 보라. 이 점에 대해 말할 수 없이 귀중한 의견을 준 의학박사 수전 R. 하타(Susan R. Hata)와 다른 여러 사람들에게 감사를 전한다.

46 Rasmus Køster-Rasmussen et al., "Intentional Weight Loss and Longevity in Overweight Patients with Type 2 Diabetes: A Population-Based Cohort Study," *PLOS ONE* 11, no. 1 (2016): p. e0146889.

47 이 연구에서 신경병증 '당뇨발', 눈 및 신장 합병증을 포함한 미세 혈관 질환 또한 추적 관찰한 것에 유의하라. 체중 감량 의도가 있었던 환자들 가운데 49퍼센트가 진단 당시 이 중 한 개 이상의 질환을 앓았고 6년 후 58퍼센트로 증가했다. 체중 감량 의도가 없었던 환자들 중에는 60퍼센트가 진단 당시 이 중 한 개 이상의 질환을 앓았고 6년 후 63퍼센트로 증가했다. 같은 글, p. 8. 이 차이에 대한 통계 분석은 논문에 포함되지 않았다는 데 유의하라.

48 14킬로그램 이상 감량하고 최소 1년 동안 유지한 사람들 약 1만 명의 성공 사례는 미국 체중조절연구소(National Weight Control Registry)의 사이트를 참고하

라. www.nwcr.ws. 그러나 래건 채스테인이 지적하듯 다이어트하는 사람들 대부분은 처음 감량한 체중을 5년 이내에 회복한다. 따라서 이곳의 성공 사례 기준에는 문제가 있다. 미국 체중조절연구소는 장기적인 체중 감량 가능성 논의에서 흔히 언급되지만 이것이 무엇을 증명하는지는 대체로 불확실하다. 그녀의 블로그 글을 참고하라. "National Weight Control Registry—Skydiving Without a Chute," *Dances with Fat* (blog), Dec. 27, 2012, danceswithfat.org/2012/12/27/national-weight-control-registry-skydiving-without-a-chute/.

49 N. G. Boulé et al., "Effects of Exercise on Glycemic Control and Body Mass in Type 2 Diabetes Mellitus: A Meta-analysis of Controlled Clinical Trials," *JAMA* 286, no. 10 (2001): pp. 1218~27.

50 Vaughn W. Barry et al., "Fitness vs. Fatness on All-Cause Mortality: A Meta-analysis," *Progressive Cardiovascular Disease* 56, no. 4 (2014): pp. 382~90.

51 Chantal M. Koolhaas et al., "Impact of Physical Activity on the Association of Overweight and Obesity with Cardiovascular Disease: The Rotterdam Study," *European Journal of Preventative Cardiology* 24, no. 9 (2017): pp. 934~41.

52 Xiaochen Zhang et al., "Physical Activity and Risk of Cardiovascular Disease by Weight Status Among US Adults," PLOS ONE 15, no. 5 (2020): e0232893.

53 Christy Harrison, *Anti-diet: Reclaim Your Time, Money, Well-Being, and Happiness Through Intuitive Eating* (New York: Little, Brown Spark, 2019), p. 102 을 보라.

54 이 점과 다른 사항에 대해 중요한 논의를 해준 엘리자베스 반스에게 고맙다.

55 Wiebe et al., "Temporal Associations Among Body Mass Index, Fasting Insulin, and Systemic Inflammation." 최근 추가 연구에서 위브와 동료 저자들은 고인슐린혈증(종종 인슐린 저항으로 나타나는 혈중 인슐린 과다 증상)과 염증이 무거운 사람들의 모든 원인에 의한 사망률 증가의 주요 요인일 수 있다는 가설을 세운다. 이런 증상은 무거운 사람들에게 더 흔하지만 체중이 높아서 걸리는 것은 아닌 것 같다(오히려 인슐린 증가가 체중 증가를 가져올 수 있다). 마른 사람 중에도 고인슐린혈증과 염증에 걸리는 사람이 많고 그럴 때 건강 위험이 더 크다. 연구진은 이런 근거로 "비만 때문으로 보였던 사망률 증가는 고인슐린혈증과 염증 때문일 확률이 높다."고 주장했다. Natasha Wiebe et al., "Associations of Body Mass Index, Fasting Insulin, and Inflammation with Mortality: A Prospective

Cohort Study," *International Journal of Obesity* 46 (2022): pp. 2107~13. 이 단락의 논의와 이 장에서 전반적으로 요약한 연구에 큰 도움을 준 그레고리 도델 (Gregory Dodell) 의학박사에게 많은 감사를 전한다.

56 물론 이런 결과는 15명의 환자를 대상으로 한 소규모 연구에서 도출된 결과로 제 2형 당뇨병에 걸린 일곱 명 각각은 지방 흡입술을 통해 9킬로그램의 지방을 제거 했다. Samuel Klein et al., "Effect of Liposuction on Insulin Action and Risk Factors for Coronary Heart Disease," *New England Journal of Medicine* 350, no. 25 (2004): pp. 2549~57.

57 Francesco Rubino et al., "The Early Effect of the Roux-en-Y Gastric Bypass on Hormones Involved in Body Weight Regulation and Glucose Metabolism," *Annals of Surgery* 240, no. 2 (2004): pp. 236~42.

58 Ildiko Lingvay et al., "Rapid Improvement in Diabetes After Gastric Bypass Surgery: Is It the Diet or Surgery?," *Diabetes Care* 36, no. 9 (2013): pp. 2741~47.

59 Rebecca L. Pearl et al., "Association Between Weight Bias Internalization and Metabolic Syndrome Among Treatment-Seeking Individuals with Obesity," *Obesity* 25, no. 2 (2017): pp. 317~22.

60 "Fat Shaming Linked to Greater Health Risks," *Penn Medicine News*, Jan. 26, 2017, www.pennmedicine.org/news/news-releases/2017/january/fat-shaming-linked-to-greater-health-risks.

61 Virginia Sole-Smith, "In Obesity Research, Fatphobia Is Always the X Factor," *Scientific American*, March 6, 2021, www.scientificamerican.com/article/in-obesity-research-fatphobia-is-always-the-x-factor/.

62 N. M. Maruthur et al., "The Association of Obesity and Cervical Cancer Screening: A Systematic Review and Meta-analysis," Obesity 17, no. 2 (2009): pp. 375~81, Christina C. Wee et al., "Obesity and Breast Cancer Screening," *Journal of General Internal Medicine* 19, no. 4 (2004): pp. 324~31, Jeanne M. Ferrante et al., "Colorectal Cancer Screening Among Obese Versus Non-obese Patients in Primary Care Practices," *Cancer Detection and Prevention* 30, no. 5 (2006): pp. 459~65를 보라.

63 예를 들어 다음을 참고하라. "Obesity and Cancer," National Cancer Institute, www.cancer.gov/about-cancer/causes-prevention/risk/obesity/obesity-fact-sheet.

64 더욱이 자궁경부암과 관련한 한 연구에 따르면 최첨단 검사를 받은 환자 중에서도 "과체중과 비만 여성은 자궁경부암 위험이 컸으며 이는 자궁경부암 전암을 과소 진단하기 때문으로 보인다. 체질량이 높은 여성에 대한 적절한 표본 추출과 시각화를 위한 장비 그리고/또는 기술 개선으로 자궁경부암 발생을 낮출 수 있을 것이다." Megan A. Clarke et al., "Epidemiologic Evidence That Excess Body Weight Increases Risk of Cervical Cancer by Decreased Detection of Precancer," *Journal of Clinical Oncology* 36, no. 12 (2018): pp. 1184~91.

65 이른바 비만의 역설에 대한 적절한 소개는 다음을 참고하라. Harriet Brown, "The Obesity Paradox: Scientists Now Think That Being Overweight Can Protect Your Health," *Quartz*, Nov. 17, 2015 (updated Sept. 23, 2019), qz.com/550527/obesity-paradox-scientists-now-think-that-being-overweight-is-sometimes-good-for-your-health/. 또한 이 용어에 대한 중요한 우려에 대해서는 다음 논의를 참고하라. Katherine M. Flegal and John P. A. Ioannidis, "The Obesity Paradox: A Misleading Term That Should Be Abandoned," *Obesity* 26, no. 4 (2018): pp. 629~30. 때로 어떤 경우에는 비만의 역설이라는 용어가 뚱뚱한 사람이 건강할 수 있고 날씬한 사람들보다 더 건강할 수도 있다는 단순한 사실에 붙는다는 점에 유의하라.

66 예를 들어 다음을 참고하라. Lenny R. Vartanian and Jacqueline G. Shaprow, "Effects of Weight Stigma on Exercise Motivation and Behavior: A Preliminary Investigation Among College-Aged Females," *Journal of Health Psychology* 13, no. 1 (2008): pp. 131~38.

67 흥미롭게도 체중 낙인이 더 먹도록 유도하기도 한다는 증거가 있다. 한 연구에서 이른바 비만 여성이 체중 낙인을 찍는 매체를 접하면 중립적인 매체 영상을 본 이후보다 세 배 넘는 열량을 섭취했다. 이런 효과는 (이번에도 이른바) 정상 체중인 사람들에게서는 훨씬 적게 나타났다. Natasha A. Schvey et al., "The Impact of Weight Stigma on Caloric Consumption," *Obesity* 19, no. 10 (2011): pp. 1957~62를 보라.

68 Sole-Smith, "In Obesity Research, Fatphobia Is Always the X Factor."

69 Tomoko Udo et al., "Perceived Weight Discrimination and Chronic Medical Conditions in Adults with Overweight and Obesity," *International Journal of Clinical Practice* 70, no. 12 (2016): pp. 1003~11.

70 Tomiyama et al., "How and Why Weight Stigma Drives the Obesity 'Epidemic' and Harms Health."

71 위브 등은 55번 주석에 요약한 연구에서 염증과 고인슐린혈증이 각각 더 높은 체중과 모든 이유에 의한 사망 위험 증가 사이의 관련성을 반박한다는 다음과 같은 사실상 더 복잡한 일련의 인과 관계를 상정한다. 염증과 고인슐린혈증은 (더욱 심각한) 건강 악화를 초래하고 이는 체중 증가로 이어지게 된다. 이들의 다음 논의를 참고하라. "Associations of Body Mass Index, Fasting Insulin, and Inflammation with Mortality".

72 예를 들어 다음을 참고하라. Haris Riaz et al., "Association Between Obesity and Cardiovascular Outcomes: A Systematic Review and Meta-analysis of Mendelian Randomization Studies," *JAMA Network Open* 7, no. 1 (2018): e183788. 이러한 연구에서 상정한 가설에 대한 중요한 우려 사항은 다음 논의를 참고하라. Tyler J. VanderWeele et al., "Methodological Challenges in Mendelian Randomization," *Epidemiology* 25, no. 3 (2014): pp. 427~35.

73 Maximilian Kleinert et al., "Animal Models of Obesity and Diabetes Mellitus," *Nature Reviews Endocrinology* 14 (2018): pp. 140~62.

74 Wiebe et al., "Associations of Body Mass Index, Fasting Insulin, and Inflammation with Mortality." 과학자문위원회(Council on Scientific Affairs)가 2012년 미국 의사 협회(American Medical Association)에 낸 보고서에서 "비만이 이환율 및 사망률과만 관련 있으므로 [뚱뚱함과 질병 사이의 상관관계에 대한] 문헌에서 진정한 인과 관계는 정립되지 않았다."라고 한 것 역시 유의하라. Sandra A. Fryhofer, "Is Obesity a Disease?," Report of the Council on Science and Public Health, May 16, 2013, CSAPH Report 3-A-13 (Resolution 115-A-12), accessed Jan. 26, 2023, www.ama-assn.org/sites/ama-assn.org/files/corp/media-browser/public/about-ama/councils/Council%20Reports/council-on-science-public-health/a13csaph3.pdf를 보라. 안타깝게도 AMA는 결국 다른 무엇보다 당뇨가 이 같은 근거에 따라 질병으로 분류되어서는 안 된다는 위원회의 권고를 무시했다. 이 점과 기타 많은 사항에 대한 서신 교환을 통해 지극한 도움을 준 너태샤 위브에게 많은 감사를 전한다.

75 이 장에서 이 점과 기타 많은 사항에 대한 귀중한 논의를 진행해 준 마이클 홉스에게 고마움을 표한다.

76 Jennifer Saul, "Dogwhistles, Political Manipulation, and the Philosophy of Language," in *New Work on Speech Acts*, ed. Daniel Fogal, Daniel W. Harris, and Matt Moss (Oxford: Oxford University Press, 2018), pp. 360~83를 보라. 또한 관련 논의를 조망하는 Jason Stanley, *How Propaganda Works* (Princeton,

N.J.: Princeton University Press, 2015), pp. 137~39를 보라. 사울은 개 호루라기 중에서도 '명백한 것' 대 '은밀한 것', 그리고 '고의적인 것' 대 '고의가 아닌 것' 사이를 구분하라는 유용한 제안을 내놓는다. 나는 비만혐오적 개 호루라기는 이 형태가 모두 있을 수 있고 실제로도 그렇다고 생각한다. 즉 비만혐오는 건강(혹은 질병), 건강한 생활, 건강한 음식 등에 관한 담론에 부지불식간에 들어올 수 있다. 하지만 일부 맥락에서는 사울이 주장하듯 인종용 개 호루라기 역할을 할 수 있는 정부 지출과 마찬가지로, 사람들의 개인적, 집단적 건강을 증진하기 위해, 일테면 적절한 공공 정책 시행과 같은 건강에 대한 논의가 필요하다는 사실은 피할 수 없다. 이 문제에 대한 합의와 상충을 포함한 중요한 관점을 보여주는 에세이집 *Against Health: How Health Became the New Morality*, ed. Jonathan M. Metzl and Anna Kirkland (New York: New York University Press, 2010)을 보라.

77 그러나 이러한 암시가 문화적으로 분명하다는 점에 유의하라. 다른 맥락에서는 아파 보인다는 말이 너무 말랐다는 의미일 수 있고 비슷하게 건강해 보인다는 말이 실제로는 그 사람의 체중이 늘었다는 언급일 수 있다. 이러한 차이는 체중 증가가 두렵거나 유감스러운 것으로 여겨지는지, 그렇지 않으면 현실에서나 지속적인 문화적 상상 속에서 공급이 부족한 음식을 충분히 접한다는 좋은 신호로 받아들여지는지와 관계가 있을 수 있다. 각각 그리스어와 인도어에 대한 정보를 전달해 준 애나 밀리오니(Anna Milioni)와 어나 차크라바티(Urna Chakrabarty)에게 고맙다.

78 Claudia Cortese, "Even During a Pandemic, Fatphobia Won't Take a Day Off," *Bitch*, April 21, 2020, www.bitchmedia.org/article/fatphobia-in-coronavirus-treatment.

79 Mary Anne Dunkin, "Lipedema," *WebMD*, Oct. 18, 2021, www.webmd.com/women/guide/lipedema-symptoms-treatment-causes를 보라.

80 Virginia Sole-Smith, "'I Sometimes Wonder What I Would Be Capable of If My Legs Didn't Hurt': Talking Lipedema and Lumpy Fat Ladies with Linda Gerhardt," *Burnt Toast*, Substack, Oct. 6, 2022, virginiasolesmith.substack.com/p/lumpy-fat-ladies-lipedema#details.

3장: 역행하는 비너스

1 Susan E. Hill, *Eating to Excess: The Meaning of Gluttony and the Fat Body in the Ancient World* (Santa Barbara, Calif.: Praeger, 2011), pp. 4~5.

2 예를 들어 다음을 참고하라. Jessica Liew, "Venus Figurine," in *World History*

Encyclopedia, July 10, 2017, www.worldhistory.org/Venus_Figurine/.

3 Hill, *Eating to Excess*, p. 5.

4 같은 책.

5 같은 책, p. 6.

6 같은 책, 1장

7 고대 그리스 의사 히포크라테스는 뚱뚱한 신체에 대해 할 말이 더 많았겠지만 현대 다이어트 책에서 입맛에 맞게 뽑은 인용구를 바탕으로 형성되는 인상과는 달리 대체로 중립을 지켰다. 히포크라테스가 '사실과 달리 비만에 반대하는 대변인'이었다는 오해가 널리 퍼진 데 대한 흥미로운 논의는 다음을 참고하라. Helen Morales, "Fat Classics: Dieting, Health, and the Hijacking of Hippocrates," *Eidolon*, June 22, 2015, eidolon.pub/fat-classics-76db5d5578f4와 Hill, *Eating to Excess*.

8 Hill, *Eating to Excess*, p. 2.

9 자세한 논의는 같은 책, p. 30을 보라.

10 같은 책, p. 2.

11 같은 책, 6장.

12 '포대(Budai)'와 '부처(Buddha)'가 혼용되는 것은 단순히 외부 문화 사람들이 비슷한 발음을 혼동했기 때문일 수 있다. 하지만 많은 중국 불교도는 포대가 (보통 마른 몸으로 묘사되는) 고타마 부처 이후의 다음 부처가 될 미륵불의 환생이라고 믿는다. 이 형상에 대한 기본적인 정보는 다음을 참고하라. B. Kotaiah, "Laughing Buddha: Spreading Good Cheer, World Over," *Hindu*, June 13, 2016, www.thehindu.com/news/cities/Hyderabad//article60438587.ece.

13 이 관행이 종교와 문화적 경계를 넘어 튀니지 유대인과 아프리카 전역의 다양한 아랍 공동체 사이에 퍼진 것에 주목하라.

14 Soukaina Rachidi, "Ancient Leblouh Tradition Continues to Endanger the Lives of Mauritanian Women," *Inside Arabia*, March 16, 2019, insidearabia.com/ancient-leblouh-tradition-endanger-lives-mauritanian-women/.

15 Desire Alice Naigaga et al., "Body Size Perceptions and Preferences Favor Overweight in Adult Saharawi Refugees," *Nutrition Journal* 17, art. no. 17 (2019).

16 Sabrina Strings, *Fearing the Black Body: The Racist Origins of Fat Phobia* (New York: New York University Press, 2019), 1~2장.

17 같은 책, 1장.

18 같은 책, p. 50.

19 같은 책, p. 63.

20 같은 책, p. 60.

21 같은 책, 2장.

22 같은 책, p. 63.

23 같은 책, pp. 100~107.

24 같은 책, pp. 75~77.

25 같은 책, p. 85.

26 같은 책, p. 80. 공정하게 말하면 디드로는 여기서 카리브해에 살았던 철학자 친구 장바티스트피에르 르 로맹(Jean-Baptiste-Pierre Le Romain)의 관점을 가져왔다.

27 같은 책, p. 86.

28 같은 책.

29 같은 책, p. 209. 여기에서 스트링스는 하이데거의 관점을 끌어온다.

30 같은 책, p. 9.

31 같은 책, pp. 91~92.

32 여기서 스트링스는 (같은 책) Clifton C. Crais and Pamela Scully, *Sara Baartman and the Hottentot Venus: A Ghost Story and a Biography* (Princeton, N.J.: Princeton University Press, 2009), p. 80을 인용하고 있다.

33 Strings, *Fearing the Black Body*, pp. 92~93. 그녀를 노예로 삼은 사람 중 하나였던 조르주 퀴비에(Georges Cuvier)가 사라에 대해 이렇게 쓴 것 역시 유의하라. "그녀의 몸매는 거대한 둔부 때문에 더욱 충격적이다." 한쪽이 18인치가 넘고 "엉덩이 돌출부는 6인치가 넘는다." 그는 실로 그녀의 둔부와 엉덩이가 진정한 기형이라고 보았다. 같은 책, p. 96.

34 같은 책, p. 98.

35 같은 책, pp. 187~88.

36 같은 책, pp. 198~99.

37 철학에서 '존재한다(is)'는 주장에서 '해야 한다(ought)'는 주장을 끌어낼 수 없다는 생각을 '존재-당위(is-ought)' 간극이라고 한다. 18세기 스코틀랜드 철학자 데이비드 흄(David Hume)의 연구에서 기인한다.

38 Your Fat Friend (a.k.a. Aubrey Gordon)), "The Bizarre and Racist History of the BMI," Medium, Oct. 15, 2019, elemental.medium.com/the-bizarre-and-racist-history-of-the-bmi-7d8dc2aa33bb, Strings, Fearing the Black Body,

pp. 198~99.

39 Ancel Keys et al., "Indices of Relative Weight and Obesity," *Journal of Chronic Diseases* 25 (1972): p. 330.

40 키스의 연구 일부는 일본 남성 및 남아프리카 공화국의 흑인 반투족 남성을 대상으로 진행되었다. 하지만 연구에서 밝혔듯이 반투족 표본은 집단을 대표하지 않았고 그 결과 이 연구 결과는 해당 인구를 일반화하지 못했다. 같은 글, p. 333, 및 Your Fat Friend, "Bizarre and Racist History of the BMI."

41 Keys et al., "Indices of Relative Weight and Obesity," p. 339.

42 같은 글, p. 340.

43 예를 들어 최근의 실증적 증거에 대한 적절한 일반 개요는 다음을 참고하라. Amber Charles Alexis, "Is BMI a Fair Health Metric for Black Women?," *Healthline*, Dec. 1, 2021, www.healthline.com/nutrition/bmi-for-black-women. (이 기사에서 논의하듯 일부는 체질량 지수를 옹호하며 특정 아시아 인구의 이른바 비만과 관련한 건강 위험을 과소평가하기도 한다.) 또한 체질량 지수가 아프리카계 미국 여성의 건강을 측정하기에 부정확하다는 원저 연구의 중요한 사례로 다음을 참고하라. Peter T. Katzmarzyk et al., "Ethnic-Specific BMI and Waist Circumference Thresholds," *Obesity* 19, no. 6 (2011): pp. 1272–78.

44 이 일화의 자세한 설명 및 이 결정에 따른 제약 회사의 이해관계와 그 영향 등은 다음을 참고하라. Gordon, *"You Just Need to Lose Weight,"* pp. 98~108. 언제나 그렇듯 돈을 따라가는 길은 절대 상서롭지 않다.

45 Strings, *Fearing the Black Body*, pp. 205~7.

46 Kavitha A. Davidson, "Caroline Wozniacki Mimics Serena Williams, Stuffs Her Bra and Skirt During Exhibition Match (VIDEO)," *Huffington Post*, Dec. 10, 2012, www.huffpost.com/entry/caroline-wozniacki-mimics-serena-williams-bra-skirt_n_2272271.

47 윌리엄스가 딸을 출산한 직후 실제로 심각한 건강 문제가 발생했을 때 의료진은 그녀의 말을 제대로 듣지 않았고 윌리엄스는 이로 인해 거의 죽을 위기에 처했다는 사실이 씁쓸한 아이러니를 보여준다. P. R. Lockhart, "What Serena Williams's Scary Childbirth Story Says About Medical Treatment of Black Women," *Vox*, Jan. 11, 2018, www.vox.com/identities/2018/1/11/16879984/serena-williams-childbirth-scare-black-women을 보라.

48 Katelyn Esmonde, "What Celeb Trainer Jillian Michaels Got Wrong About Lizzo and Body Positivity," *Vox*, Jan. 15, 2020, www.vox.com/cul

ture/2020/1/15/21060692/lizzo-jillian-michaels-body-positivity-backlash.

49 이에 대한 논의는 질병통제센터의 임신 사망 감시 시스템에 관한 글을 참고하라. www.cdc.gov/reproductivehealth/maternalinfanthealth/pregnancy-mortality-surveillance-system.htm, Linda Villarosa, "Why America's Black Mothers and Babies Are in a Life-or-Death Crisis," *New York Times*, April 11, 2018, www.nytimes.com/2018/04/11/magazine/black-mothers-babies-death-maternal-mortality.html. 이 정도의 사망률 차이는 흑인 여성의 상대적 가난으로는 설명할 수 없다는 점에도 유의하라. 뉴욕시 보건 및 정신 위생국의 다음 논의를 참고하라. Severe Maternal Morbidity in New York City, 2008–2012, New York, 2016, www1.nyc.gov/assets/doh/downloads/pdf/data/maternal-morbidity-report-08-12.pdf.

50 참고로 먼로의 치수를 보면 그녀의 체질량 지수가 대부분 19에서 20 사이였음을 알 수 있다. 물론 1950년대 후반에는 조금 체중이 는 것으로 보이긴 한다. 그래도 덩치 큰 여성은 절대 아니었다. 그런데도 엘리자베스 헐리(Elizabeth Hurley)는 2000년 "내가 저렇게 뚱뚱하면 자살하겠다."고 말한 것으로 유명하다. 이에 대한 논의는 다음을 참고하라. "Marilyn Monroe's True Size," themarilynmonroecollection.com/marilyn-monroe-true-size/.

51 Chioma Nnadi, "Kim Kardashian Takes Marilyn Monroe's 'Happy Birthday, Mr. President' Dress Out for a Spin," *Vogue*, May 2, 2022, www.vogue.com/article/kim-kardashian-met-gala-2022.

52 게다가 텔루스마가 지적했듯이 카다시안의 이 사진은 1982년 사진작가 장폴 구드(Jean-Paul Goude)가 같은 방식으로 샴페인을 터뜨리는 나체의 흑인 여성을 찍어 제목도 형편없는 책 *Jungle Fever*에 실은 것을 그대로 재현했다. Blue Telusma, "Kim Kardashian Doesn't Realize She's the Butt of an Old Racial Joke," *Grio*, Nov. 12, 2014, thegrio.com/2014/11/12/kim-kardashian-butt/.

53 Tressie McMillan Cottom, "Brown Body, White Wonderland," *Slate*, Aug. 29, 2013, slate.com/human-interest/2013/08/miley-cyrus-vma-performance-white-appropriation-of-black-bodies.html.

54 관련 원저 연구는 예를 들어 다음을 참고하라. Jean-Luc Jucker et al., "Nutritional Status and the Influence of TV Consumption on Female Body Size Ideals in Populations Recently Exposed to the Media," *Scientific Reports* 7, art. no. 8438 (2017), Anne E. Becker et al., "Eating Behaviours and Attitudes Following Prolonged Exposure to Television Among Ethnic Fijian Adolescent

Girls," *British Journal of Psychiatry* 180 (2002): pp.509~14. 또한 이를 조망하는 논의는 다음을 참고하라. Susie Orbach, Bodies (New York: Picador, 2009), p.15, pp.168~69(수지 오바크, 『몸에 갇힌 사람들』, 김명남 옮김, 창비, 2011).

55 Harrison, *Belly of the Beast*, 4장. 이 장에서 해리슨은 니콜 곤잘레스 반 클레브 (Nicole Gonzalez Van Cleve)의 연구를 참고해 일리노이주 쿡 카운티 검사들 사이에서 벌어진 2톤 콘테스트 혹은 근수로 파는 깜둥이 같은 끔찍한 관행에 관한 이론을 제시했다. 이들의 목표는 흑인, 그중에서도 주로 남자 흑인에 유죄를 선고해 전체 무게 4,000파운드(1,800킬로그램)를 채우는 것이었다. 그에 따라 더 많은 점수를 얻을 수 있는 뚱뚱한 흑인 남성이 노골적인 목표물이 됐다. 같은 책, p.61.

56 Jamelle Bouie, "Michael Brown Wasn't a Superhuman Demon," *Slate*, Nov. 26, 2014, slate.com/news-and-politics/2014/11/darren-wilsons-racial-portrayal-of-michael-brown-as-a-superhuman-demon-the-ferguson-police-officers-account-is-a-common-projection-of-racial-fears.html을 보라.

57 같은 글.

58 Philomena R. Condoll, "Police Commander: Eric Garner Killing 'Not a Big Deal,'" *Liberation News*, June 28, 2019, www.liberationnews.org/police-commander-eric-garner-killing-not-a-big-deal/. 이 기사의 제목은 가너가 도착 시 사망할 것 같다는 문자 메시지를 받은 경찰 지휘관 크리스토퍼 배넌(Christopher Bannon) 경위가 "별일 아니야(not a big deal)."라고 답했다는 충격적인 사실을 일컫는다. 가너가 살해된 지 5년 후 열린 징계 청문회에서 드러난 이 사실로 결국 팬털레오는 파면되었다. 하지만 시민권 침해로 기소나 고발되지는 않았다.

59 Harrison, *Belly of the Beast*, pp.48~49. 해리슨은 재키야 이만 잭슨(Zakiyyah Iman Jackson)과 세이디야 하르트만(Saidiya Hartman)을 따라 흑인을 짐승으로 해석하는 것이 인간성을 말살한다(dehumanization)는 생각에 분명하게 반대한다. 오히려 그렇게 비하된 사람들은 백인 우월주의 안에서 열등하며 쓰고 버리는 종류의 사람이 된다. 해리슨은 "흑인 주체는 인간성을 거부당하거나 노예 제도를 통해 인간성이 말살되는 것이 아니라 오히려 강제로 인류의 짐승(Beast)이 되어 패권적 인류의 척도에서 가장 낮은 위치, 동물 사이에 놓인다."라고 말했다. (같은 책, p.56.) 나 역시 인간성 말살 가설을 최소한 현대에 적용하는 것에는 회의적이다. 더욱이 책임을 묻지 않는 정치적 결말이 더욱 걱정스럽다. (만약 인간을 상대한다는 것만 알았다면 더 적절하게 대했을 거라는 순진한 생각이 때로 인문학 담론에서 폭로된다.) 그 이유로 나는 이 책에서 비만혐오의 현재를 이야기할 때 인

간성 말살이라는 말을 피한다. 이에 대한 논의는 내 책 『다운 걸』 5장을 보라. 하지만 다른 학자들은 비만혐오의 성격과 효용에 대해 의견이 다를 수 있으며 나는 여기에서 이 섬세한 문제를 논의하지는 않겠다.

60 Paul Campos, *The Obesity Myth: Why America's Obsession with Weight Is hazardous to Your Health* (New York: Gotham, 2004), p.68.

61 같은 책.

62 이 장을 쓰려고 준비하면서 이 웹사이트가 여전히 존재한다는 걸 알게 됐다. 링크는 달지 않을 것이다.

63 Amy Erdman Farrell, *Fat Shame: Stigma and the Fat Body in American Culture* (New York: New York University Press, 2011), pp.17~18.

64 이 같은 또 한 가지 예로 분유보다 모유 수유를 강조하는 것을 들 수 있다.

4장: 뚱뚱함의 도덕 해체하기

1 Kate Manne, "Diet Culture Is Unhealthy. It's Also Immoral," *New York Times*, Jan.3, 2022, www.nytimes.com/2022/01/03/opinion/diet-resolution.html.

2 몇 가지 주장은 물론 무례하고 모욕적이기까지 했다. 그게 인터넷 생태다.

3 예를 들어 이언 길슨과 아미르 푸아드가 이 주제에 대해 편집한 책의 개요에서 "세계적인 음식 부족 문제는 없다. 문제는 현지, 때로는 지역에 있으며 음식이 과잉인 지역에서 부족한 지역으로 종종 국경을 넘어 이동하는 데에 집중돼 있다."고 쓴 것을 보라. Ian Gillson and Amir Fouad, eds., *Trade Policy and Food Security: Improving Access to Food in Developing Countries in the Wake of High World Prices* (Washington, D.C.: World Bank, 2015), p.6. 비슷하게 이들은 "오늘날의 식량 안보는 지구가 이토록 많고 계속 늘어나는 인구를 감당할 식량을 충분히 생산할 능력이 있느냐는 문제가 아니다. 실제로 세계 수준의 식량 부족은 아직 진정한 위협이 아니다. 오히려 식량 분배의 정치 요소, 소유권, 제도, 불평등의 역할이 여전히 중심이다."라고 했다(같은 책, pp.1~2). 이들은 여기에서 아마르티아 센(Amartya Sen)의 주요 저서인 *Poverty and Famines: An Essay on Entitlement and Deprivation* (Oxford: Clarendon Press, 1981)를 참고한다.

4 '까마귀 먹기(eating crow)'와 '사슴 내장 파이(humble pie)' 비유는 둘 다 타당한 벌을 받고 항복, 사과, 철회의 불명예를 맛보는 것을 뜻한다. 까마귀 먹기는 인색한 농부가 하숙인에게 속아 코담배를 채운 까마귀를 먹는다는 1850년경의 미국 이야기에서 유래한 것으로 알려졌다. 하지만 기본적인 생각은 썩은 고기를 먹는

까마귀가 맛있을 리 없다는 것이다. 이를 두고 어떤 일이 절대 일어나지 않을 거라고 장담할 때 쓰는 표현인 '구두를 먹다' '모자를 먹다'와 모욕을 견딘다는 의미인 '흙을 먹다'라는 표현, 바보 같은 실수를 인정한다는 의미인 '자기 말을 먹다'라는 표현과도 비교해 보라.

5 뚱뚱함과 관련한 도덕적 공황을 조명하는 일반 논의는 다음을 참고하라. Kathleen LeBesco, "Fat Panic and the New Morality," in Metzl and Kirkland, *Against Health*, pp. 72~82.

6 징계 이유는 영업 사원이 회사 방침을 어기고 고객에게 미식축구 경기 티켓을 선물했기 때문이다. 다음 논의를 참고하라. Joseph A. Bellizzi and Ronald W. Hasty, "Territory Assignment Decisions and Supervising Unethical Selling Behavior: The Effects of Obesity and Gender as Moderated by Job-Related Factors," *Journal of Personal Selling and Sales Management* 18, no. 2 (1998): pp. 35~49.

7 Natasha A. Schvey et al., "The Influence of a Defendant's Body Weight on Perceptions of Guilt," *International Journal of Obesity* 37, no. 9 (2013): pp. 1275~81.

8 Sole-Smith, "'I Sometimes Wonder What I Would Be Capable of If My Legs Didn't Hurt.'"

9 이 비유는 샬럿 쿠퍼 박사가 "Headless Fatties," blog post, 2007, charlottecoo per.net/fat/fat-writing/headless-fatties-01-07/에서 처음 이름을 붙이고 이론화했다.

10 Cathy E. Elks et al., "Variability in the Heritability of Body Mass Index: A Systematic Review and Meta-regression," *Frontiers in Endocrinology* 3, art. no. 29 (2012): p. 5. 연구진은 쌍둥이 연구의 추정치를 기반으로 전체적인 유전율 추정치가 남자(0.73, 95퍼센트, 신뢰 구간: 0.71~0.76), 여자(0.75, 95퍼센트 신뢰 구간: 0.73~0.77) 모두 비슷함을 발견했다. 가족 연구에서는 유전율 추정치가 종종 더 낮지만 과소 평가됐다는 주장도 있다(같은 글, p. 10).

11 Linda Geddes, "Genetic Study Homes in on Height's Heritability Mystery," *Nature*, April 23, 2019, www.nature.com/articles/d41586-019-01157-y.

12 Albert J. Stunkard et al., "An Adoption Study of Human Obesity," *New England Journal of Medicine* 314 (1986): pp. 193~98.

13 Gina Kolata, "One Weight Loss Approach Fits All? No, Not Even Close," *New York Times*, Dec. 12, 2016, www.nytimes.com/2016/12/12/health/

weight-loss-obesity.html.

14 Giovanni Luca Palmisano et al., "Life Adverse Experiences in Relation with Obesity and Binge Eating Disorder: A Systematic Review," *Journal of Behavioral Addiction* 5, no. 1 (2016): pp. 11~31. 그리고 이런 연구의 주의점과 이를 통해 너무 많은 것을 추론하는 위험에 대한 현명한 조언은 Gordon, *"You Just Need to Lose Weight,"* 73~80을 보라.

15 게이, 『헝거』, p. 16.

16 같은 책, p. 43.

17 같은 책, p. 17.

18 같은 책, p. 23.

19 같은 책, p. 38.

20 예를 들어 관련된 건강 연구를 적절하게 요약한 일부 괜찮은 개요는 다음을 참고하라. "Why People Become Overweight," Harvard Health Publishing, June 24, 2019, www.health.harvard.edu/staying-healthy/why-people-become-overweight, "When Your Weight Gain Is Caused by Medicine," in *University of Rochester Medical Center Health Encyclopedia*, www.urmc.rochester.edu/encyclopedia/content.aspx?contenttypeid=56&contentid=DM300, Elizabeth Scott, "How Stress Can Cause Weight Gain: The Role of Cortisol in the Body," *Very Well Mind*, Jan. 5, 2021, www.verywellmind.com/how-stress-can-cause-weight-gain-3145088를 보라(안타깝지만 불가피하게 비만혐오적인 측면이 있다).

21 Robin Marantz Henig, "Fat Factors," *New York Times Magazine*, Aug. 13, 2006, www.nytimes.com/2006/08/13/magazine/13obesity.html.

22 물론 완전히 낯선 음식을 먹어보려는 강한 욕구를 부정하지는 않는다. 하지만 이건 갈망이라고 할 수 없고 오히려 음식에 대한 호기심 또는 모험적인 식욕에 가깝다. 그래서 우리는 때로 음식을 시도해 보고 싶었지만 정작 맛을 본 후에는 그 음식을 '진짜' 원하지는 않았다는 것을 발견하기도 한다.

23 Marquisele Mercedes, "Public Health's Power-Neutral, Fatphobic Obsession with 'Food Deserts,'" Medium, Nov. 13, 2020, marquisele.medium.com/public-healths-power-neutral-fatphobic-obsession-with-food-deserts-a8d740dea81. 머세이디스가 말하듯 많은 운동가들이 선호하는 용어는 캐런 워싱턴(Karen Washington)이 만든 '식품 아파르트헤이트(food apartheid)'이다.

24 같은 글.

25 그러나 이른바 비만과 사회경제적 지위 사이의 관계는 복잡하며 인종과 성별에 따라 달라지는 것으로 보임에 유의하자. 질병통제센터가 지지한 한 중요한 연구에 따르면 여성은 소득이 증가함에 따라 비만 유병률이 낮아졌지만 남성에게는 이 같은 패턴이 나타나지 않았다. 이와 비슷하게 백인, 흑인, 히스패닉 여성은 대학을 졸업한 사람이 교육을 더 적게 받은 사람보다 비만 유병률이 낮았으나 아시아인, 흑인, 히스패닉 남성은 그렇지 않았다. 저자들은 비만과 수입 혹은 교육 수준 사이의 관련성은 복잡하고 성별과 인종에 따라 다르다"고 결론 내렸다. Cynthia L. Ogden et al., "Prevalence of Obesity Among Adults, by Household Income and Education—United States, 2011–2014," *MMWR Morbidity Mortality Weekly Report* 66, no. 50 (2017): pp. 1369~73.

26 예를 들어 SNAP 수당은 보통 식료품점에서 따뜻한 음식을 사는 데 쓸 수 없다(로티세리 치킨도 마찬가지). 장시간 일하는 사람들과 그 가족에게 빠르고 든든한 식사가 될 수 있는데도 말이다. 이 점을 논의해 준 조엘 사티(Joel Sati)에게 고맙다.

27 Pieter H. M. van Baal et al., "Lifetime Medical Costs of Obesity: Prevention No Cure for Increasing Health Expenditure," *PLOS Medicine* 5, no. 2 (2008): e29.

28 나는 이 같은 활동 각각에 관련한 높은 위험성 때문에 같은 예를 들었다. 베이스 점핑은 한 번 뛸 때 죽을 확률이 대략 60분의 1이고 네팔의 산을 오르는 일은 연간 167분의 1, 그랑프리 경주는 100분의 1이다. 관련 자료 출처와 인포그래픽은 다음을 참고하라. Patrick McCarthy, "Infographic: Your Chances of Dying from Common Activities," *OffGrid*, Nov. 10, 2018, www.offgridweb.com/survival/infographic-your-chances-of-dying-from-common-activities/.

29 A. W. Eaton, "Taste in Bodies and Fat Oppression," in *Body Aesthetics*, ed. Sherri Irvin (Oxford: Oxford University Press, 2016), pp. 46. 이턴이 뚱뚱함 외에 건강하지 못한 선택이 때로 (내가 주장하듯 도덕적으로 용인되기보다는) '미학적으로' 숭배된다는 결론을 분명하지만 보완적으로 주장하는 과정에서 이 예를 제시한 것에 유의하라. 그녀는 다음과 같이 적었다. "특정한 신체 상태가 건강에 좋지 않다고 알려져도 [피부색이 밝은 사람이 태닝하는 것처럼] 그 상태의 매력과 호감은 거의 또는 전혀 감소하지 않는다. 이는 결국 뚱뚱한 신체에 대한 우리의 집단적 혐오감이 뚱뚱하면 건강하지 않다는 (잘못된) 믿음에 따른 반응이 아님을 강력하게 보여준다." 같은 글.

30 중요한 비만 수용 활동가 케이트 하딩과 매리앤 커비가 공동 저술한 책에 쓴 경쾌한 글과 비교하라. "건강은 도덕적 명령이 아니다. 운동을 좋아하지 않거나 채소

를 먹지 않는다고, 백 살까지 사는 것 외에 다른 우선순위가 있다고, 진정으로 건강한 기분을 느끼지 못한다고 나쁜 사람은 아니다." Kate Harding and Marianne Kirby, *Lessons from the Fat-o-Sphere: Quit Dieting and Declare a Truce with Your Body* (Toronto: Penguin, 2009), p. 15.

31 보통 자유 지상주의 입장이라면 안전벨트나 오토바이 헬멧 착용은 순전히 개인적인 선택이므로 이를 의무화하는 법이 없어야 한다고 할 것이다. 하지만 이는 흔히 개인은 이러한 예방 조치를 실행할 도덕적 의무가 없다는 생각과 함께한다. 우리가 사회를 구성하고 다른 사람들에게 크게 의존한다는 점에서 가까운 사람들이 큰 희생을 치를 수도 있는 건강 위험을 예방하기 위해 최소한의 부담 없는 조치를 취하도록 사람들에게 기대하는 것은 내가 볼 때 타당해 보인다.

32 물론 미국에서 마스크를 쓰는 일은 늘 논란이 많았고 현재도 그렇다. 하지만 그래선 안 된다. 심각한 호흡기 질환 없이 일정 기간 마스크를 착용한 사람이라면 적절한 공동체 의식을 갖추고(특히 장애가 있거나 면역력이 약하거나 억제된 사람들을 배려해) 코로나19 감염증의 진정한 위험을 인정하는 것이며, 고위험 상황에서 마스크를 쓰는 것이 그다지 큰일이 아니라고 증언할 수 있다. 전문 의료진 또한 아주 오랜 시간 마스크를 착용하고 아주 힘든 일을 한다. 이 점에서 마스크 쓰기를 거부하는 사람은 이기적이고 종종 불평이 심한 것이라고 할 수 있다.

33 예를 들어 다음을 참고하라. Nicholas A. Christakis and James H. Fowler, "The Spread of Obesity in a Large Social Network over 32 Years," *New England Journal of Medicine* 357, no. 4 (2007): pp. 370~79. 비만 유행병이라는 말을 무비판적으로 사용하고, 이를 달갑지 않고 위험한 존재 방식으로 규정하면서 확산을 설명하는 이 연구는 당시 상당한 비판을 받았다. 그러자 저자 중 한 명인 크리스타키스는 "우리는 과체중 친구를 끊어내야 한다고 주장하지 않는다. 친구를 두면 건강에 좋다."라고 명확히 설명했다. 뚱뚱한 사람도 친구니까, 뭐. Roxanne Khamsi, "Is Obesity Contagious?," *New Scientist*, July 25, 2007, www.newscientist. com/article/dn12343-is-obesity-contagious/#ixzz7VwC4oyC5를 보라.

34 문신, 근육, 피어싱을 원하는 일부 사람들과 같이 큰 몸으로 살고 싶어 하는 '획득자(gainer)'에 대해서는 다음 논의를 참고하라. Gordon, *"You Just Need to Lose Weight,"* p. 7~8. 또한 이런 욕망은 우리가 신경 쓸 일이 아니라고 생각한다.

35 Eaton, "Taste in Bodies and Fat Oppression," p. 46.

36 건강주의에 대한 최초 논의는 다음을 참고하라. R. Crawford, "Healthism and the Medicalization of Everyday Life," *International Journal of Health Services* 10, no. 3 (1980): pp. 365~88..

37 예를 들어 흡연자의 불균형적 빈곤에 대해서는 다음 논의를 참고하라. "People with Low Socioeconomic Status and Commercial Tobacco: Health Disparities and Ways to Advance Health Equity," Centers for Disease Control and Prevention, www.cdc.gov/tobacco/health-equity/low-ses/index.htm. 그리고 이 같은 맥락에서 삶이 몹시 고될 때 자신을 위한 것으로써 흡연이 주는 작은 기쁨에 관해 다음을 참고하라. Barbara Ehrenreich, *Nickel and Dimed: On (Not) Getting By in America* (New York: Henry Holt, 2001), p. 31(바버라 에런라이크, 『빈곤의 경제: 빈민의 유리지갑에 비친 경제 이야기!』, 홍윤주 옮김, 청림출판, 2002).

38 Thalia Wheatley and Jonathan Haidt, "Hypnotic Disgust Makes Moral Judgments More Severe," *Psychological Science* 16, no. 10 (2005): pp. 780~84. 또한 몇 가지 중요한 반복 실험은 아래 주석 41을 보라.

39 같은 글, p. 781.

40 이 부분 전체에서 『다운 걸』, p. 256~59를 간간이 참고했다.

41 Wheatley and Haidt, "Hypnotic Disgust Makes Moral Judgments More Severe," p. 783.

42 Simone Schnall et al., "Disgust as Embodied Moral Judgment," *Personality and Social Psychology Bulletin* 34, no. 8 (2008): pp. 1096~1109를 보라.

43 L. R. Vartanian, "Disgust and Perceived Control in Attitudes Toward Obese People," *International Journal of Obesity* 34 (2010): pp. 1302~7. 더욱이 혐오감은 자신의 체중에 대한 통제감과 그러한 비만혐오적 판단 사이의 연관을 전적으로 매개했다(반면에 자신의 체중에 대한 통제감은 이러한 혐오적 반응과 비만혐오적 판단 사이의 연관을 매개하지 않았다). 이는 체중을 조절할 수 있다는 인식이 뚱뚱한 신체에 얼마나 혐오감을 느끼는지 예측하고 따라서 비만혐오적인 판단의 범위를 예측한다는 의미이다. 따라서 이 연구는 비만혐오의 원인에서 혐오감의 역할을 두 번이나 강조한다. 이 결과는 개인적 혐오 민감도의 정도를 통제하는 데에도 작용한 것에 주목하라(같은 글, p. 1306). 이 결과를 이해하는 데 소중한 도움을 준 엘레니 만(Eleni Man)과 션 니컬스(Shaun Nichols)에게 고맙다. 물론 오류나 누락이 있다면 모두 내 책임이다.

44 관련 논의는 다음을 참고하라. Eaton, "Taste in Bodies and Fat Oppression," pp. 43~44.

45 Daniel Kelly, *Yuck: The Nature and Moral Significance of Disgust* (Cambridge, Mass.: MIT Press, 2011), pp. 46~47.

46 Yoel Inbar and David A. Pizarro, "Pathogens and Politics: Current Research and New Questions," *Social and Personality Psychology Compass* 10, no. 6 (2014): pp. 365~74.

47 최신 논의는 다음을 참고하라. Jakob Fink-Lamotte et al., "Are You Looking or Looking Away? Visual Exploration and Avoidance of Disgust- and Fear-Stimuli: An Eye-Tracking Study," *Emotion* 22, no. 8 (2022): pp. 1909~18.

48 Orlando Patterson, *Slavery and Social Death: A Comparative Study* (Cambridge, Mass.: Harvard University Press, 1982), 특히 11장을 참고하면 좋겠다.

5장: 조금 아쉬운 몸매

1 장 전체적으로 이름은 수정했다.

2 『다운 걸』, p. 59를 보라.

3 Ogi Ogas and Sai Gaddam, *A Billion Wicked Thoughts: What the Internet Tells Us About Sexual Relationships* (New York: Penguin, 2011), p. 52~53(오기 오가스, 『포르노 보는 남자, 로맨스 읽는 여자: 이성의 욕망을 불러일으키는 성적 신호의 비밀』, 왕수민 옮김, 웅진지식하우스, 2011). 이 책은 포르노 웹사이트에서 '뚱뚱한' 여자 검색이 '마른' 여자보다 세 배 더 많다고 밝히고 있다. 게다가 이 책의 출간 시점 기준 아마존의 알렉사(Alexa) 성인 콘텐츠 목록에는 뚱뚱한 여성을 주제로 한 사이트가 504개 이상이고 직접적으로 마른 여성을 주제로 한 사이트는 182개밖에 없었다고 한다. 물론 저자들이 계속해서 이야기하듯 주류 포르노물에는 마른 여성이 주로 나오므로 이들을 특별한 검색할 필요가 없는 만큼 이것이 뚱뚱한 여성의 몸이 마른 여성의 몸보다 '더' 인기가 많다는 뜻은 아니다. 하지만 뚱뚱함에 대한 성적 흥미가 드물지 않다는 사실은 충분히 보여준다.

4 Strings, *Fearing the Black Body*를 보라. 이 책은 3장 전체에 중요한 정보를 제공했다.

5 나는 『다운 걸』 8장에서 길라드를 향한 여성혐오를 길게 논의했다. "여자들은 뚱뚱한 멍청이들이다."라고 말한 데 대한 그리어의 방어는 "Greer Defends 'Fat Arse' PM Comment," *Sydney Morning Herald*, Aug. 28, 2012, www.smh.com.au/politics/federal/greer-defends-fat-arse-pm-comment-20120828-24x5i.html을 보라.

6 예를 들어 다음을 참고하라. "Germaine Greer: Transgender Women Are 'Not Women,'" BBC News, Oct. 24, 2015, https://www.bbc.com/news/av/uk-

34625512.

7 Aubrey Gordon, *What We Don't Talk About When We Talk About Fat* (Boston: Beacon Press, 2020), pp. 90~91(오브리 고든, 『우리가 살에 관해 말하지 않는 것들』, 장한라 옮김, 동녘, 2023년).

8 Lindy West, *Shrill: Notes from a Loud Woman* (New York: Hachette, 2016), p. 76(린디 웨스트, 『나는 당당한 페미니스트로 살기로 했다: 웃음을 잃지 않고 세상과 싸우는 법』, 정혜윤 옮김, 세종, 2017).

9 고든, 『우리가 살에 관해 말하지 않는 것들』, pp. 91~92.

10 이렇게 대체로 합의했으나 원하지 않는 섹스와 그 해로움에 관한 더 많은 이야기는 내 책 『남성 특권』 4장을 보라.

11 Ashifa Kassam, "Canada Judge Says Sexual Assault Victim May Have Been 'Flattered' by the Incident," *Guardian*, Oct. 27, 2017, www.theguardian.com/world/2017/oct/27/canada-judge-says-sexual-assault-victim-may-have-been-flattered-by-the-incident.

12 Alexandra M. Zidenberg et al., "Tipping the Scales: Effects of Gender, Rape Myth Acceptance, and Anti-fat Attitudes on Judgments of Sexual Coercion Scenarios," *Journal of Interpersonal Violence* 36, no. pp. 19~20 (2021): NP10178~NP10204.

13 Margaret Tilley, "The Role of Lifestyles and Routine Activities on Youth Sexual Assault and Intimate Partner Victimization" (PhD diss., Kennesaw State University, 2015).

14 이렇게 간결하고 명확한 설명을 해준 출판 대리인 루시 V. 클리랜드(Lucy V. Cleland)에게 고맙다.

15 Quill Kukla (writing as Rebecca Kukla), "Sex Talks," *Aeon*, Feb. 4, 2019, aeon.co/essays/consent-and-refusal-are-not-the-only-talking-points-in-sex를 보라. 쿠클라가 말하는 성적 선물 범주가 내가 여기서 동의하는 쿠클라의 관점, 즉 합의가 열정적이어야 한다는 일반적인 생각을 복잡하게 만든다는 데 유의하라. 더 많은 논의는 쿠클라의 논문을 참고하라. "That's What She Said: The Language of Sexual Negotiation," *Ethics* 129 (Oct. 2018): pp. 70~97.

16 주목할 만하고 유익한 예외는 루이스 리처드슨셀프(Louise Richardson-Self)가 말한 '섹스 불가 대상화(unfuckable objectification)'를 보라. 이에 따르면 어떤 여성은 "모든 남성에게 성적으로 탐탁지 않아 보이며 이는 이런 여성에게 어떤 가치도 없다는 의미를 내포한다." 이들은 가장 핵심적인 서비스 노동 가운데 하

나인 남성에게 매력적으로 보이는 역할을 수행하는 데 실패했고 따라서 남자들이 원하는 대상이 되지 못한다. 모든 남성이 이 (나쁜) 여자 집단과 섹스할 수 있지만 절대 하지 않음으로써 남자는 다시 한번 유일하게 진실한 (성적) 주체로 여겨진다. Richardson-Self, *Hate Speech Against Women Online: Concepts and Countermeasures* (Lanham, Md.: Rowman & Littlefield, 2021), pp. 86~87을 보라. 나는 리처드슨셀프의 의견에 공감하지만 이 가능성을 별도의 대상화 형태가 아닌 위계질서에 고착된 대상화의 일반적 특성에서 나온 자연스러운 결과라고 이론화하고 싶다.

17 이 목록은 Martha C. Nussbaum, "Objectification," *Philosophy and Public Affairs* 24, no. 4 (1995): p. 257에서 재정리되고 다소 단순해졌다. 누스바움이 대상화에 대해 앞의 특징을 최소한 하나, 보통은 하나 이상 포함하는 사례들로 이루어진 비교적 느슨한 집합 개념으로 이론화한다는 데 주목하라.

18 누스바움은 성적 위계 개념을 딱 한 번 다루며 그것도 광범위한 논의의 가장 끝에 배치했다. 또한 이를 대상화 취급의 일곱 가지 특징을 수정하거나 복잡하게 하는 데 쓰지 않았다. 오히려 리처드 D. 모르(Richard D. Mohr)의 생각을 비판하면서 불쑥 뱉었을 뿐이다. 모르는 사람들을 대체물 취급하는 것이 이들을 제대로 대하는 데 도움이 될 수 있다고 생각했는데 자신이 찬양한 성행위 목욕탕 문화에서 게이 남성들에게 보이는 일종의 성적 민주주의가 덕분에 가능해진다고 믿었기 때문이다. 같은 글, pp. 287~88.

19 Rae Langton, *Sexual Solipsism: Philosophical Essays on Pornography and Objectification* (Oxford: Oxford University Press, 2009), pp. 228~29.

20 Zadie Smith, On Beauty: A Novel (New York: Penguin, 2005), pp. 205~6(제이디 스미스, 『온 뷰티』, 정회성 옮김, 민음사, 2017). 이 예시를 제안해 준 내 편집자 어맨다 쿡(Amanda Cook)에게 고맙다.

21 같은 책, p, 207,

22 비만혐오와 관련하여 웰빙 문화에 대한 최근의 뛰어난 철학적 사유를 보려면 다음을 참고하라. Emma Atherton, "Moralizing Hunger: Cultural Fatphobia and the Moral Language of Contemporary Diet Culture," in "Feminism and Food," special issue, *Feminist Philosophy Quarterly* 7, no. 3 (2021).

23 Harrison, *Belly of the Beast*.

24 Javier C. Hernández, "He Quit Singing Because of Body Shaming. Now He's Making a Comeback," *New York Times*, Jan. 23, 2023, www.nytimes.com/2023/01/23/arts/music/limmie-pulliam-opera-body-shaming.html.

25 Seth Stephens-Davidowitz, "Google, Tell Me. Is My Son a Genius?," *New York Times*, Jan. 18, 2014, www.nytimes.com/2014/01/19/opinion/sunday/google-tell-me-is-my-son-a-genius.html. 게다가 부모들은 아들과 비교해 딸이 어떻게 체중을 줄일 수 있는지 약 두 배 더 물었고 딸이 아름다운지는 1.5배 더 많이 물었다. 아들이 재능이 있는지는 2.5배 더 많이 물어봤고 '천재'라는 단어를 사용하는 데도 비슷한 편견을 보였다. 여자아이들이 어린 나이에 더 풍부한 어휘를 사용하고 영재 프로그램에도 더 많이 들어가는 데도 그렇다. 스티븐스다비도비츠가 썼듯이 "여기 서술한 충격적인 결과는 우리에게 많은 열린 질문을 던지지만 가장 가슴 아픈 질문은 이것일 것이다. 부모가 딸의 외모에 대한 걱정을 반으로 줄이고 그들 존재에 대한 관심을 두 배 늘렸다면 미국 여자아이들의 삶은 어떻게 달라졌을까?"

26 Erin M. Lenz, "Influence of Experienced and Internalized Weight Stigma and Coping on Weight Loss Outcomes Among Adults" (PhD diss., University of Connecticut, 2017).

27 Molly Olmstead, "Cornell Frat Suspended for Game in Which Men Compete to Have Sex with Overweight Women," *Slate*, Feb. 7, 2018, slate.com/news-and-politics/2018/02/cornell-fraternity-zeta-beta-tau-suspended-for-offensive-pig-roast-game.html. 그리고 이 관행에 대한 중요한 학술적 논의는 다음을 참고하라. Ariane Prohaska and Jeannine Gailey, "Fat Women as 'Easy Targets': Achieving Masculinity Through Hogging," in *The Fat Studies Reader*, ed. Esther Rothblum and Sondra Solovay (New York: New York University Press, 2009), pp. 158~66.

28 Hanne Blank, *Fat* (New York: Bloomsbury, 2020), p. 93(한네 블랭크, 『지방은 어쩌다 공공의 적이 되었나?』, 이은정 옮김, 황소자리, 2022).

29 놀랍게도 남자들은 백인 지상주의, 이성애 중심의 비만혐오적 가부장제에서 소중히 여기는 미의 기준을 들먹이며 여성의 외모를 주기적으로 깎아내리지만 여성이 이런 편견에 따라 남성의 외모를 비난하는 경우는 여전히 거의 없다시피 하다. 이것이 내가 인셀이라고 알려진 이성애자들에게 절대 동정심을 보이지 않는 이유 중 하나다. 이들은 욕망하는 사람에게 거절당하거나 그들로 인해 한심한 기분도 느꼈을 것이고 그래서 실망스러웠을 수 있다. (확실히 말해두자면 일부 인셀은 애초에 데이트하고 싶은 섹시한 여성에게 아예 접근한 적도 없고 그저 이런 여자들이 그들의 문 앞에 나타나 데이트하려고 덤비길 기대하는 어린 남자들이다.) 하지만 섹스, 사랑, 미적 숭배의 가치가 없다고 느끼는 사람들 가운데에서는 여성과 기타 소

외된 젠더가 가장 고통받는다. 그래도 우리는 어떻게든 이런 이유로 살인을 저지르지는 않는다. 더 많은 논의는 내 책『남성 특권』, 2장을 보라.

30 여기서는 Hebl and Mannix, "The Weight of Obesity in Evaluating Others," 중 1장에서 논의하는 연구를 보라.

31 Elena Ferrante, *The Story of the Lost Child* (New York: Europa, 2015), p. 237(엘레나 페란테,『잃어버린 아이 이야기』, 김지우 옮김, 한길사, 2014).

32 같은 책, p. 238.

33 같은 책, p. 239.

34 같은 책, p. 240.

35 같은 책, p. 243.

36 같은 책, p. 242.

37 이 일화의 전체 내용은 다음의 내 글을 참고하라. "Good Girls: How Powerful Men Get Away with Sexual Predation," *Huffington Post*, March 24, 2017 (updated March 28, 2017), www.huffpost.com/entry/good-girls-or-why-powerful-men-get-to-keep-on-behaving_b_58d5b420e4b0f633072b37c3.

6장: 놀랍지 않다

1 Plato, Theaetetus, trans. Benjamin Jowett (Indianapolis: Hackett, 2014), 155d(플라톤,『테아이테토스』, 정준영 옮김, 아카넷, 2022).

2 이러한 사회 현실과 철학계의 대체적인 분위기를 이해하려면 다음을 꼭 읽어야 한다. Kristie Dotson's famous paper, "How Is This Paper Philosophy?," *Comparative Philosophy* 3, no. 1 (2012): pp. 3~29.

3 Katherine Mangan, "In the Humanities, Men Dominate the Fields of Philosophy and History," *Chronicle of Higher Education*, Oct. 12, 2012, www.chronicle.com/article/in-the-humanities-men-dominate-the-fields-of-philosophy-and-history/.

4 예를 들어 제니퍼 사울 등 여럿의 관점을 보여주는 다음 논의를 참고하라. Rebecca Ratcliffe and Claire Shaw, "'Philosophy Is for Posh, White Boys with Trust Funds'—Why Are There So Few Women?," *Guardian*, Jan. 5, 2015, www.theguardian.com/higher-education-network/2015/jan/05/philosophy-is-for-posh-white-boys-with-trust-funds-why-are-there-so-few-women, featuring perspectives by Jennifer Saul and many others. 이 문제에 관해 이

제는 고전이라 할 논의는 다음을 참고하라. Sally Haslanger, "Changing the Ideology and Culture of Philosophy: Not by Reason (Alone)," *Hypatia* 23, no. 2 (2008): pp. 210~23. 최근의 흥미로운 진단은 다음을 참고하라. Christia Mercer's article "The Philosophical Origins of Patriarchy," *Nation*, July 1, 2019, www.thenation.com/article/archive/patriarchy-sexism-philosophy-reproductive-rights/, "The Philosophical Roots of Western Misogyny," *Philosophical Topics* 46, no. 2 (2018): pp. 183~208.

5   Ratcliffe and Shaw, "'Philosophy Is for Posh, White Boys with Trust Funds.'"

6   예를 들어 철학계의 성희롱을 다룬 몇 가지 대표적인 글은 다음을 참고하라. Jennifer Schuessler, "A Star Philosopher Falls, and a Debate over Sexism Is Set Off," *New York Times*, Aug. 2, 2013, www.nytimes.com/2013/08/03/arts/colin-mcginn-philosopher-to-leave-his-post.html, Colleen Flaherty, "Another Harasser Resigns," *Inside Higher Ed*, Nov. 4, 2015, www.insidehighered.com/news/2015/11/04/northwestern-philosophy-professor-resigns-during-termination-hearing-over-sexual, Katie J. M. Baker, "The Famous Ethics Professor and the Women Who Accused Him," *BuzzFeed News*, May 20, 2016, www.buzzfeednews.com/article/katiejmbaker/yale-ethics-professor, Katie J. M. Baker, "UC Berkeley Was Warned About Its Star Professor Years Before Sexual Harassment Lawsuit," *BuzzFeed News*, April 7, 2017, www.buzzfeednews.com/amphtml/katiejmbaker/john-searle-complaints-uc-berkeley. 일반적 논의는 다음을 참고하라. Janice Dowell and David Sobel, "Sexual Harassment in Philosophy," *Daily Nous*, Aug. 29, 2019, dailynous.com/2019/08/29/sexual-harassment-philosophy-guest-post-janice-dowell-david-sobel/. 예를 들어 철학계의 인종 차별 문제를 간략하게 (그리고 어쩔 수 없이 불완전하게) 지적한 다음 논의를 참고하라. David Rutledge, "Racist Attitudes 'Whitewashed' Modern Philosophy. What Can Be Done to Change It?," ABC News, *The Philosopher's Zone podcast*, Nov. 9, 2019, www.abc.net.au/news/2019-11-10/modern-philosophical-canon-has-always-been-pretty-whitewashed/11678314. 여기에는 현재 학계에서 가르치는 학자들의 목록에 대한 브라이언 반 노든(Bryan van Norden)의 관점이 들어 있다.

7   철학계의 비만혐오에 대한 최근 글은 예를 들어 다음을 참고하라. Talia Mae Bettcher, "When Tables Speak: On the Existence of Trans Philosophy," *Daily Nous*, May 30, 2018, dailynous.com/2018/05/30/tables-speak-exis

tence-trans-philosophy-guest-talia-mae-bettcher/, t philosopher, "I Am Leaving Academic Philosophy Because of Its Transphobia Problem," Medium, May 20, 2019, medium.com/@transphilosopher33/i-am-leaving-academic-philosophy-because-of-its-transphobia-problem-bc618aa55712, Robin Dembroff, "Cisgender Commonsense and Philosophy's Transgender Trouble," *Transgender Studies Quarterly* 7, no.3 (2020): pp.399~406. 철학의 계급주의에 대한 감각은 다음 논의를 참고하라. John Proios, "Ethical Narratives and Oppositional Consciousness," *APA Newsletter on Feminism and Philosophy* 20, no.3 (2021): pp.11~15. 철학의 장애인 차별 논의는 다음을 참고하라. Shelley Tremain's "Dialogues on Disability" series on the blog *Biopolitical Philosophy*, biopoliticalphilosophy.com/.

8   예를 들어 다음을 참고하라. Rachel Moss, "For Tolerance of Body Diversity, Academia Gets a Big, Fat Zero," *Times Higher Education*, Sept. 29, 2021, www.timeshighereducation.com/opinion/tolerance-body-diversity-academia-gets-big-fat-zero.

9   물론 때로는 주장이 가볍고 내용이 빈약하다고 비판하기도 한다. 하지만 여기서 상상하는 반대 모습은 일반적으로 튼튼하고 근육질이며 남성적인 몸이지 뚱뚱한 몸이 아니다. 이런 종류의 비유는 비만혐오에 반대하지 않으며 반페미니즘적이기까지 하다.

10 Willard V. Quine, "On What There Is," *Review of Metaphysics* 2, no.5 (1948): p.23.

11 이 부분에서 내 글 "Diet Culture Is Unhealthy"를 간간이 가져왔다.

12 Quine, "On What There Is," p.23.

13 물론 콰인이 계급주의와 비만혐오의 예시를 들고자 이런 비유를 언급했다고 주장할 생각은 없다. (시대착오적이라는 건 제쳐둔다고 해도 말이다. 누가 이런 말을 하나?) 내가 하고 싶은 말은 콰인이 문화적으로 명백한 이런 비유를 우연이 아니라 재치 있게 보이고자 가져왔고 이런 잔인한 의미로 변할 수 있는 은유를 선택했다는 것이다.

14 Quine, "On What There Is," pp.23~24.

15 여기에서 나는 보통 데카르트의 사유로 여겨지는 유명한 '심신 이원론(mind-body)'을 도치시켰다. 이 이론은 (거칠게 말하면) 마음과 몸 사이의 관계를 이해하는 문제이자 좀 더 구체적으로 말하면, 또 가능하다면, 마음을 두뇌 및 관련 신경 생리학으로 설명하는 문제다. 내가 여기서 언급한 '몸-마음' 문제는 당연히 더

평범한 문제다.

16 Robert Paul Wolff, *About Philosophy*, 11th ed. (Boston: Pearson, 2012), p. 21.

17 다른 철학자들이 자신과 같은 사람들을 향해 분별없는 무시와 깊은 편견을 노골적으로 밝히는 철학계 내에서 트랜스젠더 여성의 삶이 어떤지 통렬하게 적은 탈리아 메이 베처(Talia Mae Bettcher)의 글을 보라. "오만과 무지로 [추상적인 형이상학 문제에 관한] 견해를 내뿜는 일은 실제로 일어나고 충분히 짜증스럽다. 하지만 '사람들', 그러니까 같은 공간에 있는 사람들, 자신에 대해 철학적으로 사유하려고 하고 또 그렇게 하는 사람들에게 이러는 것은 또 다른 문제다." 그녀의 글 "When Tables Speak"를 보라.

18 Philippa Foot, "The Problem of Abortion and the Doctrine of Double Effect," *Oxford Review* 5 (1967): pp. 5~15.

19 Judith Jarvis Thomson, "The Trolley Problem," *Yale Law Journal* 94, no. 6 (1985): pp. 1395~415.

20 David Edmonds, *Would You Kill the Fat Man? The Trolley Problem and What Your Answer Tells Us About Right and Wrong* (Princeton, N.J.: Princeton University Press, 2014)(데이비드 에드먼즈, 『저 뚱뚱한 남자를 죽이겠습니까?: 당신이 피할 수 없는 도덕적 딜레마에 대한 질문』, 석기용 옮김, 이마, 2013).

21 트롤리 문제와 '뚱뚱한 남자' 변형에 대한 답을 묻는 온라인 설문에서 거의 14만 명에 이르는 응답자 가운데 84퍼센트가 기차의 방향을 바꿔야 한다고 답했다. 하지만 뚱뚱한 남자를 다리 밑으로 밀어야 한다고 답한 사람은 41퍼센트에 불과했다. https://www.philosophyexperiments.com/fatman/Default.aspx를 보라. 고안자들은 실제로 남자의 뚱뚱함이 편견의 근원일 수 있다고 인정하면서도 그렇다면 (무엇보다) 더 많은 사람이 기차를 돌리지 말고 뚱뚱한 남자를 희생시켜야 한다고 답했을 거라고 주장한다. 하지만 그런 패턴은 극단적 형태의 비만혐오에서나 나타날 것이다. 게다가 내가 이후 주장하듯이 결과 왜곡이 이런 방식의 사례 설정에 나타나는 유일한 문제는 아니다.

22 이 경우도 "The Problem of Abortion and the Doctrine of Double Effect," p. 5~6에서 어렴풋이 논의하고 있다(그녀는 이 문제가 이미 "철학자들에게 잘 알려져 있다."고 적었다). 풋은 처음에는 "분명 정답은 앉아서 뚱뚱한 남자가 날씬해지기를 기다리는 것이다."라며 재담을 펼친다. 하지만 논문의 결론에서 "예시의 경박함이 불쾌함을 주려는 목적은 아니다."(p. 15)라고 적었다.

23 Plato, *Timaeus*, trans. Donald J. Zeyl (Indianapolis: Hackett, 2000), 62d(플라톤, 『티마이오스』, 김유석 옮김, 아카넷, 2019).

24 Hill, *Eating to Excess*, 47.

25 플라톤, 『티마이오스』, 63p.

26 같은 책. 입이 말도 하고 음식을 먹기도 한다는 사실이 아무래도 이상했는지 플라톤은 이번에도 티마이오스의 목소리로 "우리의 제작자는 입에 지금과 같이 이, 혀, 입술을 넣어 필요한 것과 가장 좋은 것을 모두 할 수 있게 했습니다. 입을 필요한 것이 들어가는 입구이자 가장 좋은 것이 나오는 출구로 설계하셨죠. 입안으로 들어와 신체에 영양을 주는 것은 필요하고 지식의 도구인 입을 통해 흘러나오는 말은 흐르는 모든 것 중 가장 타당하고 좋은 것이니까요." 같은 책, 69e.

27 같은 책, 64e.

28 같은 책, 66e.

29 Hill, *Eating to Excess*, p. 50.

30 Strings, *Fearing the Black Body*, 4장.

31 플라톤, 『티마이오스』, p. 86.

32 Hill, *Eating to Excess*, p. 54. 플라톤이 여성의 특성과 역할에 대한 좀 더 평등주의적인 견해를 펼치며 특히 이상적인 도시에 여성 후견인을 포함하는 *The Republic*(플라톤, 『플라톤 국가』, 박문재 옮김, 현대지성, 2023)과 비교하라.

33 Hill, *Eating to Excess*, p. 52.

34 아리스토텔레스는 이 논의의 초반에 "비슷하게 건강은 너무 적거나 너무 많은 양을 먹고 마시면 망가진다. 반면에 적절한 양을 마시고 먹으면 건강이 좋아지고 유지된다."라고 적었다. 그러나 앞으로 보겠지만 너무 적게 먹는 건 인간이 일반적으로 느끼는 유혹은 아니라고 생각했다. Nicomachean Ethics, 2권, 2장(아리스토텔레스, 『니코마코스 윤리학』, 박문재 옮김, 현대지성, 2022) in *The Ethics of Aristotle*, trans. J. A. K. Thomson (London: Routledge, 1953).

35 같은 책.

36 "어떤 운동선수에게 음식 5킬로그램은 많고 1킬로그램은 적다고 하자. 훈련 교사가 그에게 3킬로그램의 음식을 처방하지는 않을 것이다. 음식을 받는 선수에게 적거나 많을 것이기 때문이다. 이 양은 대식가로도 유명했던 고대 올림픽 영웅 밀로에게는 적고 훈련을 막 시작한 사람에게는 많을 것이다." 같은 책, 2권, 4장.

37 아리스토텔레스는 우리가 예를 들어 야망, 배움, 이야기하기 등의 즐거움에 몰두하는 사람을 무절제하다고 하지 않는다고 지적한다. 오히려 절제는 '하등한 짐승과 같이 상스럽고 야만스러워 보이는 즐거움' 문제라고 주장한다. 대표적인 것이 섹스와 음식 섭취. 같은 책, 3권, 10장.

38 아리스토텔레스는 또한 게걸스레 마구 먹는 사람과 도덕성이 약해 특정한 욕구에

서 과도한 즐거움을 얻는 사람 사이에 중요한 구분을 두었다. 같은 책, 3권, 11장.

39 같은 책, 2권, 7장.

40 흥미롭게도 아리스토텔레스는 즐거움을 느끼지 못하기 때문이 아니라 이런 즐거움을 거부하기 때문에 자신에게 음식을 허용하지 않는 사람들을 고려하지 않는 듯하다. 모든 즐거움이 나쁘다고 생각한 금욕주의자를 분명 알고 있었음에도 말이다. 하지만 여기에서 고대에는 식이 장애가 있었다는 명확한 증거가 없다는 점에 주목해야 한다. 이는 식이 장애가 사회적으로 정립된 특성이며 특히 열량이 풍부한 사회 환경에서 사람들을 힘들게 하는 경향이 있음을 시사한다. 반면에 거식증은 중세 시기 여성들에게, 특히 수녀들에게 드물지 않았던 것으로 보인다. 이른바 신성한 거식증에 대한 흥미로운 논의는 다음을 참고하라. Whitney May, "Holy Anorexia: How Medieval Women Coped with What Was Eating at Them," *A Medieval Woman's Companion*, amedievalwomanscompanion.com/holy-anorexia-how-medieval-women-coped-with-what-was-eating-at-them/, 캐럴라인 바이넘(Caroline Bynum)의 저서 *Holy Feast and Holy Fast* (Berkeley: University of California Press, 1987), 6장. 이 문제를 비롯해 이 부분의 여러 문제와 앞으로 나오는 문제들에 대해 귀중한 논의를 해준 데 대해 라츠나 캄테카(Rachana Kamtekar)와 역사 지식이 풍부한 다른 동료들에게 고맙다. 물론 어떤 실수나 누락도 내 책임이다.

41 C. D. C. Reeve, introduction to *Politics*, by Aristotle, trans. C. D. C. Reeve (New York: Hackett, 1998), xxxv.

42 같은 책, xxxvi.

43 같은 책.

44 이 연구는 다름 아닌 바로 앤셀 키스ー이 사람의 비만혐오는 3장에 소개했다ー와 심리학자 요제프 브로젝(Josef Brozek)이다. 이 연구의 적절한 개요와 그 유산은 다음을 참고하라. David Baker and Natacha Keramidas, "The Psychology of Hunger," *Monitor on Psychology* 44, no. 9 (2013): p. 66.

45 연구진은 특히 참가자들이 다양한 아이스크림을 맛보기 전에 밀크셰이크를 무제한으로 먹게 해서 이를 보여주었다. 보통 식사를 통제하는 참가자들은 이미 배가 부르므로 적게 먹지 않고, 이렇게 미리 먹지 않았을 때보다 더 많이 먹었다. 아무래도 밀크셰이크를 먹어서 될 대로 되라는 마음이었던 것 같다. 유명한 원저 연구는 다음을 참고하라. C. P. Herman and D. Mack, "Restrained and Unrestrained Eating," *Journal of Personality* 43, no. 4 (1975): pp. 647~60. 이 연구는 이후 '식이 제한' 문헌에서 널리 복제되고 논의되었으며 수없이 변형되었다.

46 Clara M. Davis, "Results of the Self-Selection of Diets by Young Children," *Canadian Medical Association Journal* 41, no. 3 (1939): pp. 257~61.

47 Amy T. Galloway et al., "'Finish Your Soup': Counterproductive Effects of Pressuring Children to Eat on Intake and Affect," *Appetite* 46, no. 3 (2006): pp. 318~23. 현재 "책임 분담(division of responsibility)"이라고 알려진 엘린 새터(Ellyn Satter)의 새 패러다임으로 교육받은 많은 식이 전문가와 영양사는 저녁 식사에 좋은 음식과 나쁜 음식을 구분하지 말고 소량의 디저트를 준비하라고 권한다. 건강하지 않은 음식에 제한 없이 접근할 수 있는 창을 만듦으로서 다른 방향으로 흐를 수 있는 유혹을 줄이기 위해서다. (이 패러다임은 대부분의 경우 부모는 자녀가 무엇을 언제 어디에서 먹을지 정할 책임이 있고 아동은 차려진 음식을 얼마나 먹을지 정할 책임이 있다는 데서 이런 이름이 정해졌다.) 두려운 마음으로 아이들에게 이 방식을 시도해 본 사람들은 아이들이 놀랍도록 다양한 음식을 먹으려고 하고 맛있는 간식을 먹지 못할까 두려워하지 않아도 될 때 집착을 보이지 않는 것을 발견한다. 무엇보다 아이들은 자신과 자신의 몸, 자신의 욕구를 믿는 법을 배운다. Ellyn Satter, *Secrets of Feeding a Healthy Family: How to Eat, How to Raise Good Eaters, How to Cook* (New York: Kelcy Press, 2008)을 보라. 이런 방식으로 가족 저녁 식사 테이블에 대한 통찰을 제공하는 또 다른 훌륭한 책으로 다음을 참고하라. Virginia Sole-Smith and Amy Palanjian, Comfort Food, podcast, comfortfoodpodcast.libsyn.com/, Fat Talk.

48 성인 역시 그런 영양학적 지혜를 지니고 있다고 주장하는 최근 연구는 다음을 참고하라. Jeffrey M. Brunstrom and Mark Schatzker, "Micronutrients and Food Choice: A Case of 'Nutritional Wisdom' in Humans?," *Appetite* 174 (2022): 106055.

49 Thomas Nagel, "Free Will," in *What Does It All Mean? A Very Short Introduction to Philosophy* (New York: Oxford University Press, 1987), p. 47(토머스 네이글, 『이 모든 것은 무엇을 의미하는가?: 토머스 네이글의 아주 짧은 철학 입문 강의』, 조영기 옮김, 궁리, 2014).

50 이러한 맥락에 이은 좀 더 최근의 예로 이번에는 의지가 약해 쿠키를 먹고 다이어트를 망치는 경우는 다음을 참고하라. Agnes Callard, *Aspiration: The Agency of Becoming* (New York: Oxford University Press, 2018), 4장.

51 Steven Pinker, *Rationality: What It Is, Why It Seems Scarce, Why It Matters* (New York: Viking, 2021), p. 36.

52 같은 책, p. 51.

53 Tyler Kingkade, "Geoffrey Miller Censured by University of New Mexico for Lying About Fat-Shaming Tweet," *Huffington Post*, Aug. 7, 2013, https://www.huffpost.com/entry/geoffrey-miller-censured-unm_n_3716605. 이 기사에서 설명하듯 밀러는 이 트윗을 올린 진의를 속였다고 질책을 당했다. 그는 트윗이 연구의 일환이었다고 주장했고 뉴멕시코 대학교는 이 주장을 받아들이지 않았다.

54 Jacob M. Burmeister et al., "Weight Bias in Graduate School Admissions," *Obesity* 21, no. 5 (2013): pp. 918~20. 비렌 스와미(Viren Swami)와 레이철 멍크(Rachael Monk)의 또 다른 연구에 따르면 체질량 지수가 비만 범위에 들어가는 여성(또는 쇠약한 여성)은 가상의 시나리오에서 대학 내 일자리 제안을 더 적게 받는다. "Weight Bias Against Women in a University Acceptance Scenario," *Journal of General Psychology* 140, no. 1 (2013): pp. 45~56.

55 또 Kristin Rodier and Samantha Brennan, "Teaching (and) Fat Stigma in Philosophy," *Teaching Philosophy* (forthcoming)에서 자칭 철학계의 비만 여성이 학생들에게 비만 낙인을 가르치며 든 성찰을 조명한다.

56 "Because If You Had Been, It Would All Have Been OK?," *What Is It Like to Be a Woman in Philosophy?*, Oct. 21, 2010, beingawomaninphilosophy.wordpress.com/2010/10/21/because-if-you-had-been-it-would-all-have-been-ok/. 이 블로그는 (무엇보다도) 일반적인 철학계의 성차별과 여성혐오에 대한 정보를 제공하는 귀중한 자료다.

57 일부 매체에서 뚱뚱한 인물은 살을 빼고 더 똑똑해지기까지 한다. 〈프렌즈(Friends)〉의 '뚱뚱한 모니카'가 그런 경우다. 그녀는 코트니 콕스(Courteney Cox)가 뚱보 분장을 하고 뚱뚱하고 순진하며 음식에 집착하는 모습으로 나오는 회상 장면과 날씬하고 세련된 모습으로 변신한 현재에서 완전히 다르다. 멋지게 변신한 현재에는 똑똑한 중심인물 중 하나가 됐다. 이 예시를 제안해 준 에사 디아즈 레온(Esa Díaz León)에게 고맙다.

58 *The Simpsons*, season 4, episode 6, "Itchy and Scratchy: The Movie," aired Nov. 3, 1992, www.youtube.com/watch?v=NfBVRqZPb2w&ab_channel=AnandVenkatachalam.

59 이 영화의 주제는 (다소) 뚱뚱한 여성과 그 여성의 세속적 성공 사이에 놓인 장애물은 비만혐오가 아니라 자신감 부족이라는 것이다. 웩.

60 Owen Gleiberman, "'The Whale' Review: Brendan Fraser Is Sly and Moving as a Morbidly Obese Man, but Darren Aronofsky's Film Is Hampered by Its Contrivances," *Variety*, Sept. 4, 2022, variety.com/2022/film/reviews/

the-whale-review-brendan-fraser-darren-aronofsky-1235359338/.

61 Carmen Maria Machado, "The Trash Heap Has Spoken," *Guernica*, Feb. 13, 2017, www.guernicamag.com/the-trash-heap-has-spoken/.

62 반면에 우르슬라는 악당이 '맞다.' Sophie Carter-Kahn and April Quioh, "Boo! Fear the Fat," Oct. 26, 2017, in *She's All Fat*, podcast, shesallfatpod.com/pod/s1e8에서 뚱뚱함을 표현하는 데 대한 애매함을 흥미롭게 푼 이야기를 들을 수 있다.

63 Sonya Renee Taylor, *The Body Is Not an Apology: The Power of Radical Self-Love* (Oakland: Berrett-Koehler, 2018).

64 공평하게 말해 새뮤얼 헌터(Samuel Hunter)는 이런 비판에 대해 20대 초반 급격하게 체중이 증가했다가 2012년 이 연극을 처음 제작하기 전 10년에 걸쳐 체중을 줄였다고 대응했다. 하지만 내가 볼 때 이는 별 도움이 되지 않는다. 많은 비만 수용 활동가가 지적하듯이 전에 뚱뚱하던 사람은 앞으로 그렇게 될 거라고 상상하는 몸에 극심한 공포를 느낀다. 그래서 뚱뚱함에 대한 가공되지 않은 감정을 터뜨리면서 특히 해로운 형태의 비만혐오 형태를 영구화할 수 있다. 마이클 슐먼(Michael Schulman)은 《뉴요커(The New Yorker)》에 다음과 같이 썼다. "찰리의 비만은 헌터의 경험을 넘어섰지만 최악의 추측 또한 넘어섰다. '내가 저 모퉁이를 돌지 않았다면 어떻게 됐을까? … 나는 어떻게 살이 다시 쪘는지, 그리고 얼마나 빨리 쪘는지 돌아보며 "이게 내 얘기일 수도 있었어."라고 중얼거렸다." 하지만 그렇지 않았고 그게 중요하다. Michael Schulman, "About Brendan Fraser's Fat Suit in *The Whale*," *New Yorker*, Dec. 7, 2022, www.newyorker.com/culture/notes-on-hollywood/the-whale-and-the-fat-suit-brendan-fraser-darren-aronofsky.

65 Annette Richmond, "Ash of The Fat Lip Podcast Wants You to Know That Sizes Above 32 Exist," *Ravishly*, Feb. 26, 2018, www.ravishly.com/ash-fat-lip-podcast. 뚱뚱한 창작자들의 이야기와 증언을 몇 가지 볼 수 있는 뛰어난 자료로는 다음을 참고하라. the podcast Unsolicited: Fatties Talk Back, by Marquisele Mercedes, Da'Shaun L. Harrison, Caleb Luna, Bryan Guffey, and Jordan Underwood, the podcast *She's All Fat*, by April Quioh and Sophie Carter-Kahn, the *Comfy Fat* blog, published by J Aprileo.

66 Miranda Fricker, *Epistemic Injustice: Power and the Ethics of Knowing* (Oxford: Oxford University Press, 2007), 1~2장을 보라.

67 Kristie Dotson, "Tracking Epistemic Violence, Tracking Practices of Silenc-

ing," *Hypatia* 26, no. 2 (2011): p. 242. 철학계와 전체 학계의 비만 이론의 문제를 조명하는 논의는 앨리슨 라이헬트(Alison Reiheld)이 셸리 트레마인(Shelley Tremain)과 인터뷰한 내용을 보라. 그녀는 "페미니즘을 연구하는 여성과 인종차별을 연구하는 유색인이 '자신만을 위한 연구'를 한다고 조롱을 당하고 젠더를 이야기하는 남성과 인종을 이야기하는 백인들보다 지식적 권위를 인정받지 못하는 모순이 있듯이 뚱뚱함을 연구하는 뚱뚱한 사람들은 종종 저평가된다. 학계와 철학계의 이런 일반적 태도는 단순히 빈약한 지식 추구일 뿐이다. 또한 이런 철학자 및 학자를 조롱하는 데에도 기여한다. 지식을 얻으려고 하는 사람과 알 가치가 있는 사람 모두를 이렇게 오만하게 제한해서는 지식을 추구할 수 없다." Shelley Tremain, "Dialogues on Disability: Shelley Tremain Interviews Alison Reiheld," *Biopolitical Philosophy*, Sept. 18, 2019, biopoliticalphiloso phy.com/2019/09/18/dialogues-on-disability-shelley-tremain-interviews-ali son-reiheld/.

68 Richmond, "Ash of *The Fat Lip* Podcast Wants You to Know That Sizes above 32 Exist."

69 @ash.fatlip의 2022년 11월 3일 인스타그램 게시물 www.instagram.com/p/Ck gNl4yu1kl/?igshid=MDJmNzVkMjY%3D을 보라.

70 Ash, "You Can Still Fly with Limited Mobility," *The Fat Lip* (blog), July 8, 2019, thefatlip.com/2019/07/08/you-can-still-fly-with-limited-mobility/.

71 Ash, "Make Your Home Work for You," *The Fat Lip* (blog), Aug. 1, 2019, the fatlip.com/2019/08/01/home-accomodations/.

72 Ash, "UPDATED 2022: 27 Sturdy Chairs for Fat People (up to and Beyond 500lbs!)," *The Fat Lip* (blog), Nov. 9, 2019, thefatlip.com/2019/11/09/27-stur dy-chairs-for-fat-people/.

73 Ash, "Our 600 Pound Lives," *The Fat Lip* (blog), March 21, 2020, thefatlip. com/2020/03/21/our-600-pound-lives/.

74 이 문제에 대해 실제로 인지 장애가 있는 사람, 그리고 '중증'이라고 칭하는 사람들까지도 정신적으로 결핍됐다고 해석해선 안 된다. 이 문제는 이 책이 다뤄야 할 범위를 훨씬 뛰어넘긴 하지만 이러한 맥락에서 나타나는 철학의 장애인 차별을 철학자 에바 키테이(Eva Kittay)가 훌륭하게 지적한 바 있다. 그녀는 인지 장애인이 동등한 가치를 지녔고 인간적이고 존엄한 대우를 받을 권리가 있을 뿐 아니라 비장애인에게 귀중하고 세심한 교훈을 가르칠 수 있음을 보여주었다. 그녀의 저서 *Learning from My Daughter: The Value and Care of Disabled Minds* (New

York: Oxford University Press, 2019)(에바 페더 키테이, 『의존을 배우다: 인지장애를 가진 딸을 보살피며 배운 것』, 김준혁 옮김, 반비, 2023)을 보라.

75 이 주제에 관한 솔닛의 획기적인 작업과 관련한 인식적 특권 논의는 내 책 『남성특권』 8장을 보라. 그렇지만 '맨스플레인'이라는 용어는 솔닛이 만든 것이 아니며 그녀는 이에 대해 복잡한 감정을 표했다. 이 현상에 대한 솔닛의 고전적이고 독창적인 논의는 "Men Explain Things to Me" reprinted in *Guernica*, Aug. 20, 2012, www.guernicamag.com/rebecca-solnit-men-explain-things-to-me/를 보라.

76 Peter Singer, "Weigh More, Pay More," *Straits Times*, March 16, 2012, www.straitstimes.com/world/peter-singer-weigh-more-pay-more.

77 Chris Uhlik, "What Is the Cost of Fuel Burned for 1 Kg in 1 Hour for an A320 Aircraft?," Quora, www.quora.com/What-is-the-cost-of-fuel-burned-for-1-kg-in-1-hour-for-an-A320-aircraft/answer/Chris-Uhlik. 설사 울릭의 추정치가 틀리더라도 뚱뚱한 신체를 옮기는 데 드는 많은 비용에 대한 싱어의 주장을 정당화하려면 수백 자릿수 차이로 틀려야 할 것이다.

78 싱어는 기본적 인류애 문제라는 다른 문제로 논란이 많다. 부모가 심각한 장애인이 될 영아를 안락사시킬 법적 선택권이 있다면 선택해야 한다고 주장하며 중증 장애인의 삶의 가치를 은연중에 부정했기 때문이다. 이에 대해 장애인 인권 활동가이자 변호사인 고(故) 해리엇 맥브라이드 존슨(Harriet McBryde Johnson)은 단호하게 응답했다. "나는 내 삶을 즐긴다. … 장애가 있고 없음은 삶의 질을 예측하지 않는다." 고전이 된 그녀의 글을 참고하라. "Unspeakable Conversations," *New York Times Magazine*, Feb. 16, 2003, www.nytimes.com/2003/02/16/magazine/unspeakable-conversations.html. 그리고 사실 조사해 보면 장애인과 비장애인 모두 삶에 대한 만족도가 비슷하다고 보고한다. 이 주제에 대한 최근의 훌륭한 다음의 세 가지 철학 작업을 참고하라. Elizabeth Barnes, *The Minority Body: A Theory of Disability* (Oxford: Oxford University Press, 2016), Joseph A. Stramondo, "Bioethics, Adaptive Preferences, and Judging the Quality of a Life with Disability," *Social Theory and Practice* 47, no. 1 (2021): pp. 199~220, Joel Michael Reynolds, *The Life Worth Living: Disability, Pain, and Morality* (Minneapolis: University of Minnesota Press, 2022).

79 Daniel Callahan, "Obesity: Chasing an Elusive Epidemic," *Hastings Center Report* 43, no. 1 (2013): p. 37.

80 같은 글, p. 40.

81 같은 글, p. 37~38.

82 같은 글, p. 35.

83 이런 불만은 물론 장애인 차별이기도 하다. 그런 기술은 관절염, 다발성 경화증, 파킨슨병, 사지 절단 환자 등 많은 장애인에게 대단한 혜택을 준다.

84 같은 글, p. 39.

7장: 가스등 옆의 식사

1 자세한 내용은 이 책 2장, '몸을 줄이는 대가'를 보라.

2 다음을 참고하라. Anna Guerdjikova and Harold C. Schott, "Why Dieting Can Be Harmful," Lindner Center blog, Feb. 8, 2021, lindnercenterofhope.org/blog/why-dieting-can-be-harmful/.

3 "Overview of the $58 Billion U.S. Weight Loss Market 2022," *Globe News Wire*, March 23, 2022, https://www.globenewswire.com/en/news-release/2022/03/23/2408315/28124/en/Overview-of-the-58-Billion-U-S-Weight-Loss-Market-2022.html을 보라.

4 다음을 참고하라. *Saturday Night Live*, "Cinema Classics: Gaslight," aired Jan. 22, 2022, www.youtube.com/watch?v=xZU9D_DcbMs&ab_channel=SaturdayNightLive.

5 Patrick Hamilton, *Angel Street: A Victorian Thriller in Three Acts* (copyrighted under the title *Gas Light*) (New York: Samuel French, 1939), p. 18.

6 같은 책, pp. 34~35.

7 맨, 『남성 특권』, p. 148.

8 우연히 다쳐서 벨라의 탓이 되었는지, 매닝엄 씨가 벨라를 향한 악마적인 계략의 일환으로 일부러 다치게 했는지는 확실하지 않다. 또 그 계략의 목표가 무엇인지도 확실하지 않다. 발로우의 집을 산 벨라의 돈을 노리고 그녀를 정신 병원에 보내려는 것일 수도 있고, 혹은 애덤 서워(Adam Serwer)의 최근 저서 제목처럼 '잔인함이 목적(the cruelty is the point)'일 수도 있다.

9 여기에서 '미쳤다'는 말의 장애인 차별을 고려해 인용 부호를 썼지만 매닝햄 씨 같은 원형적 가스라이터의 특유의 목표와 관점을 보여주려면 피할 수 없다.

10 가스라이팅에 대한 내 전체 정의는 내 논문을 참고하라. "Moral Gaslighting," *Aristotelian Society Supplementary Volume* 97, no. 1 (2023). 나는 가스라이팅에 대한 다음의 철학 연구를 바탕으로 했다. Kate Abramson, "Turning Up the Lights on Gaslighting," *Philosophical Perspectives* 28, no. 1 (2014): pp.

1~30, Veronica Ivy (writing as Rachel V. McKinnon), "Allies Behaving Badly: Gaslighting as Epistemic Injustice," in *The Routledge Handbook of Epistemic Injustice*, ed. Gaile Pohlhaus, Jr., Ian James Kidd, and José Medina (New York: Routledge, 2017), pp. 167~75, and Elena Ruíz, "Cultural Gaslighting," *Hypatia* 35, no. 4 (2020): pp. 687~713.

11 개별적인 가해자가 있을 때라도 가스라이팅에 의도가 없을 수 있다. 알코올 중독이었던 사람이 분명 재발했는데 그걸 질문한다고 "나 못 믿어?" "계속 물어보면 다시 걸릴 '거야'" 같은 말로 죄책감을 느끼게 하는 상황을 상상해 보라. 그 사람은 진실을 믿지 못하게 하려는 의도가 아니라 부끄러운 사실을 숨기려는 것이지만 그래도 내가 볼 때는 이것도 가스라이팅이다.

12 특히 다음을 참고하라. Ruíz, "Cultural Gaslighting", Angelique M. Davis and Rose Ernst, "Racial Gaslighting," *Politics, Groups, and Identities* 7, no. 4 (2019): pp. 761~74.

13 사람의 턱을 물리적으로 닫아 살을 빼게 돕는 방식은 1980년대까지 인기 있었다. 그러다 입을 열 수 없는 사람은 토사물이 목에 걸려 질식하기 쉬운 것 등 안전 문제가 대두됐다. 다음을 참고하라. Daniel Davies, "Researchers Develop Weight-Loss Tool That Uses Magnets to Lock Your Mouth Shut," *Men's Health*, July 14, 2021, www.menshealth.com/uk/health/a37020381/dental-slim-diet-control-magnet-device/.

14 다음을 참고하라. Virginia Sole-Smith, "A Weight Watchers App for Kids Raises Concerns," *New York Times*, April 17, 2020, www.nytimes.com/2020/04/17/parenting/big-kid/weight-watchers-kids.html. 물론 이 앱의 기본 버전은 무료고 추가로 건강 코칭을 받을 수 있는 구독 옵션은 유료다. 하지만 핵심은 아이들과 부모를 이런 방식으로 음식과 체중에 접근하도록 유도해 웨이트워처스(현재는 'WW'로 브랜드를 바꿔 '잘되는 웰빙(Wellness that works)'이라는 새 슬로건을 쓴다)의 잠재 고객으로 만드는 것이다.

15 Virginia Sole-Smith and Amy Palanjian, "Can You Be Addicted to Sugar? (with Lisa Du Breuil)," Jan. 17, 2019, in *Comfort Food*, podcast, comfortfoodpodcast.libsyn.com/episode-24-can-you-be-addicted-to-sugar-with-lisa-dubreuil. 이 에피소드 제목에 대한 답을 말하자면 아니다. 설탕은 중독성 있는 물질로 알려져 있지 않다.

16 Amanda Milkovits, "'I Don't Buy for a Second the Coaches Didn't Know': Former Students Wonder Why No One Stopped Coach Aaron Thomas and 'Fat

Tests,'" *Boston Globe*, Jan. 24, 2022, www.bostonglobe.com/2022/01/24/metro/i-dont-buy-second-coaches-didnt-know-former-students-wonder-why-no-one-stopped-coach-aaron-thomas-fat-tests/.

17 "Teen's Death at Camp Fuels Debate, Inquiry," *Los Angeles Times*, Dec. 5, 1999, www.latimes.com/archives/la-xpm-1999-dec-05-mn-40755-story.html.

18 Harrison, *Belly of the Beast*, 38.

19 Marquisele Mercedes, Da'Shaun L. Harrison, Caleb Luna, Bryan Guffey, and Jordan Underwood, "Solicited: I'm Just Asking Questions," March 27, 2022, in *Unsolicited: Fatties Talk Back*, podcast, unsolicitedftb.libsyn.com/im-just-asking-questions.

20 어디에나 있는 다이어트 문화를 고려하면 가스라이팅당한 사람이 자기도 모르게 다른 사람을 가스라이팅하고 취약한 사람들에게 몸을 줄여야 한다고 설득한다는 일반적인 문제가 있다.

21 성인의 몸과 아동의 몸을 부당하게 비교하는 것 역시 여자아이들에게 신체 단속은 성적 특징을 단속하고 적절한 시기 이전에 신체가 성숙해 보이지 않도록 방지하는 것과 관련 있음을 암시한다.

22 Hamilton, *Angel Street*, 10.

23 같은 책, p. 11.

24 같은 책, p. 12.

25 같은 책, p. 16.

26 같은 책, p. 26.

27 하지만 공정하게 말하면 서맨사가 몇 킬로그램 살이 찐 것에 처음 주목한 사람은 이 시리즈에 등장하는 심하게 정형화된 게이 절친 남성, 앤서니 마렌티노다. "신의 어머니시여! 배가 왜 그래?"

28 여기서 말하는 위험에 대한 적절한 일반 개요는 영양학자와 기타 전문가들의 인터뷰에서 발췌한 다음을 참고하라. Jenny Sugar, "If Dieting Makes You Feel Anxious, Distracted, Stressed, or Depressed, Experts Explain Why," *Pop Sugar*, April 13, 2020, www.popsugar.com/fitness/photo-gallery/47337017/image/47369438/Dieting-Affects-Sleep.

29 Harriet Brown, "The Weight of the Evidence," *Slate*, March 24, 2015, slate.com/technology/2015/03/diets-do-not-work-the-thin-evidence-that-losing-weight-makes-you-healthier.html. 또한 이 주제에 대한 귀중한 성찰은 그녀의

책을 참고하라. *Body of Truth: How Science, History, and Culture Drive Our Obsession with Weight—and What We Can Do About It* (Boston: Da Capo Press, 2015).

30 Kolata, "One Weight Loss Approach Fits All?" 이 남자는 19킬로그램 감량한 체중을 2년 반 동안 유지했다. 업계에서 고귀한 표준으로 여기는 5년에는 한참 못 미친다.

31 같은 글.

32 같은 글.

33 Lucy Wallis, "Do Slimming Clubs Work?," BBC News, Aug. 8, 2013, www. bbc.com/news/magazine-23463006.

34 같은 글.

35 같은 글.

36 Hamilton, Angel Street, 92.

8장: 배고픔의 권위

1 여기서 나는 내 글 "Diet Culture Is Unhealthy"를 바탕으로 했으나 이후 내 주장은 상당히 진전했다.

2 *Fantasy Island*, season 1, episode 1, "Hungry Christine/Mel Loves Ruby," Aug. 10, 2021. 총괄 책임자인 리즈 크래프트(Liz Craft)와 사라 페인(Sarah Fain)은 자신들의 팟캐스트 〈해피어 인 할리우드(*Happier in Hollywood*)〉에서 크리스틴의 절제하는 생활을 존경하고 높이 평가하며, 비슷하게 직업을 위해 '믿을 수 없는 몸매'를 유지해야 하는 아침 뉴스 앵커인 자신의 시누이를 바탕으로 이 인물을 만들었다고 밝혔다. (이 에피소드에서는 심지어 크리스틴을 '도넛 가져오는 악마'에 희생되는 사람으로 그린다. 이 비유는 살찌는 음식을 사무실에 들고 와서 식단을 망치려고 하는 사람들을 한탄하며 팟캐스트에서 자주 사용한다.)

3 뚱뚱한 남자를 다리에서 떨어뜨려도 괜찮은 소수에 속한다면 누가 봐도 더 악랄한 행위를 생각해 보자. 건강한 사람을 잘라서—그럼 당연히 죽을 것이다—아픈 사람 다섯 명을 살릴 수 있도록 장기를 꺼내는 것이다(이런 개입이 없으면 이 사람들은 죽는다). 공리주의에서는 이 가상의 수술 사례에서 이런 끔찍한 행위를 지시하는 것으로 보인다(이 사례가 처음 등장하는 필리파 풋의 "The Problem of Abortion and the Doctrine of Double Effect," p. 9에서도 이렇게 제안하고 있다). 공리주의가 최소한 대대적인 수정 없이 이런 일종의 반론을 이겨내고 살아남는다고 생각

하는 사람은 상대적으로 별로 없다. 그러나 수정을 거친 이론은 단순함과 매력이 훨씬 떨어질 것이다.

4   Peter Singer, "Famine, Affluence, and Morality," *Philosophy and Public Affairs* 1, no. 3 (1972): pp. 229~43. 싱어는 또한 더 강한(즉 더 분명한) 원칙을 옹호하는데 그에 따르면 "'비교할 만한' 도덕적 중요성이 있는 다른 것을 희생하지 않고 나쁜 일이 일어나지 않도록 막을 힘이 있다면 우리는 도덕적으로 그렇게 해야 한다(같은 글, p.231, 강조는 내가 함)." 더 약한 원칙도 현재 목적에는 충분할 것이다. 나는 다음 채널에서 작은 사치에 대한 의문을 포함한 싱어의 결론에 드는 내 꺼림칙함을 논의했다. Substack post: "Against Swooping In," *More to Hate*, June 30, 2022, katemanne.substack.com/p/against-swooping-in.

5   예를 들어 다음을 참고하라. Singer's "Animal Liberation," in *Animal Rights*, ed. Robert Garner (London: Palgrave Macmillan, 1973), pp. 7~18.

6   경제학자 에밀리 오스터(Emily Oster)가 날카롭지 않은(그리고 비판적이지 않은) 용어로 말했듯이 "그렇다면 가장 단순한 다이어트는 그저… 덜 먹는 것이다. 이는 내가 전에 읽은 좋은 책『경제학자의 다이어트(The Economists' Diet)』에 잘 요약되어 있다. 요점은 살을 빼려면 매일 체중을 재고 적게 먹으라는 것이었다. 또한 배고플 때가 많을 거라고도 했다. 아름다울 정도로 단순했으나 왜 인기가 없었는지 알 것 같다." Emily Oster, "Diets and Data," ParentData, Substack, Jan. 6, 2022, emilyoster.substack.com/p/diets-and-data.

7   Colin Klein, "An Imperative Theory of Pain," *Journal of Philosophy* 104, no. 10 (2007): pp. 517~32, Colin Klein, *What the Body Commands: The Imperative Theory of Pain* (Cambridge, Mass.: MIT Press, 2015)를 보라.

8   여기에서 다음의 내 논문을 참고했다. "Locating Morality: Moral Imperatives as Bodily Imperatives," in *Oxford Studies in Metaethics* 12, ed. Russ Shafer-Landau (Oxford: Oxford University Press, 2017), pp. 1~26. 공리주의 등은 윤리적인 이론―무엇이 옳고 그르며 그 이유가 무엇인지에 대한 예측―을 제시하지만 신체적 명령이라는 개념은 철학자들이 '메타 윤리학'이라고 말하는 상호보완적이지만 더 근원적인 수준의 분석을 위해 제공되며 이는 (무엇보다) 도덕성의 '근원이나 특성'에 대한 질문에 답한다는 데 유의하라. 또한 내 메타 윤리학적 관점은 특정한 윤리학 이론에 따르지 않으며 공리주의를 포함하거나 이에 따라야 하는 것도 아니라는 것(또는 공리주의가 속한 더 넓은 범위의 이론 군인 결과주의, 즉 어떤 행동의 도덕성은 그 결과에 따라서만 평가된다고 보는 어떤 이론에도 따르지 않는다) 유의하라.

9   먹으라는 신체적 명령, 또는 버지니아 솔스미스가 말한 먹는 본능을 거스를 수 있
     는 상대적으로 몇 안 되는 경우에는 '호흡하라'는 명령을 우선해야 할 때다. 이런
     일이 솔스미스의 딸, 바이올렛에게 일어났는데, 선천적인 심부전으로 자그마한 체
     구에 충분한 산소를 공급하는 것이 충분한 젖을 먹는 것보다 먼저였다. 이렇게 적
     응된 선천적 본능은 의료적 트라우마까지 더해져 의사가 예상한 것보다 훨씬 오
     래 경구 영양 혐오를 앓는 결과로 이어졌다. 바이올렛은 급식관에 의존하게 됐다.
     이후 2년 동안 바이올렛이 다시 먹을 수 있도록 천천히 가르치며 솔스미스가 음
     식에 대한 자신의 불편함을 생각하게 된 감동적인 이야기를 그녀의 책 1장에서 볼
     수 있다. The Eating Instinct: Food Culture, Body Image, and Guilt in America
     (New York: Henry Holt, 2018).
10   나는 메타 윤리학 연구에서 사람들을 고문하는 데 쓰일 수 있는 조치를 신체적 명
     령을 위한 지적 기준으로 삼는다. 그리고 이는 내가 종종 듣는 다음 질문에 대한
     결정적인 답을 전해준다. 성적 충동은 신체적 명령인가? 아니다, 그건 욕구일 뿐
     이다. 강간이나 다른 사람에게 성적 폭력을 가하는 것은 오래 굳어진 폭력이지만
     인셀 논리와 반대로 섹스를 못 하게 해서 고문당했다고 말할 만한 사람은 아무도
     없다.
11   이런 사고방식은 중독에 걸려서는 안 되는 강력한 이유를 설명한다. 중독은 이를
     만족시키기 위한 새로운 신체적 명령을 만들고 이는 만족시키기도 힘들고 건강 문
     제(와 이행할 수 없는 신체적 명령)를 비롯한 심각한 추가 문제로 이어질 때가 많
     다. 하지만 나는 이미 중독된 사람들을 인간적으로 대할 도덕적 의무가 있다고 믿
     는다. 갑자기 헤로인을 중단하라고 하기보다는 메타돈 치료를 권하는 것처럼 말이
     다. 이는 해소할 수 없는 신체적 명령으로 생겨난 고통을 최소화한다는 본질적으
     로 도덕적인 이유 때문이기도 하지만 이런 치료가 대체로 더 효과가 좋기 때문이
     기도 하다.
12   내가 현대 철학자들 대부분과 마찬가지로 '윤리적이다'와 '도덕적이다'라는 말을
     교차 사용한다는 점에 유의하라.
13   (일반적으로 성별에 따른) 교살 범죄에 대한 추가적인 논의는 내 책 『다운 걸』의
     서론을 보라.
14   극심한 호흡곤란증후군으로 인한 이러한 고통을 생생하게 다룬 다음의 글을 참고
     하라. Cheryl Misak, "ICU Psychosis and Patient Autonomy: Some Thoughts
     from the Inside," Journal of Medicine and Philosophy 30, no. 4 (2005): pp.
     411~30.
15   좀 더 극단적인 형태는 4시간마다 20분씩 자라고 하는 "위버맨(Uberman)" 방식

(수면 부족이 많이 추가된 다상수면(多相睡眠) 형태)이다. 이 방식이 환각, 우울, 기억 상실 등 사람에게 어떤 영향을 주는지에 대한 최근 사례는 다음을 참고하라. Mark Serrels, "I Tried Polyphasic Sleep and Almost Lost My Mind," CNET, July 12, 2022, www.cnet.com/culture/features/i-tried-polyphasic-sleep-and-almost-lost-my-mind/. 그는 "돌아보면 모든 게 말이 안 됐다. 남자의 자아라는 헛소리에 취해 시작한 의미 없는 도전이자 의미 없는 '신체 훼손'이었다. 가장 순수한 형태로 무기화된 해로운 남성성이다."라며 "그래도 이야깃거리는 됐다."고 덧붙였다.

16 "The Nap Ministry," thenapministry.wordpress.com/을 보라.

17 게다가 네 개 연구에서 부분적 식이 장애를 앓는 것으로 분류되었던 사람들 가운데 14퍼센트, 33퍼센트, 37.5퍼센트, 46퍼센트가 심각한 식이장애에 걸린 것으로 보고되었다. Catherine M. Shisslak et al., "The Spectrum of Eating Disturbances," International Journal of Eating Disorders 18, no. 3 (1995): pp. 213~14.

18 예를 들어 다음을 참고하라. "Eating Disorder Statistics," South Carolina Department of Mental Health, www.state.sc.us/dmh/anorexia/statistics.html.

19 특히 연구진은 500명에 이르는 청소년기 여성을 18년 넘게 추적한 지역사회 표본에서 "20세까지 [식이 장애의] 평생 유병률이 거식증(AN)은 0.8퍼센트, 폭식증(BN)은 2.6퍼센트, 폭식 장애(BED)는 3.0퍼센트, 비정형 AN은 2.8퍼센트, 임계값 미만 BN은 4.4퍼센트, 임계값 미만 BED는 3.6퍼센트, 제거 행동 장애(PD)는 3.4퍼센트였고 복합 유병률은 13.1퍼센트였다(5.2퍼센트는 AN, BN, 또는 BED를 앓았고, 11.5퍼센트는 특정 범주에 들지 않는 급식 및 섭식 장애(FED-NEC)를 앓았다)". Eric Stice et al., "Prevalence, Incidence, Impairment, and Course of the Proposed DSM-5 Eating Disorder Diagnoses in an 8-Year Prospective Community Study of Young Women," Journal of Abnormal Psychology 122, no. 2 (2013): pp. 445~57. 최근 증거에 따르면 비정형 거식증 발병률이 넌바이너리와 젠더를 확정하지 않는 사람들에게 더 높을 수 있다. 다음을 참고하라. Erin N. Harrop et al., "Restrictive Eating Disorders in Higher Weight Persons: A Systematic Review of Atypical Anorexia Nervosa Prevalence and Consecutive Admission Literature," International Journal of Eating Disorders 54, no. 8 (2021): pp. 1328~57.

20 이런 증상에 대한 다소 끔찍할 수 있지만 교훈적인 논의는 오브리 고든과 마이클 홉스가 에린 하롭과 나눈 다음의 인터뷰를 참고하라. "Eating Disorders,"

March 30, 2021, in *Maintenance Phase*, podcast, player.fm/series/mainte
nance-phase/eating-disorders.

21 예를 들어 다음을 참고하라. Margot Rittenhouse, "What Is Atypical Anorexia
Nervosa: Symptoms, Causes, and Treatment," Eating Disorder Hope, up-
dated Aug. 30, 2021, www.eatingdisorderhope.com/information/atypical-an
orexia.

22 Michael Hobbes, "Everything You Know About Obesity Is Wrong," *Huffing-
ton Post*, Sept. 19, 2018, highline.huffingtonpost.com/articles/en/everything-
you-know-about-obesity-is-wrong/. 이 글에서 홉스는 하롭의 논문 연구 일부
를 요약한다(주석 20 역시 참고하라). 반대로 거식증은 발병 후 평균 2년 반 후에
진단된다. 역시 하롭의 연구를 바탕으로 한 다음 논의를 참고하라. Kate Shiber,
"You Don't Look Anorexic," *New York Times Magazine*, Oct. 18, 2022, www.
nytimes.com/2022/10/18/magazine/anorexia-obesity-eating-disorder.html.

23 이러한 성격의 고려 사항에 대한 두 개의 미묘한 페미니즘 논의는 다음을 참고하
라. Christina van Dyke, "Manly Meat and Gendered Eating: Correcting Im-
balance and Seeking Virtue," in *Philosophy Comes to Dinner: Arguments on
the Ethics of Eating*, ed. Andrew Chignell, Terence Cuneo, and Matthew C.
Halteman (New York: Routledge, 2016), pp. 39~55와 Megan A. Dean, "Eating
as a Self-Shaping Activity: The Case of Young Women's Vegetarianism and
Eating Disorders," *Feminist Philosophy Quarterly* 7, no. 3 (2021).

24 영양학자, 영양사, 심리학자 같은 자격을 갖춘 전문가들이 쓴 많은 책이 이 식습관
의 자세한 내용을 다루며 철학자인 내 권한을 훨씬 뛰어넘는 실행 방법을 제안한
다. 예를 들어 Evelyn Tribole and Elyse Resch, Intuitive Eating: A Revolution-
ary Anti-diet Approach, 4th ed. (New York: St. Martin's Press, 2020)(에블린
트리볼리, 엘리스 레시 『다이어트 말고 직관적 식사: 다이어트가 힘들 때 시작하는
10가지 원칙』, 정지현 옮김, 골든어페어, 2019), Harrison, *Anti-diet*, Conason,
Diet-Free Revolution 등이 처음 시작하기 좋다. 자격을 갖춘 여러 직관적 식사 상
담가들이 사람들에게 필요하고 또 최소한 다이어트 사고로 돌아가지 않는 데 도움
을 줄 수 있는 개인적 지지와 개별적 지침을 제안한다. 일단 직관적 식사의 일반적
패러다임은 신체에 귀 기울이는 것의 중요성, 자신의 본능을 믿지 말라는 가스라
이팅을 밀어내는 것 등 배고픔의 권위에 관한 내 철학적 개념에 딱 들어맞는다고
만 말하겠다. 그리고 직관적 식사를 비판하고 깎아내리는 사람들이 있기는 하지만
개인적으로는 꼭 필요한 방식이다.

25 Pinker, *Rationality*, p. 52.

26 대부분의 체형에서 극도로 말라야 가능한 허벅지 사이 틈 만들기와 관련한 신체 소외 문제를 조명하는 철학적 명상으로 다음을 참고하라. Céline Leboeuf, "Anatomy of the Thigh Gap," *Feminist Philosophy Quarterly* 5, no. 1 (2019). 이 논문에 대한 훌륭한 논의를 펼친 파비오 카브레라(Fabio Cabrera)에게 고맙다.

27 Sharon Hayes and Stacey Tantleff-Dunn, "Am I Too Fat to Be a Princess? Examining the Effects of Popular Children's Media on Young Girls' Body Image," *British Journal of Developmental Psychology* 28, no. 2 (2010): pp. 413~26.

28 Christine Roberts, "Most 10 Year-Olds Have Been on a Diet: Study; 53 Percent of 13-Year-Old Girls Have Issues with How Their Bodies Look," *New York Daily News*, July 3, 2012, www.nydailynews.com/news/national/diets-obsess-tweens-study-article-1.1106653.

29 José Francisco López-Gil et al., "Global Proportion of Disordered Eating in Children and Adolescents: A Systematic Review and Meta-analysis," *JAMA Pediatrics* 177, no. 4 (2023): pp. 363~372.

30 Jacinta Lowes and Marika Tiggemann, "Body Dissatisfaction, Dieting Awareness, and the Impact of Parental Influence in Young Children," *British Journal of Health Psychology* 8 (2003): pp. 135~47.

31 W. Stewart Agras et al., "Childhood Risk Factors for Thin Body Preoccupation and Social Pressure to Be Thin," *Journal of the American Academy of Child and Adolescent Psychiatry* 46, no. 2 (2007): pp. 171~78.

32 이렇게 과식하는 것은 코르티코스테로이드 같은 흔한 약을 복용해서일 수도 있다. 이 약을 복용한 일부는 포만감 신호와 식욕 사이의 연결이 끊겨 배가 부른데도 계속해서 먹고 싶어진다. 드물지만 프레이더-윌리증후군(Prader-Willi syndrome) 같은 유전적 장애 때문일 수도 있다.

33 Lauren Del Turco, "6 Weight Loss Surgery Myths, and the Honest Truth from Experts," *Prevention*, Jan. 6, 2020, www.prevention.com/weight-loss/a30393486/weight-loss-surgery-myths/.

34 일반적으로 시행하는 여러 체중 감량 수술에는 위를 바나나 정도 크기로 줄이는 위 소매 절제술, 위 소매 절제술에 소장의 상당 부분을 우회하는 십이지장 치환술, 위장의 아주 작은 일부를 소장의 아래쪽으로 연결하는 가장 극단적인 방식인 위 우회술이 있다. 조절형 밴드로 위를 조여 위를 나누는 위 밴드, 혹은 "랩 밴드" 수

술은 그만큼 강력한 개인이 아니라고 여겨져 지금은 많이 하지 않는다. 이러한 차이에 대한 적절한 일반 개요는 앞의 글을 보라.

35 "Estimate of Bariatric Surgery Numbers, 2011–2020," American Society for Metabolic and Bariatric Surgery, June 2022, asmbs.org/resources/estimate-of-bariatric-surgery-numbers를 보라.

36 John Pavlus, "What No One Tells You About Weight Loss Surgery," *Glamour*, July 30, 2007, www.glamour.com/story/weight-loss-surgery.

37 "Weight-Loss Surgery Side Effects: What Are the Side Effects of Bariatric Surgery?," National Institute of Diabetes and Digestive and Kidney Diseases, www.niddk.nih.gov/health-information/weight-management/bariatric-surgery/side-effects.

38 Del Turco, "6 Weight Loss Surgery Myths."

39 Derek Bagley, "Unforeseen Consequences: Bariatric Surgery Side Effects," *Endocrine News*, Nov. 2018, endocrinenews.endocrine.org/unforeseen-consequences-bariatric-surgery-side-effects/.

40 "Weight-Loss Surgery Side Effects."

41 Pavlus, "What No One Tells You About Weight Loss Surgery."

42 Benjamin Clapp, "Small Bowel Obstruction After Laparoscopic Gastric Bypass with Nonclosure of Mesenteric Defects," *Journal of the Society of Laparoscopic and Robotic Surgeons* 19, no. 1 (2015): e2014.00257.

43 Lara Pizzorno, "Bariatric Surgery: Bad to the Bone, Part 1," *Integrative Medicine* 15, no. 1 (2016): pp. 48~54.

44 Del Turco, "6 Weight Loss Surgery Myths."

45 Pavlus, "What No One Tells You About Weight Loss Surgery."

46 "Weight-Loss Surgery Side Effects."

47 Bagley, "Unforeseen Consequences." 이 주제를 다룬 중요한 원저 연구는 다음을 참고하라. O. Backman et al., "Alcohol and Substance Abuse, Depression, and Suicide Attempts After Roux-en-Y Gastric Bypass Surgery," *British Journal of Surgery* 103, no. 10 (2016): pp. 1336~42. 이 연구에서는 2001년에서 2010년 사이 스웨덴에서 이 수술(RYGB)을 받은 환자들의 자살 시도를 연구했는데, 이들이 자살 시도로 병원에 입원하는 확률이 일반 인구보다 거의 세 배 많은 것을 발견했다. 비만이거나 고도 비만으로 비만 대사 수술을 받은 환자들을 비교한 다른 연구에서도 비슷하게 자살 및 자해 비율이 심각하게 높아진 것을 보여

주었다(한 연구에서는 위험이 두 배 가까이 됐고 RYGB 수술을 받은 환자들에게
는 세 배 이상 높았다. 일부 연구에서는 더 걱정스러운 결과를 보여주었다). 또한
다음을 참고하라. Alexis Conason and Lisa Du Breuil, "'But Everything Is Sup-
posed to Get Better After Bariatric Surgery!': Understanding Postoperative
Suicide and Self-Injury," *Bariatric Times*, Oct. 1, 2019, bariatrictimes.com/
understanding-postoperative-suicide-self-injury/와 Sara G. Miller, "Risk of
Self-Harm May Rise Following Bariatric Surgery," *Scientific American*, Oct. 8,
2015, www.scientificamerican.com/article/risk-of-self-harm-may-rise-follow
ing-bariatric-surgery/.

48 Bagley, "Unforeseen Consequences."

49 Ragen Chastain, "The Inconvenient Truth About Weight Loss Surgery,"
Ravishly, March 14, 2017, www.ravishly.com/2017/03/14/inconvenient-truth-
about-weight-loss-surgery.

50 Miranda Hitti, "Lasting Damage from Fen-Phen Drug?," *WebMD*, Nov. 5,
2008, https://tlfllc.com/blog/lasting-damage-from-fen-phen-drug.

51 고든, 『우리가 살에 관해 말하지 않는 것들』, p.59

52 Alicia Mundy, *Dispensing with the Truth: The Victims, the Drug Companies,
and the Dramatic Story Behind the Battle over Fen-Phen* (New York: St.
Martin's Press, 2010), p.4. Aubrey Gordon and Michael Hobbes's "Fen Phen
& Redux" episode of their podcast Maintenance Phase, player.fm/series/
maintenance-phase/fen-phen-redux는 먼디의 연구를 바탕으로 한다. 이 약들
은 1997년 시장에서 퇴출되었다.

53 예를 들어 University of Illinois, "Phentermine, Oral Capsule," *Healthline*, Aug.
2, 2021, https://www.healthline.com/health/drugs/phentermine-oral-capsule
을 보라.

54 Amy J. Jeffers and Eric G. Benotsch, "Non-medical Use of Prescription
Stimulants for Weight Loss, Disordered Eating, and Body Image," *Eating Be-
haviors* 15 (2014): pp.414~18.

55 Amanda B. Bruening et al., "Exploring Weight Control as Motivation for Illicit
Stimulant Use," *Eating Behaviors* 30 (2018): pp.72~75.

56 예를 들어 다음을 참고하라. Jacquelyn Cafasso, "Can You Overdose on Ad-
derall?" *Healthline*, Jan. 24, 2023, www.healthline.com/health/can-you-over
dose-on-adderall#drug-interactions.

57 밀접한 관계가 있는 제2형 당뇨병 처방 약, 빅토자(Victoza)) 역시 최근 사람에게 췌장암을 유발한다는 주장에 따라 소송에 걸렸다. 그러나 제조사 노보 노디스크제약이 원고의 항소에서 이겼다. Brendan Pierson, "Novo Nordisk Wins Appeal over Claims That Diabetes Drug Causes Cancer," Reuters, March 29, 2022, www.reuters.com/legal/litigation/novo-nordisk-wins-appeal-over-claims-that-diabetes-drug-causes-cancer-2022-03-29/를 보라.

58 그렇다고 해도 이 책의 출판 시점 기준 오젬픽(제2형 당뇨 환자를 위한 저용량 형태)을 체중 감량 용도로 사용하는 일은 너무 흔해서 정작 약이 필요한 사람에게 공급되는 양이 부족했다. Arianna Johnson, "What to Know About Ozempic: The Diabetes Drug Becomes a Viral Weight Loss Hit (Elon Musk Boasts Using It) Creating a Shortage," *Forbes*, Dec. 26, 2022, www.forbes.com/sites/ariannajohnson/2022/12/26/what-to-know-about-ozempic/을 보라.

59 이러한 "뭉개기"에 대한 비판은 장애인을 비장애인으로 만든다는 생각에도 적용될 수 있다. 장애의 가치를 다양성 측면에서 구축하려는 목적으로 자부심을 가지고 기념해야 한다는 반스의 책 *The Minority Body*를 보라.

60 나는 결코 신체를 바꾸는 것 전체에 반하는 주장을 하려는 게 아니다. 내가 반대하는 것은 신체를 해로운 기준과 가치에 좀 더 가깝도록 바꾸는 관행이다. 분명한 예로 많은 트랜스젠더의 자기표현 실천은 앞에서 내가 반대한, 차이를 뭉개는 문제적 관행과는 완전히 다르다. 트랜스젠더는 중요한 형태의 다양성을 '구현'하고 가부장적 젠더 규범과 제한을 전복해 우리를 돕는다. 트랜스젠더와 장애인의 자긍심에 대한 더 많은 내용이 결론에 나올 것이다.

61 게이, 『헝거』, p. 15.

62 이 부분의 논의를 조명해 준 비앙카 웨이크드(Bianca Waked)에게 고맙다.

63 sozyme(@isocrime), Twitter, March 16, 2021, 8:28 p.m., twitter.com/isocrime/status/1371981683822628872. 이 트윗을 알려주고 이 문제 전반에 대한 귀중한 논의를 들려준 어나 차크라바티에게 고맙다.

64 웨스트, 『나는 당당한 페미니스트로 살기로 했다』, p. 79. 여기에서는 인용문 안의 형용사가 아주 중요하다. 웨스트와 나는 둘 다 "'진짜' 여자는 굴곡이 있다" 같은 말에서 오해하는 정서처럼 '오직' 뚱뚱한 여성의 신체만 어떤 방식으로든 '실제' 몸이라고 말하려는 것이 아니다. '일부' 실제 여성의 몸은 뚱뚱하며 속 좁은 특정 남성은 이들 앞에서 겁을 먹고 움츠러든다는 뜻이다. 이들에게 안타까운 일이고 우리 모두에게는 더 안타까운 일이다.

65 isozyme(@isocrime), Twitter, Dec. 3, 2020, 12:24 p.m., twitter.com/isocrime/

status/1334548965870751744. 이 작가를 알려준 어나 차크라바티에게 다시 한 번 고맙다.

66 이런 거절은 철학 용어로 '초의무적'이라고 할 수 있다. 적절한 의무를 뛰어넘을 정도로 좋다는 뜻으로 다소 어색한 용어이긴 하다.

67 미용문화 비평가 제시카 데피노(Jessica DeFino)가 썼듯이 "물론 노화 방지 제품이 그것을 사는 사람의 부담을 덜어줄 수 있다. 어쩌면 '그 한 사람'은 자신의 모습에 만족할 수 있다. 하지만 집단의 원래 문제는 악화될 뿐이다." 그녀의 글을 참고하라. "Erasing Your Wrinkles Is Not Empowerment," Medium, Jan. 12, 2021, jessica-defino.medium.com/erasing-your-wrinkles-isnt-empower-ment-514c5b5c2d2e. 또한 현재 많은 사람이 세마글루타이드로 급격하게 살을 뺀 후 수척해진 피부를 말하는 오젬픽 얼굴을 보완하려고 필러 같은 미용 시술을 찾는다는 고통스러운 아이러니를 주목해야 한다. 얼마나 자본주의적인 현상인가. Amy Synnott, "Those Weight Loss Drugs May Do a Number on Your Face," *New York Times*, Jan. 24, 2023, www.nytimes.com/2023/01/24/style/ozem pic-weight-loss-drugs-aging.html을 보라.

결론: 미안하지 않음

1 Dr. Jordan B. Peterson(@jordanbpeterson), Twitter, May 16, 2022, 3:11 p.m., twitter.com/jordanbpeterson/status/1526279181545390083?s=20&t=kqOL 9Yy4HUFn9zBVwZvOvw. 이 트윗은 글이 올라온 2022년 1월 23일 리트윗 5,210 회, 인용 10,900회, 좋아요 64,700개를 얻었다.

2 Dr. Jordan B. Peterson(@jordanbpeterson), Twitter, June 16, 2022, 5:51 p.m., twitter.com/jordanbpeterson/status/1537553423016632322?s=20&t=kqOL 9Yy4HUFn9zBVwZvOvw. 이 트윗은 글이 올라온 2022년 6월 23일 리트윗 844 회, 인용 833회, 좋아요 22,300개를 얻었다.

3 Brad Hunter, "Paige Spiranac Fat-Shamed by Male Social Media Trolls," *Toronto Sun*, Sept. 16, 2022, torontosun.com/sports/golf/paige-spiranac-fat-shamed-by-male-social-media-trolls. 스피래닉은 "매해 이상적인 체중을 똑같이 유지하기가," 얼마나 어려운지 이야기하는 것으로 대응하며 "난 그게 자연스럽게 되지 않는다."라고 덧붙였다.

4 관련 있지만 별개의 개념으로 Lindsay Kite and Lexie Kite, *More Than a Body: Your Body Is an Instrument, Not an Ornament* (New York: HarperCollins,

2021)을 보라. 하지만 나는 우리 몸이 '누구를' 위해 좋은가가 아닌 무엇에 '좋은가'라는 생각이 의도치 않은 장애인 차별이 될까 걱정된다. 이번에도 역시 관련 있지만 별개이면서 근접한 개념으로 신체 주권(body sovereignty) 개념을 보라(해로운 자주적 시민운동과 혼동하지 말자). 원주민 저자들이 발전시킨 이 중요한 개념은 토지주권 개념에서 영감을 얻어 "모든 신체, 특히 소외된 신체가 공평한 접근권을 가질 것을 추구한다." A. Gillon (Ngāti Awa), "Fat Indigenous Bodies and Body Sovereignty: An Exploration of Re-presentations," *Journal of Sociology* 56, no. 2 (2020): pp. 213~28. 그러나 우리는 신체 또는 영토의 주권자로 여겨지면서도 자신을 수혜자가 아닌 관리인으로 볼 수 있고, 반대로 어린아이들의 경우처럼 신체 또는 영토의 수혜자가 주권자가 아닐 수도 있다. 따라서 신체 주권과 성찰은 내가 의도한 대로 개념이 양방향으로 갈라질 수 있다.

5 '신체 수용'은 좀 더 감상적인 용어로 일부 저자는 이를 신체 긍정과 신체 중립 운동을 둘 다 포용하는 용어로 쓴다. 다른 이들은 이를 비만 수용 운동의 결과물로 취급한다. 이는 일부 저자가 이 책의 뿌리가 되는 반비만혐오라는 전반적인 정치 프로젝트를 위해 채택한 용어다. 또 신체 수용이 신체 중립의 변형이라고 생각하는 사람들도 있다. 이런 만연한 혼란을 밝히는 최근 글을 참고하라. Equip's "How to Reframe the Way You Think About Your Body," Katie Couric Media, June 13, 2022, katiecouric.com/health/what-is-difference-between-body-neutrality-and-positivity/. 기사는 "어떤 면에서 신체 수용은 개인이 공정한 위치에서 자기 몸을 인식하도록 장려하는 신체 긍정 및 비만 수용 운동의 기원에 더 가깝다."고 적었다. 그리고 곧이어 카라 보혼(Cara Bohon)의 다음 글을 인용한다. "신체 수용은 신체를 판단하지 않고 있는 그대로 받아들이는 좀 더 긍정적인 각도로 신체 중립을 약간 변형한 것이다."

6 Dr. Jordan B. Peterson (@jordanbpeterson), Twitter, June 20, 2022, 6:57 p.m., twitter.com/jordanbpeterson/status/1539019681125675009?s=20&t=kqOL9Yy4HUFn9zBVwZvOvw. 이 트윗은 글이 올라온 2022년 6월 23일 리트윗 1,409회, 인용 151회, 좋아요 12,300개를 받았다.

7 Tayler Hansen (@TaylerUSA), Twitter, June 20, 2022, 12:00 a.m., twitter.com/TaylerUSA/status/1538733481492094977. 자칭 편향 보도를 한다는 언론인이자 이 영상을 녹화하기도 한 핸슨이 올린 이 트윗은 글을 쓴 2022년 6월 23일 당시 리트윗 1,884회, 인용 572회, 좋아요 5,962개를 받았다.

8 예를 들어 Eleanor Klibanoff, "More Families of Trans Teens Sue to Stop Texas Child Abuse Investigations," *Texas Tribune*, June 8, 2022, www.texastribune.

org/2022/06/08/transgender-texas-child-abuse-lawsuit/를 보라.

9 Anna Louie Sussman, "Egg Freezing's BMI Problem," *The Cut*, June 6, 2022, www.thecut.com/2022/06/egg-freezing-bmi-limits.html.

10 Sole-Smith, "When You're Told You're Too Fat to Get Pregnant."

11 Richard S. Legro et al., "Effects of Preconception Lifestyle Intervention in Infertile Women with Obesity: The FIT-PLESE Randomized Controlled Trial," *PLOS Medicine* 19, no. 1 (2022): e1003883.

12 미국에서 이를 대표하는 사례로 다음을 참고하라. Ryan Jaslow, "Obese Third-Grader Taken from Family: Did State Go Too Far?," CBS, Nov. 28, 2011, www.cbsnews.com/news/obese-third-grader-taken-from-family-did-state-go-too-far/. 이미 2014년에도 이런 일이 최소한 74번 일어난 영국의 최근 사례, Nadeem Badshah, "Two Teenagers Placed in Foster Care After Weight Loss Plan Fails," *Guardian*, March 11, 2021, www.theguardian.com/society/2021/mar/10/two-teenagers-placed-in-foster-care-after-weight-loss-plan-fails, 또한 이 문제적 관행에 대한 뛰어난 비평은 다음을 참고하라. Virginia Sole-Smith, "The Last Thing Fat Kids Need," *Slate*, April 19, 2021, slate.com/technology/2021/04/child-separation-weight-stigma-diets.html.

13 Jason Rafferty et al., "Ensuring Comprehensive Care and Support for Transgender and Gender-Diverse Children and Adolescents," *American Academy of Pediatrics: Policy Statement* 142, no. 4 (2018).

14 Sarah C. Armstrong et al., "Pediatric Metabolic and Bariatric Surgery: Evidence, Barriers, and Best Practices," *American Academy of Pediatrics: Policy Statement* 144, no. 6 (2019). 미국소아과학회는 이 책이 인쇄 중일 때 전문 의료진을 위한 종합적인 비만 아동 치료 지침을 내놓았다. 끔찍하게도 2세부터 집중적인 건강 행동과 생활 습관 치료를 진행하고 최소 12세부터 체중 감량 약물을 주도록 권한다. 설득력 있는 비판에 대해서는 다음을 참고하라. Virginia Sole-Smith, "Why the New Obesity Guidelines for Kids Terrify Me," *New York Times*, Jan. 26, 2023, www.nytimes.com/2023/01/26/opinion/aap-obesity-guidelines-bmi-wegovy-ozempic.html.

15 Diana M. Tordoff et al., "Mental Health Outcomes in Transgender and Nonbinary Youths Receiving Gender-Affirming Care," *JAMA Network Open* 5, no. 2 (2022): e220978.

16 이 문제에 대한 확실한 해결책은 버지니아 솔 스미스의 최근 저작 *Fat Talk*를 보라.

17 Virginia Sole-Smith, "What Instagram Gets Wrong About Feeding Your Kids," *Burnt Toast*, Substack, Oct. 19, 2021, virginiasolesmith.substack.com/p/dor-diet-culture-instagram.

18 Jaclyn Diaz, "Florida's Governor Signs Controversial Law Opponents Dubbed 'Don't Say Gay,'" NPR, March 28, 2022, www.npr.org/2022/03/28/1089221657/dont-say-gay-florida-desantis.

19 '자긍심'에서 킹크가 하는 역할에 대한 중요한 관점과 아이들이 킹크의 일부 형태를 보는 것이 실제로 중요하다는 주장은 다음을 참고하라. Lauren Rowello, "Yes, Kink Belongs at Pride. And I Want My Kids to See It," *Washington Post*, June 29, 2021, www.washingtonpost.com/outlook/2021/06/29/pride-month-kink-consent/.

20 Barnes, *The Minority Body*, pp. 181~82.

21 무엇보다도 이 문제에 대한 특유의 밝은 논평은 다음을 참고하라. Evette Dionne, "The Fragility of Body Positivity: How a Radical Movement Lost Its Way," *Bitch*, Nov. 21, 2017, www.bitchmedia.org/article/fragility-body-positivity.

22 Lisa Legault and Anise Sago, "When Body Positivity Falls Flat: Divergent Effects of Body Acceptance Messages That Support vs. Undermine Basic Psychological Needs," *Body Image* 41 (2022): p. 226.

23 같은 글, pp. 227~36.

24 같은 글, p. 226.

25 이에 대한 논의는 다음을 참고하라. Karen Gasper et al., "Does Neutral Affect Exist? How Challenging Three Beliefs About Neutral Affect Can Advance Affective Research," *Frontiers in Psychology* 10, art. no. 2476 (2019): pp. 1~11.

26 이 문제에 대한 귀중한 논의를 전해 준 알렉산트라 릴리(Alexandra Lilly)에게 고맙다.

27 결정적으로 신체적 자율성에 대한 적절한 개념이라면 낙태할 권리 역시 인정할 것이다. 나는 급진적인 자율성의 정치가 공동의 '상호 의존성'에 반하는 후진적이고 잘못된 입장을 취할 필요가 없다는, 점점 자라나는 철학적 전통을 바탕으로 진행 중인 작업에서 이러한 생각을 탐색하고 주장을 쌓아 올린다.

28 Harrison, *Belly of the Beast*, pp. 14~15.

29 같은 책, p. 13.

30 Eaton, "Taste in Bodies and Fat Oppression," pp. 37~59. 또한 린디 웨스트는 『나는 당당한 페미니스트로 살기로 했다』에서 어디에서 자신감을 얻느냐는 질문

에는 한 문장으로 답할 수 있다며 이렇게 말했다. "내 몸을 받아들이는 단계는 오직 하나였다. 인터넷에서 뚱뚱한 여자 사진을 더 이상 불편하지 않을 때까지 바라보기. 그게 전부였다."(p. 68). 그녀는 특히 사진 속에서 뚱뚱한 여자들이 나체로 춤추고 이야기하고 웃고 그냥 세상에 존재하는 레너드 니모이(Leonard Nimoy)의 '전신 프로젝트(Full Body Project)'를 발견한 이야기를 적었다(니모이는 "그들에게 자랑스러워하라고 요청했어요."라고 설명했다.) 웨스트는 이 사진들을 들이마시면서 몸속 깊은 곳이 열리는 느낌을 받았다며 "내 몸이 비밀이 아니어도 된다면 어떨까?"라고 생각했다(p. 76).

31 Cheryl Frazier, "Beauty Labor as a Tool to Resist Anti-fatness," *Hypatia* (forthcoming). 프레이저가 '미용 노동'이라는 개념을 흑인 페미니스트 셜리 앤 테이트(Shirley Anne Tate)에게서 가져온 것에 유의하라.

32 Tressie McMillan Cottom, *Thick: And Other Essays* (New York: New Press, 2019), p. 43(트레시 맥밀런 코텀, 『시크(THICK): 여성, 인종, 아름다움, 자본주의에 관한 여덟 편의 글』, 김희정 옮김, 위로, 2021)

33 같은 책, p. 58. 또한 이와 관련한 제시카 데피노의 뛰어난 다음 글을 보라. *The Unpublishable* Substack newsletter, https://jessicadefino.substack.com/.

비만혐오와 비만 경험 및 그 교차점에 대한 연구

- J Aprileo, *Comfy Fat* (blog)
- Jes Baker, *Things No One Will Tell Fat Girls: A Handbook for Unapologetic Living*
- Hanne Blank, *Fat*
- Susan Bordo, *Unbearable Weight: Feminism, Western Culture, and the Body*
- Harriet Brown, *Body of Truth: How Science, History, and Culture Drive Our Obsession with Weight—and What We Can Do About It.*
- Paul Campos, *The Obesity Myth: Why America's Obsession with Weight Is Hazardous to Your Health*
- Ragen Chastain, *Weight and Healthcare* (Substack newsletter)
- Evette Dionne, *Weightless: Making Space for My Resilient Body and Soul*
- Amy Erdman Farrell, *Fat Shame: Stigma and the Fat Body in American Culture*
- Roxane Gay, *Hunger: A Memoir of (My) Body*, and her "Unruly Bodies" series in Gay Mag
- Linda Gerhardt, *Fluffy Kitten Party* (blog)
- Aubrey Gordon, *What We Don't Talk About When We Talk About Fat* and *"You Just Need to Lose Weight": And 19 Other Myths About Fat People*
- Sofie Hagen, *Happy Fat: Taking Up Space in a World That Wants to Shrink You*
- Kate Harding and Marianne Kirby, *Lessons from the Fat-o-Sphere: Quit Dieting and Declare a Truce with Your Body*
- Da'Shaun L. Harrison, *Belly of the Beast: The Politics of Anti-Fatness as Anti-Blackness*
- Kiese Laymon, *Heavy: An American Memoir*
- Marquisele Mercedes, Da'Shaun L. Harrison, Caleb Luna, Bryan Guffey, and Jordan Underwood, *Unsolicited: Fatties Talk Back* (podcast)
- Tressie McMillan Cottom, *Thick: And Other Essays*
- Ash Nischuk, *The Fat Lip* (blog and podcast)

- Susie Orbach, *Fat Is a Feminist Issue*
- April Quioh and Sophie Carter-Kahn, *She's All Fat* (podcast)
- Esther Rothblum and Sondra Solovay (editors), *The Fat Studies Reader*
- Abigail C. Saguy, *What's Wrong with Fat?*
- Sabrina Strings, *Fearing the Black Body: The Racist Origins of Fat Phobia*
- Sonya Renee Taylor, *The Body Is Not an Apology: The Power of Radical Self-Love*
- Virgie Tovar, *You Have the Right to Remain Fat*
- Marilyn Wann, *FAT! SO? Because You Don't Have to Apologize for Your Size*
- Lindy West, *Shrill: Notes from a Loud Woman*
- Rachel Wiley, *Fat Girl Finishing School*

비만혐오와 관련한 다이어트 문화에 대한 연구
- Aubrey Gordon and Michael Hobbes, *Maintenance Phase* (podcast)
- Christy Harrison, *Food Psych* (newsletter and podcast)
- Chrissy King, *The Body Liberation Project: How Understanding Racism and Diet Culture Helps Cultivate Joy and Build Collective Freedom*
- Virginia Sole-Smith, *Fat Talk: Parenting in the Age of Diet Culture*, and *Burnt Toast* (Substack newsletter and podcast)

직관적 식사(와 그에 대한 비판)에 대한 연구
- Alexis Conason, *Diet-Free Revolution: 10 Steps to Free Yourself from the Diet Cycle with Mindful Eating and Radical Self-Acceptance*
- Christy Harrison, *Anti-Diet: Reclaim Your Time, Money, Well-Being, and Happiness Through Intuitive Eating*
- Evelyn Tribole and Elyse Resch, *Intuitive Eating: A Revolutionary Anti-Diet Approach*
- Jessica Wilson, *It's Always Been Ours: Rewriting the Story of Black Women's Bodies*

가너, 에릭 106

가너, 헬렌 16

가벼운 비만 62, 65

〈가스등〉 197, 198, 213, 220

가스라이팅

　다이어트 문화에서의 내용 203-204,

　209-210

간헐적 단식 222

갈망 136, 175, 236

강간과 강간 문화

　어린 시절 강간과 비만 15, 17, 120, 202

거식증 116, 233-234

　식이 장애 또한 참고

건강 및 건강 위험

　비만 유행병과 질병으로서의

　비만 116, 129, 193

　다이어트 약의 위험 181

　도덕적 의무로 나타나는 건강 118-119,

　128-131

　비만 대사 수술 위험 239-242, 257

　비만혐오적 개 호루라기 역할 84-85

　비만과 건강에 대한 지속적인

　논의 84-87, 99, 100-101, 107, 128-130

　비만-질병의 상관관계에 대한 대체

　설명 233, 241

　새로운 체중 감량 약물의 위험 212,

　245, 246

　체중 관련 건강 위험에 대한 과장 55,

77, 81, 241

　체중 낙인의 영향 79-83, 244

건강 보험 240

건강주의 130

검은 몸에 대한 두려움 91

게르하르트, 린다 29, 86-87, 117

게이, 록산 120-121, 184, 247, 261

계급주의적 비만혐오 166

고도 비만 222, 257

고든, 오브리 29, 142, 250

고문 206, 229, 230

고용 비만혐오 26, 38, 41, 43-45

고인슐린혈증 82

공공장소

　비만혐오 디자인 및 태도 247

　식품 사막/식품 아파르트헤이트 123-

　124, 235

공리주의 223-224

과식 91, 203, 205, 225, 238

괴롭힘 및 왕따 20, 39, 58, 140, 142, 153,

180, 193, 250

　교사 · 교육적 비만혐오, 지적 비만혐오

참고

교살 15

교육적 비만혐오 26, 28, 38-40, 58

　지적 비만혐오 또한 참고

교차성

　비만혐오에 대한 맥락 180, 251,

저항에 대한 맥락 251
장애와 장애인, 성별 격차, 인종과 인종
차별, 사회 경제적 지위, 트랜스젠더와
트랜스젠더혐오 또한 참고
과체중 23-24, 39-40, 62-65, 71-72, 74-76,
80-81, 91, 97-99, 139, 147, 153, 193
구강 청결제 사용 71
구드, 장폴 302
굿페스터, 케이시 241
그라인드 문화 231
그레거, 마이클 19
그리스 철학자들, 욕구와 폭식에 관한 89,
170
그리어, 저메인 142, 310
글라이버먼, 오언 184
금욕주의 319
긍정성 262-265
　신체 긍정 255, 262-266, 338
　해로운 긍정 263-264
기근, 풍요, 도덕 224
길라드, 줄리아 142, 310
길슨, 이언 304
〈나의 직장상사는 코미디언〉 183
낙태권과 제한 50, 340
날씬함
　계급에 관련한 내용 25
　도덕적 이상/의무로서 대표됨 113-115,
　124, 129
　미적 기준과 지위 표지로서
　대표됨 55, 91, 102, 269
남성과 소년 120, 152, 157, 159
　18세기 남성의 신체적 이상 95, 167
　여성의 비만에 대한 언급 157, 159

인셀 313, 330
성별 격차, 성적 비만혐오 또한 참고
네이글, 토머스 177, 320
누, 유미 252
누스바움, 마사 149-150, 312
니모이, 레너드 341
니슉, 애시 24, 29, 186-187, 274
『니코마코스 윤리학』 174
다양성과 차이 247, 250, 259, 269, 336
신체 다양성 또한 참고
다이어트 약 210, 243, 245
다이어트와 다이어트 문화
　가스라이팅으로서의 다이어트
　문화 203, 215, 222-223, 230, 232, 235
　건강에 미치는 부정적 영향 235, 237
　극단적인 칼로리 제한의 영향 91, 139,
　176, 217-218
　신체적 소외 및 237, 333
　어린이와 다이어트 문화 116
　윤리적 문제 176
　정신 건강에 미치는 영향 194, 206
　혜택의 유무 평가 216, 231
　식이 장애, 체중 감량, 체중 감량 수술
　또한 참고
단식 114, 181, 222, 227
　간헐적 단식 114, 222
담배 흡연 131, 134, 182
닷슨, 크리스티 186
당뇨병 약 246
당뇨병과 당뇨병 위험 60, 61, 67, 70-71, 72,
74-78, 82, 101, 106, 193, 246, 291-293, 295,
336
　전당뇨병 71, 291

체중 감량/체중 순환 및 대사
증후군 72-76, 85-86, 119, 126, 185, 187,
195-197, 203, 212, 219, 234-235, 238-241,
243-246, 269, 279, 287-288, 290,
293-294, 333, 336, 339
대상화 94, 103, 149, 150, 311-312
〈더 웨일〉 183-185, 187
데이비스, 클라라 177
데카르트, 르네 92
데피노, 제시카 2, 337
덴탈슬림 다이어트 컨트롤 206
도덕성, 윤리 참고
도덕적 비만혐오
　개요에서 쓰임 25
　의료 부담으로 여겨지는 뚱뚱한
　사람들 83
　체중 통제 가능성이라는 신화 194
〈도전 FAT 제로〉 69-71, 218
돋보이기는 개뿔 운동 167
돼지 잡기 154
돼지구이 154
뒤 브레이, 리사 206, 274
드래그 퀸 256, 260
뚱뚱함
　사회적 가치로서의 의미 25, 40-41
　어린 시절의 트라우마 38, 57
　긍정적 견해/연관성 89, 90
　관련된 저자의 감정 140
　관련된 유전적 요인 57, 69, 120
　정의, 범주 및 용어에 관하여 25
　BMI 또한 참고
라블루흐 91
라이헬트, 앨리슨 27, 323

램버트, 대니얼 95, 106
랩 밴드 수술 334
　비만 대사 수술 또한 참고
랜턴, 레이 150
로커보어 125
루벤스, 페테르 파울 91
루턴, P. 웨슬리 45
룩 어헤드 연구 72
르클레르, 조르주루이 92
리덕스 243
리브, C. D. C. 174
리조 101
리처드슨셀프, 루이스 311
리탈린 244
마스크 쓰기 308
마이클스, 질리언 101
마차도, 카먼 마리아 185
만, 트레이시 66
맥밀런 코텀, 트레시 104
맨스플레인 188, 324
머세이디스, 마르키셀 29
먼디, 알리시아 243, 272
먼로, 매릴린 102, 302
메타 윤리 329-330
모든 사이즈의 건강 86
모르, 리처드 D. 312
모스, 케이트 102
모크다드, 알리 H. 62-63, 286
몸-마음 문제 167
미국 소아과학회 257, 339
미국의사협회 297
미국 체중조절연구소 75, 294
미네소타 굶주림 실험 176

미디어의 비만혐오
    뚱뚱한 사람들의 이야기 듣기 86, 87
    소셜 미디어 16, 116, 253
    영화 및 텔레비전 또한 참고
미적 규범 및 미용 문화
    미적 이상으로서의 날씬함 96, 102
    성형 수술 및 기타 개입 246
    미적 비만혐오 또한 참고
미적 비만혐오
    성적 위계 141, 159
    인종 차별적 뿌리와 표현
미투 운동 16, 145
밀러, 제프리 179, 321
밀러코바치, 캐런 219
바트만, 사르키 95-96, 103
반(反)비만주의, 비만혐오 참고
반스, 엘리자베스 261, 271, 302
배넌, 크리스토퍼 303
백과전서 93
백신 접종 129, 230
버크, 타라나 16, 145
병적 비만 62, 106, 108
베처, 탈리아 메이 317
보즈니아키, 캐롤라인 100
보톡스 246, 250
보혼, 카라 338
부모
    아이들 먹이기 139
    부모의 신체 불만족이 미치는
    영향 237
    비만혐오 부모의 행동 206, 209
    비만혐오 저항에 모범이 되기 269
    어린이 및 십 대 또한 참고

불안증 212
    정신 건강 또한 참고
불임 치료 257
비만과 관련된 불임 257
뷔퐁, 조르주루이 르클레르 백작 92-94
브라운, 마이클 105
브라운, 장폴 147
브라운, 크리스티안 45
브로젝, 요제프 319
블랭크, 한네 154, 274, 313
비레이, 쥘리앵조지프 94
비만 대사 수술 239-242, 257, 334
비만 수용 운동 20, 135, 338
비만 수용 활동가 및 사상가 274
비만세 279
비만 신화 64
비만 자긍심 262
    저항 또한 참고
비만 조롱하기 110
비만
    비만 유행병 87, 88, 116, 129, 193, 308
    비만의 역설 80, 296
    체질량 지수 범주 61-62
    뚱뚱함 또한 참고
비만혐오
    교차성의 맥락 276
    은유로 사용된 구속복 23, 35, 38, 46, 58
    소개 및 개요 20-29
    일반적인 오해에 관하여 77, 79, 162,
    179, 277
    저항 22, 83, 106, 195, 201, 229-230, 232,
    237, 250-251, 267-268
빅토자 336

빌렌도르프의 비너스 88
사구이, 애비게일 C. 63, 286
사망 위험
　다이어트 약 243, 245
　보험 통계표에서의 체중 요인 97
　체중 감량 수술 187, 241, 245, 333
　체중 감량 21
　체중 39, 61-63
사이러스, 마일리 103-104
사회 경제적 지위
　계급주의적 비만혐오 107-109, 166, 316
〈새터데이 나이트 라이브〉 198
새터, 엘린 320
샘버, 리처드 218
생식 의료 56, 257
성차별
　학계에서 발생 경우 163-165, 180-181
　성별 격차 또한 참고
성별 확정 의료 53-56, 256-257, 258, 283
성적 동의 145-146, 148
성적 비만혐오
　성 착취에 대한 취약성 156
　성적 대상화와 위계 94, 103, 149-150
　여성과 소녀의 공모 153, 157
　표적/피해자로서의 남성 157
성폭행 및 착취
　아동기 강간 또는 기타 트라우마의
　영향 120
　강간과 관련하여 뚱뚱한 사람들의
　취약성 17
　폭력 피해자의 가스라이팅 202
세마글루타이드 246, 336
솔, 제니퍼 84

솔닛, 리베카 188
솔스미스, 버지니아 79, 87, 206, 258, 278,
330
수치심 107, 121, 136, 143, 159, 202, 207, 215,
221, 251, 261
스미스, 제이디 151, 312
스코어, 지나 208
스트링스, 사브리나 91, 100
스티븐스다비도비츠, 세스 313
스포츠 일러스트레이티드 252
스피래닉, 페이지 253, 337
식품 사막 123-124, 235
식품 아파르트헤이트 306
신스플레인 188-189, 193
신체 긍정 255, 262-266, 338
신체 단속 55, 327
　신체 성찰 또한 참고
신체 성찰 255, 263, 265-267
신체 소외 237, 333
신체 수용 338
신체 주권 338
신체 중립 255, 265, 338
신체적 명령 329-330
신체적 자율성 340
　신체 성찰 또한 참고
심스, 제스 52, 148, 157, 194, 200, 210-211,
213
심신 이원론 316
싱어, 피터 189-192
〈아이 필 프리티〉 183
애더럴 210-213, 222
애러노프스키, 대런 184-185
여성혐오 15, 17, 26, 100, 103, 141-142, 152,

159, 247, 249, 276, 281, 310, 321

성적 비만혐오 또한 참고

리얼리티 TV에 나오는

뚱뚱한 사람들에게 가해지는

비만혐오적 표현 136

영화 및 텔레비전, '특정 영화' 참고

오바마, 미셸 207

오스터, 에밀리 329

오젬픽 246, 251, 336-337

『온 뷰티』 151, 312

올리버, 메리 167, 194

그리스 철학자가 말하는 배고픔 228

『우리가 살에 관해 말하지 않는

것들』 311, 335

월마트 사람들 108

웨스트, 린디 138, 248, 274, 311, 336,

340-341

웨이트워처스 218-219, 326

위 우회술 240

위고비 246

위버맨 수면법 331

위브, 너태샤 294, 297

윌렛, 월터 64

윌리엄스, 세리나 100

윌슨, 대런 105, 184

윤리

    공리주의 이론 223-224, 328-329

    도덕덕 명령으로서의 신체적

    명령 228-229

    메타 윤리 329, 328

의료계의 비만혐오

    의료 접근성 불평등 61

    의료진의 태도 51

진단 오류 및 격차 63

BMI 또한 참고

이턴, A. W. 53, 128, 267, 307

인간성을 말살하는 수사 303

인셀 313, 330

    화이트스플레인 188

    흑인성과 흑인 또한 참고

『일반 및 특수 박물지』 92

『잃어버린 아이 이야기』 155

자긍심 행사 256, 260

「자유 의지」 177

저탄수화물 다이어트 67, 112-113, 222

전신 프로젝트 341

절제

    아리스토텔레스의 견해 174-175

존슨, 해리엇 맥브라이드 324

존재-당위 간극 300

증언적 침묵화 186

직관적 식사 235, 258, 332, 343

직장 내 비만혐오 44, 45

착한 뚱보 26, 43, 136, 205, 232, 277

채스테인, 래건 242, 274

채식주의 114, 225

처방 약

    과식과 관련됨 243

    플랜 B 피임 50

    항우울제 52, 122, 210

철학 및 지적 비만혐오,

'특정 철학자들' 참고

체인, 조지 92

체중 낙인 79-83, 242, 296

    비만 유행병의 해법으로 제안됨 99

    인종 차별적 뿌리와 관련됨 82

건강에 미치는 영향 82, 84

체중 순환 67, 70, 78, 81, 216

체질량 지수

   비만을 질병으로 지정한 것에

   관하여 61-63

   관련된 사망 위험 76

   관련 역사 97-99

   BMI 범주 62

   차별적 비만혐오, 의료 '진입' 또한 참고

카다시안, 킴 102-103, 302

캄포스, 폴 64, 107-108

캘러핸, 대니얼 95, 106, 155, 192, 273

커런, 젠 35-36, 52

커보 앱 206

커비, 메리앤 274, 307

커피 소비 71, 292

케틀레, 아돌프 98

코로나19 예방 조치 129, 230

코로나19 위험 69, 230

코르테스, 클라우디아 86

콰인, W. V. O. 165-166, 316

쾌락 146, 174

   먹는 즐거움의 양면성/그에 대한

   불인정 174, 178, 236, 238

   공리주의 이론에서 다뤄짐 223-224

   금욕주의 319

   관련된 아리스토텔레스의 견해 173-175

쾨스터라스무센, 라스무스 74

쿠클라, 퀼 R. 148, 311

퀴비에, 조르주 300

크리스타키스, 니컬러스 A 308

키스, 앤셀 97-98, 301, 308

키테이, 에바 323-324

킨젤, 레슬리 274, 276

킹크 260-261, 340

터센, 줄리아 276

테일러, 소냐 르네 185, 274

텔루스마, 블루 103, 302

토머스, 애런 207

토미야마, 재닛 66

통증과 고통

   다이어트 문화와 관련됨 223, 235

   윤리 또한 참고

트랜스젠더와 트랜스젠더혐오 26, 277

트레메인, 셸리 323

트롤리 문제 167, 224, 317

트리시아, 허시 231

트위기 102

『티마이오스』 170, 172

〈판타지 아일랜드〉 222

패럴, 에이미 어드만 110, 274

팬털레오, 대니얼 106, 303

팻 립 24, 186

펄, 리베카 79

페란테, 엘레나 155, 314

펜터민 243

펜펜 243

포르노물 89, 141, 310

폭력 22, 38, 140, 143, 144, 153, 167, 214, 330

폭식 116, 177, 183, 331

   관련된 그리스 철학자들의

   의견 89-90

   절제 또한 참고

푸아드, 아미르 304

풀리엄, 리미 152

풋, 필리파 167, 328
프레이저, 로라 167
프레이저, 브렌던 183-184
프레이저, 셰릴 267-268, 274, 341
〈프렌즈〉 321
프리커, 미란다 186
플라톤 89, 162, 170-173, 194, 314, 318
플레걸, 캐서린 M. 61-64
플린트, 스튜어트 41
피부색 23, 91-93, 268, 307
    미적 이상으로서의 창백함 91, 268
    흑인성과 흑인, 인종과 인종 차별 또한
    참고
피임 50, 122, 281
피터슨, 조던 B. 252-255
피트니스 109
핑커, 스티븐 178, 236
하딩, 케이트 271, 274, 277, 307
하롭, 에린 234, 342
하이트, 조너선 132
    학술적 비만혐오·지적 비만혐오 참고
항우울제 52, 122, 210
해로운 긍정 263-264
해리슨, 다숀 L. 29, 58, 105-106, 152,
208-209, 250, 266-267, 274-275, 284, 303
    비만 억압의 영향에 관해 58
    지나 스코어의 이야기 208
    흑인 남성에 대한 비만혐오적
    폭력에 관해 105-106, 152

해밀턴, 패트릭 197
핸슨, 테일러 338
헌터, 새뮤얼 184, 322
헐리, 엘리자베스 302
『헝거』 276, 336
헤니건, 칼 219
헤이그, 내털리 47-48
후광 효과 285
휘틀리, 탈리아 132
흄, 데이비드 167, 300
흄, 리 55
흑인성과 흑인 93-95, 99-101, 104
    비만혐오의 표적이 되는 흑인
    남성 105
    비만혐오의 표적이 되는 흑인
    여성 95, 99-100, 103-104
    흑인 여성과 체질량 지수 99-101
    흑인의 의료 격차
    흑인성 및 뚱뚱함과 관련하여 93-95,
    106-107
    인종과 인종 차별 또한 참고
『흑인종의 자연사』 94
흡연 63, 77, 130, 131, 249, 286, 309
히포크라테스 299
힐, 수전 E. 89, 170, 172-173, 253
LGBTQIA+ 260
SNAP 수당 125, 307
〈600파운드의 삶〉 187
@isocrime 336-337

비정상체중

: 크고 뚱뚱한 몸을 둘러싼 사람들의 헛소리

초판 1쇄 발행 2024년 4월 29일

지은이 | 케이트 맨
옮긴이 | 이초희
펴낸이 | 조미현

책임편집 | 박다정
디자인 | 엄윤영

펴낸곳 | (주)현암사
등록 | 1951년 12월 24일 (제 10-126호)
주소 | 04029 서울시 마포구 동교로12안길 35
전화 | 02-365-5051 · 팩스 | 02-313-2729
전자우편 | editor@hyeonamsa.com
홈페이지 | www.hyeonamsa.com

ISBN 978-89-323-2362-6 03330